Herrmann Technologietransfer

Das Buch

Das ist die fundierte, aus schriftlichen und mündlichen Quellen gespeiste Übersicht der ökonomischen Zusammenarbeit der DDR und China. Diese hatte in den fünfziger Jahren begonnen und entwickelte sich nach 1978 dynamisch. Viele Beziehungen überlebten das Ende der DDR.

Der Autor

Konrad Herrmann, Jahrgang 1945, Maschinenbau-Studium an der TH in Magdeburg und Studium der Sinologie an der Humboldt-Universität zu Berlin, 1972 Promotion zum Dr.-Ing., Tätigkeit im Amt für Standardisierung, Messwesen und Warenprüfung auf dem Gebiet der Metrologie; 1990 Sekretär für Wissenschaft und Technik an der Botschaft der DDR in Peking. Ab 1991 Laborleiter in der Physikalisch-Technischen Bundesanstalt (PTB), Teilnahme an der Zusammenarbeit der PTB mit China auf dem Gebiet der Metrologie.

Konrad Herrmann

Technologietransfer

Die Wirtschaftsbeziehungen zwischen
der DDR und der Volksrepublik China
in den 1980er Jahren

Inhalt

Einleitung

Gerade verschiebt China die Gewichte in der Welt. Die Volksrepublik ist im Begriff, die USA als größte Volkswirtschaft der Welt zu überholen. Folgt man der verbreiteten historischen Literatur, so hat ausschließlich die Sowjetunion, die in den 1950er Jahren als der Große Bruder gefeiert wurde, die Grundlagen für den Aufstieg Chinas vom armen Agrarland zum Konkurrenten der Vereinigten Staaten von Amerika geschaffen. Es waren sowjetische Spezialisten, so legen selbst chinesische Quellen nahe, die China ab den 1950er Jahren beinahe im Alleingang zu einer bedeutenden Industrienation machten. Nach dem Bruch mit der Sowjetunion Anfang der 1960er Jahre hätten später vor allem kapitalistische Staaten dieses Werk fortgesetzt.[1]

Doch dieses Bild ist gleich in mehrfacher Hinsicht zu einseitig. Einerseits lässt es den industriellen Aufbau in China bereits lange vor 1949 außeracht. Andererseits trieb nach 1949 die Sowjetunion mit 156 Industriekomplexen längst nicht allein die weitere Industrialisierung Chinas voran, auch andere Länder waren hieran beteiligt. Hier spielte nicht nur die heimische Politik eine wichtige Rolle, sondern auch andere Staaten.[2]

Die DDR hatte in den 1950er Jahren unter dem Vorzeichen einer engen freundschaftlichen Zusammenarbeit 39 komplette Industrieanlagen in China errichtet und zahllose einzelne Industrieausrüstungen geliefert, die zusammen zum Aufbau einer modernen Industrie beitrugen. Mit dem chinesisch-sowjetischen Streit um die Ausrichtung der politischen Strategie fand diese enge Zusammenarbeit in den 1960er Jahren ein Ende, besonders als sich China während der Kulturrevolution im Zuge einer selbst verordneten Fremdenfeindlichkeit zeitweise von der Außenwelt abschloss. Aber nach dem Besuch von US-Präsident Richard Nixon im Jahre 1972 in China anerkannten viele kapitalistische Industriestaaten, unter ihnen die Bundesrepublik Deutschland, die Volksrepublik China diplomatisch und lockerten das von ihnen seit dem Korea-Krieg (1950-1953) verhängte Wirtschaftsembargo; nun drängten sie auf den chinesischen Markt.

Deng Xiaoping beendete 1978 die linkssektiererische Wirtschaftspolitik der Mao-Ära, die die Bevölkerung in einer gleichmacherischen Armut gefangenhielt, und verkündete eine Politik von Reform und Öffnung. Mit Reform war die Selbstbestimmung der Bauern über die Bestellung der Felder und die Orientierung der Staatsbetriebe auf die Erwirtschaftung von Gewinn gemeint. Mit der Öffnung des Landes sollten Investitionen aus dem Ausland für die Modernisierung der Industrie nach China eingeworben werden.

Außenpolitisch verfolgte Deng eine Politik der Verbündung mit den USA zum Widerstand gegen die Sowjetunion. Doch sein Kalkül drohte zu scheitern, als US-Präsident Ronald Reagan eine Neubewertung der Taiwan-Frage ankündigte. Daraufhin versuchte die chinesische Regierung, die Beziehungen mit der Sowjetunion zu normalisieren. Doch die Verhandlungen mit der Sowjetunion erwiesen sich als außerordentlich kompliziert.

China hatte zuvor gegenüber den RGW-Ländern, unter anderem gegenüber der DDR, eine Differenzierungspolitik betrieben, um sie von der Sowjetunion abzuspalten. So standen die Beziehungen der DDR mit China immer unter einem Druck seitens der Sowjetunion, die darauf drängte, dass ihre Bündnispartner diese Beziehungen auf ein Minimum beschränken. Als jedoch die Sowjetunion Anfang der 1980er Jahre selbst in eine wirtschaftliche Krise geriet und sie nicht länger in der Lage war, wichtige Lieferungen von Rohstoffen und Halbfabrikaten in der früheren Höhe fortzusetzen, suchte die DDR durch den Ausbau der wirtschaftlichen Beziehungen mit China nach einer Alternative.

Die vorliegende Darstellung untersucht die wirtschaftlichen Beziehungen der DDR zur Volksrepublik, insbesondere den Beitrag der DDR beim Aufbau einer modernen Industrie in China, in den 1980er Jahren. Gegenüber den 1950er Jahren hatte sich der Charakter der Beziehungen mit China stark gewandelt. China verfügte im Handel mit den kapitalistischen Industriestaaten durch die Versorgung Hongkongs über beachtliche Devisenreserven, so dass die DDR die direkte Konkurrenz dieser Länder zu spüren bekam.

Obwohl China und die DDR auf der Basis von Schweizer Franken handelten, erwies sich die Form des Warenaustausches bei ausgeglichenem Import und

Export beiderseits als vorteilhaft, weil de facto keine Devisenzahlungen notwendig wurden. Die DDR war am Handel mit China interessiert, weil sie von dort Rohstoffe beziehen konnte, die sie sonst nur auf dem Weltmarkt gegen Devisen hätte kaufen müssen. China war ein anspruchsvoller Partner, der nur Produkte mit Spitzenniveau kaufte. Da die DDR für China zu klein war, konnte die DDR-Wirtschaft oft die mengenmäßigen Wünsche der chinesischen Seite ebenso wie die geforderten Liefertermine nicht erfüllen, so dass manches Geschäft nicht zum Tragen kam.

Neben der Lieferung einer Vielzahl von Maschinen unterschiedlicher Art, von Messgeräten und vielfältigen Ausrüstungen wurde auch eine ganze Reihe von kompletten Industrieanlagen nach China geliefert, dort installiert und in Betrieb genommen. Die DDR beteiligte sich sowohl materiell mit Ausrüstungen als auch immateriell mit Technologietransfer an der Rekonstruktion chinesischer Betriebe. Dies erforderte die Organisation umfangreicher Zulieferungen von vielen Betrieben in der DDR, wobei zahlreiche Probleme hinsichtlich Materialbeschaffung, Organisation, Arbeitskräften usw. zu lösen und nicht geringe anderweitige Schwierigkeiten, zum Beispiel was fehlende Infrastruktur in China anging, zu überwinden waren. Zugleich wurden Hunderte von Monteuren, Spezialisten und Beratern nach China entsandt, um die Betriebe an Ort und Stelle aufzubauen. Die chinesische Regierung hatte Hunderte ihrer Landsleute in die DDR geschickt, die hier eine Ausbildung erhielten und sich auf eine leitende Funktion im aufzubauenden Betrieb vorbereiteten. Dabei entwickelte sich eine tätige Freundschaft zwischen Chinesen und Deutschen und schließlich zwischen der VR China und der DDR.

Auf der Erfahrung dieser Freundschaft gründet nicht zuletzt der gute Ruf deutscher Erzeugnisse und das Ansehen Deutschlands in China.

Durch die 1980er Jahre zieht sich die Strategie Chinas, dass ein Ausbau des Handels nur bei einem entsprechenden Technologietransfer möglich ist. China wollte so schrittweise die damit verbundenen Importe ablösen, um sich auf die Einfuhr neuester Hochtechnologien zu konzentrieren.

Die Informationen für meine Untersuchung stammen im Wesentlichen aus drei Quellen:

- ▸ schriftliche deutsche Quellen
- ▸ schriftliche chinesische Quellen
- ▸ Aussagen von Zeitzeugen

Dass die praktischen Erfolge wie auch Probleme dieses Aspekts der deutsch-chinesischen Beziehungen im Folgenden erstmals umfassend dargestellt werden können, verdankt sich auch einer insgesamt relativ guten Quellenlage (zu den Einschränkungen siehe unten).

Die schriftlichen deutschen Quellen umfassen zeitgenössische Zeitungsberichte, Artikel in Fachzeitschriften, Auszüge aus der einschlägigen Fachliteratur, Memoiren von Zeitzeugen und vor allem Akten der in die Zusammenarbeit mit China einbezogenen Betriebe und Außenhandelsorganisationen. Besonders die Berichte der nach China entsandten Monteure aus der DDR geben ein unmittelbares, lebendiges Bild von der Realisierung umfangreicher Projekte.

Die Akten der Betriebe befinden sich, sofern noch erhalten, in den folgenden staatlichen Archiven.

Landesarchiv Sachsen-Anhalt Magdeburg (LASA):
- ▸ VEB Schwermaschinenbaukombinat »Ernst Thälmann« Magdeburg (SKET)
- ▸ VEB Schwermaschinenkombinat »Karl Liebknecht« Magdeburg
- ▸ VEB Chemieanlagenbau Staßfurt

Stadtarchiv Magdeburg:
- ▸ *Volksstimme* und Werkzeitung des SKET

Landesarchiv Sachsen-Anhalt, Abteilung Dessau:
- ▸ VEB Waggonbau Dessau
- ▸ VEB Zementanlagenbau Dessau

Staatsarchiv Dresden:
- ▸ VEB PENTACON Dresden

Landesarchiv Sachsen, Abteilung Chemnitz:
- ▸ WMW Export Import Karl-Marx-Stadt
- ▸ VEB Werkzeugmaschinenkombinat »Fritz Heckert« Karl-Marx-Stadt

Staatsarchiv Sachsen, Abteilung Leipzig
- ▸ VEB PKM Anlagenbau Leipzig

Archiv der Carl Zeiss Jena GmbH in Jena:
  ▸ VEB Carl Zeiss Jena

Bezüglich der einschlägigen Fachliteratur sind die politischen Beziehungen zwischen der DDR und der VR China für verschiedene Zeitabschnitte umfassend untersucht worden, zum Beispiel von Johannes König[3], Joachim Krüger[4] und Werner Meißner[5]. Auch die Memoirenliteratur führender Politiker der DDR, die in die Zusammenarbeit mit China einbezogen waren, führt aufschlussreiche Details dieser Beziehungen an, wie Gerhard Schürer[6], Hans Modrow[7] und Dietrich Lemke[8]. Aus der universitären Forschung sind exemplarisch die Arbeiten von Marcel Bode[9], Yu Ning[10] und Beda Erlinghagen[11] zu nennen. Einzelne dieser Werke enthalten auch Aussagen über die wirtschaftlichen Beziehungen, so bei Johannes Krüger und Werner Meißner.

Die schriftlichen chinesischen Quellen umfassen ebenfalls Zeitungsberichte, Artikel in Fachzeitschriften, aber auch regionale Chroniken des wirtschaftlichen Aufbaus und schließlich Ergebnisse der universitären Forschung. An mehreren Universitäten Chinas wird neuerdings den Beziehungen DDR-China verstärkt Aufmerksamkeit geschenkt. Ein Schwerpunkt dieser Forschungsrichtung ist der Geschichte des Kalten Krieges gewidmet. In diesem Zusammenhang ist zum Beispiel auch die Erforschung der Interkit-Konferenzen im *Woodrow Wilson International Center for Scholars* in Washington hervorzuheben.[12]

Von besonderem Wert sind die Aussagen von Zeitzeugen aus der DDR, die in volkseigenen Betrieben, im Außenhandel und anderen Institutionen in die wirtschaftliche Zusammenarbeit mit China einbezogen waren. Wo die Akten nur Pläne aufführen, konnten sie gegebenenfalls bestätigen, inwieweit diese realisiert wurden. Aus ihrer Erinnerung haben sie mit zahlreichen Details dazu beigetragen, das Bild der Beziehungen sowohl faktenreich als auch emotional abzurunden.

Bislang liegt noch keine umfassende Darstellung der wirtschaftlichen Beziehungen DDR-China, konzentriert auf die 1980er Jahre, vor, besonders nicht unter dem Aspekt der Lieferung von industriellen Ausrüstungen aus der DDR nach China. Hieraus folgt die Frage, inwieweit der Export von Industrieausrüstungen einen Beitrag zur Industrialisierung Chinas geleistet hat. Während einzelne wissenschaftliche Arbeiten von der These ausgehen, dass die DDR-Wirtschaft überhaupt marode gewesen sei und die DDR China »wenig bis gar nichts« zu bieten gehabt hätte[13], versuche ich, ein möglichst objektives Bild der Leistungen und Probleme in der wirtschaftlichen Zusammenarbeit der DDR mit China zu zeichnen.

In meiner Arbeit »Von Zementfabriken, Schiffs- und Waggonbau zum Technologietransfer – Über den Beitrag der DDR zur Industrialisierung Chinas«[14] kam ich zu dem Ergebnis, dass die DDR in den 1950er Jahren nach der Sowjetunion einen spürbaren Beitrag zur Industrialisierung Chinas geleistet hatte. Wegen der immensen Zerstörungen in ganz China aufgrund von

Krieg und Bürgerkrieg und der internationalen Isolierung der Volksrepublik durch die entwickelten kapitalistischen Länder als Folge des Korea-Kriegs setzte China große Hoffnungen auf die wirtschaftliche Hilfe der Deutschen Demokratischen Republik, die die DDR bis zur Überforderung zu erfüllen versuchte. In den 1980er Jahren war der Beitrag der DDR vor allem wegen ihrer eigenen technologischen Rückstände nur noch punktuell in einzelnen Bereichen gegeben. Zugleich aber lebte die in den 1950er Jahren gegründete Freundschaft wieder auf. Die besonders ab 1985 intensive Zusammenarbeit beider Länder fand durch den Zusammenbruch der DDR ein jähes Ende.

Die folgende Untersuchung schildert im Hinblick auf die wirtschaftlichen Beziehungen, wie nach der vorsichtigen, weil von der Sowjetunion argwöhnisch über-

Der Autor auf der Konferenz der Modrow-Stiftung zum 100. Jahrestag der KP Chinas, 30. Juli 2021

wachten und ständig gebremsten Wiederherstellung der Parteibeziehungen zwischen der SED und der KP Chinas in immer schnellerem Tempo Kontakte zwischen Ministerien und Institutionen beider Länder hergestellt wurden. Tatsächlich hatten Mitte der 1980er Jahre alle zentralen Organe der DDR Kontakte mit entsprechenden chinesischen Dienststellen aufgenommen. Diese Kontakte mündeten in die Verabschiedung eines langfristigen Plans der Entwicklung des Handels und der wirtschaftlichen Zusammenarbeit anlässlich des offiziellen Besuchs von Erich Honecker in der VR China. Entsprechend der Bedeutung einzelner Projekte und von Schwerpunktbereichen der Zusammenarbeit sind diese soweit wie möglich zusammenfassend dargestellt. Um neue Felder der wirtschaftlichen Beziehungen zu erschließen, richtete die DDR 1988 in Beijing eine breit gefächerte Exportgüteraustellung aus.

Daneben wird die Bedeutung von Institutionen in diesen Beziehungen dargestellt. Dienten bis in die 1980er Jahre die Interkit-Konferenzen vor allem dazu, dass die Sowjetunion ihre Bündnispartner in ihren Beziehungen zu China kontrollieren und gängeln konnte, diente der Wirtschaftsausschuss DDR-China dazu, die langfristige Zusammenarbeit beider Länder zu koordinieren und zu entfalten. Ein Unterausschuss dieses Gremiums organisierte die wissenschaftlich-technische Zusammenarbeit DDR-China.

Zwei Schwerpunktvorhaben der Zusammenarbeit in den 1980er Jahren – der Aufbau des Stadtgaswerks von Harbin und der Schienenfahrzeugbau – ermöglichen aufgrund relativ umfassend erhaltener Unterlagen einen ausführlicheren Einblick in die Leistungen und Probleme der Zusammenarbeit. In einem Exkurs wird die Entwicklung des Exports des VEB Kombinat Baukema dargestellt.

Am Ende des Buches sind in mehreren Anlagen weitergehende einschlägige Materialien zusammengetragen.

Die chinesischen Namen sind in der offiziellen Pinyin-Transkription der VR China wiedergegeben.

Die Währungen sind in Valuta-Mark (VM), einer künstlichen »Währung« für Rechnungszwecke, und in Schweizer Franken (CHF) angegeben. Grundsätzlich galt 1 VM = 1 DM. Durch Richtungskoeffizienten wurde der Kurs zwischen Valuta-Mark und DDR-Mark je nach Land und Warengruppe modifiziert. Die Richtungskoeffizienten wurden in unregelmäßigen Abständen angepasst, meist erhöht, was eine Abwertung der DDR-Mark bedeutete.

1. Die Periode der Politik von Reform und Öffnung

Offiziell wurde die Kulturrevolution 1969 auf dem IX. Parteitag der KP Chinas für beendet erklärt, doch der Terror der »Viererbande«, zu der Maos Frau Jiang Qing, Wang Hongwen, Yao Wenyuan und Zhang Chunqiao gehörten, setzte sich noch bis zu Maos Tod am 9. September 1976 fort. Vier Wochen nach seinem Tod wurde die »Viererbande« in einer Handstreichaktion verhaftet.

Bis 1978 war Maos Nachfolger, Hua Guofeng, ein typischer Herrscher eines Interregnums, an der Macht, bis Deng Xiaoping ihn ablöste.

Deng verkündete im Dezember 1978 auf der 3. Plenarsitzung des XI. Parteitags der KP Chinas eine Politik der Reformen und der Öffnung, das heißt wirtschaftliche Reformen nach innen, die die ökonomische Interessiertheit förderten, und Öffnung nach außen, damit ausländisches Kapital in China investiert wurde.

Nachdem den Bauern das Recht gegeben wurde, selbst über die Bewirtschaftung der Felder zu entscheiden, verbesserte sich die Versorgung der Bevölkerung mit Nahrungsmitteln zusehends. In den Städten wurden private wirtschaftliche Initiativen zugelassen, und die Staatsbetriebe wurden immer mehr darauf orientiert, Gewinn zu erwirtschaften. Deng Xiaoping forderte als Paradigmenwechsel von der bisherigen linkssektiererischen Politik des Großen Sprungs und der Kulturrevolution eine sozialistische Marktwirtschaft zu entwickeln.

Seit dem Besuch des amerikanischen Präsidenten Richard Nixon in der VR China im Jahre 1972 und der diplomatischen Anerkennung der Volksrepublik durch die entwickelten kapitalistischen Staaten lockerten sie auch schrittweise das 1950 mit Chinas Eintritt in den Korea-Krieg verhängte Wirtschaftsembargo. Fortan drängten nun die westlichen Industriestaaten auf den chinesischen Markt.

Diese Entwicklung bekamen viele Kombinate in der DDR zu spüren, indem ihre Produkte nicht mehr besonders gefragt waren und auch ihr mangelnder Service auf deutliche Kritik der chinesischen Einkäufer stieß. So beklagte der VEB Schwermaschinenbau »Karl Liebknecht« Magdeburg (SKL) im Jahre 1980, dass der Absatz seiner Dieselmotoren in China rückläufig sei. Ein Grund: Der VEB Kompressorenbau Bennewitz als ein Zulieferer für das SKL hatte Ersatzteilbestellungen aus China mehrere Jahre (!) unbeantwortet gelassen, weshalb sich die chinesische Seite nach anderen Lieferanten umgesehen hatte.[15]

Im Jahre 1978 veranstaltete das Kombinat VEB Landmaschinenbau »Fortschritt« in Neustadt/Sa. in der Nähe von Beijing eine Ausstellung seiner Mähdrescher. China importierte für seine Staatsgüter Mähdrescher, die die DDR für die Reisernte modifiziert hatte. Im Jahre 1979 führte der Außenhandelsbetrieb WMW in

Tianjin eine Werkzeugmaschinenausstellung durch.[16] Diese Marketingaktivitäten zeigen die Bemühungen des DDR-Außenhandels, den Export nach China weiter zu steigern.

Als China im Frühjahr 1979 einen »Straffeldzug« gegen Vietnam führte, weil es das Pol Pot-Regime in Kambodscha gestürzt hatte, war die DDR bemüht, ungeachtet der politischen Verurteilung dieses Kriegs gegen Vietnam die wirtschaftlichen Beziehungen mit China nicht zu beeinträchtigen.

Im Jahre 1979 bestellte China beim Kombinat Robotron das *Rechnersystem 1600*, das allerdings ein Auslaufmodell war. Daraufhin setzte eine intensive Marktarbeit mit Symposien, Betriebsbesuchen mit Fachvorträgen, Einladung maßgeblicher chinesischer Vertreter zur Leipziger Messe und ein Besuch beim VEB Kombinat Robotron ein. Schließlich bestellte die chinesische Seite das modernere (aber auch wesentlich teurere) *Computersystem R 300* für mehr als drei Millionen Schweizer Franken (CHF). Im Jahre 1980 wurde der erste Rechner *R 300* an das Beijinger Autowerk geliefert, nachdem man hierfür ein zweistöckiges Gebäude errichtet hatte. Zu dem Rechner gehörten mehrere Zentraleinheiten, Drucker, Tabelliermaschine, Lochkarteneinheit usw. Das ganze Jahr fand eine umfassende Schulung statt. Nacheinander reisten zu diesem Zweck insgesamt vierzig Lehrkräfte aus Leipzig und Dresden an. Das größte Problem waren fehlende Fachdolmetscher.

Eine weitere Anlage wurde im Dezember 1981 mit einem Sonderflugzeug nach Beijing geliefert und von dort mit chinesischen LKW in das Autowerk Changchun, Provinz Jilin, transportiert. Bis auf eine Zentraleinheit, die ausgetauscht werden musste, wurde dieser Auftrag reibungslos abgewickelt. Für das Ausbildungsprogramm standen diesmal qualifizierte Dolmetscher zur Verfügung.

Die einsetzende rasante Entwicklung der Computertechnik vor allem in den USA und Japan führte aber dazu, dass die DDR als Lieferant von Rechnern kaum noch in Betracht kam. Das Kombinat Robotron tätigte jedoch noch umfangreiche Lieferungen von Bürotechnik. So wurde in jener Zeit auch ein Großauftrag über 400 Buchungsmaschinen für den Einsatz in Banken mit einem Wert von ca. 1,6 Millionen CHF realisiert. Ferner wurden einzelne Fakturiermaschinen für das Rechnungswesen geliefert.[17]

Der Außenhandelsbetrieb (AHB) Elektrotechnik lieferte Ende der 1970er Jahre kontinuierlich in hohen Stückzahlen Fernschreiber, deren Verkauf aber rückläufig war und 1980/81 auslief.

Die Shanghaier Werkzeugmaschinenfabrik hatte in den 1960er Jahre eine Karusselldrehmaschine *DKZ 4000* vom VEB Niles Berlin (VEB Werkeugmaschinenkombinat 7. Oktober Berlin) importiert. Die Genauigkeit des Drehtisches beruhte auf einem doppelreihigen Kugellager. Da dieses nach mehr als zehnjährigem Gebrauch verschlissen war, hatten Ingenieure der Fabrik ein Druck-Kugellager mit automatisch sich einstellendem Spalt entwickelt. Nach zehnjähriger Erprobung erwies sich, dass das neue Kugellager stabil seine Genauigkeit behielt.[18] Der Bericht darüber verdeutlichte, dass China bemüht war, aus der DDR bezogene solide Werkzeugmaschinen möglichst lange zu betreiben.

Für die Post wurden damals kontinuierlich Pulsmodulationsanlagen (PCM) verkauft, für deren Installation mehrmals Techniker nach China reisten. Wahrscheinlich wurden diese Anlagen für die Modernisierung des Telefonnetzes eingesetzt, um mit digitaler Nachrichtenübertragung die Qualität der Telefongespräche zu erhöhen. Hinzu kamen Umsätze mit Messtechnik für verschiedene Anwendungen, die sich in einem mittelgroßen Umfang bewegten.

Der AHB Intermed verkaufte um das Jahr 1980 kontinuierlich mit leicht zunehmender Tendenz medizinische Labortechnik. Intermed veranstaltete in Beijing, Shanghai und Nanjing Fachsymposien über Röntgentechnik. Im November 1980 wurde die erste D 800-Röntgenanlage an das Guang'anmen-Krankenhaus in Beijing übergeben.

Die chinesischen Außenhandelsbetriebe erhielten für Schulungen und Vorträge 400 Polylux-Projektoren.[19] Derartige Projektoren waren für Vorträge, Produktpräsentationen und Vorlesungen damals sehr verbreitet.

Im Jahre 1980 importierte China aus der DDR 110 Personenzugwagen, davon 30 Wagen des Typs 18 ohne und 80 Wagen des Typs 24 mit Klimatisierung. Die Wagen wurden auf die Eisenbahndirektionen Beijing, Shanghai, Guangzhou, Liuzhou und Chengdu verteilt.[20]

Im April 1980 besuchte eine personell recht große Handelsdelegation unter Leitung des Handelsministers

Abkommen DDR–VR China über Warenaustausch

Berlin (ADN). Das Abkommen über den Warenaustausch und Zahlungsverkehr zwischen der DDR und der VR China im Jahre 1980 wurde am 2. April 1980 in Berlin von den Stellvertretern der Minister für Außenhandel beider Länder, Eugen Kattner und Zheng Yishan, unterzeichnet.

Danach wird die DDR unter anderem Schienenfahrzeuge, Dieselmotoren, Landmaschinen, Lastkraftwagen, Textilmaschinen und wissenschaftliche Geräte exportieren und aus China Erzeugnisse des Bergbaus, Nichteisenmetalle, Reis, tierische Produkte, ätherische Öle sowie andere chemische Rohstoffe, Baumwolltextilien und andere Erzeugnisse der Leichtindustrie beziehen.

Der Minister für Außenhandel der DDR, Horst Sölle, der Zheng Yishan am selben Tag zu einem Gespräch empfangen hatte, und der Botschafter der VR China in der DDR, Chen Tung, waren bei der Unterzeichnung zugegen.

Zheng Yishan die DDR. Sie sollte die sozialen und ökonomischen Reformen in der DDR seit dem VIII. Parteitag der SED 1971 studieren.[21] China hoffte, Technologien und Knowhow im Austausch gegen chinesische Konsumgüter zu erhalten.

Im Sommer 1980 reiste eine Delegation von Experten der Elektronik-Industrie der DDR nach China, um entsprechend einer Vereinbarung der Elektronikministerien beider Länder für die Jahre 1980/81 Möglichkeiten der Kooperation mit chinesischen Betrieben zu erkunden.[22]

Zusammenfassung

Der Warenaustausch bewegte sich bis 1980 auf ein Maximum zu, wobei die DDR vor allem konventionelle Maschinen, Land- und Transportmaschinen exportierte und aus China mineralische Rohstoffe und Lebensmittel bezog. Die Bemühungen der DDR, mehr Hochtechnologieerzeugnisse abzusetzen, waren angesichts der Konkurrenz der kapitalistischen Industriestaaten, die jetzt den chinesischen Markt eroberten, nur punktuell erfolgreich.

Ab 1980 war – als Folge der von Deng Xiaoping begonnenen Politik von Reform und Öffnung – ein wachsendes Interesse Chinas an der Atbeit von Kombinaten in der DDR zu beobachten. Kombinate galten als erfolgreiches Beispiel einer Wirtschaftsstruktur unter sozialistischen Bedingungen der Planwirtschaft. Gleichzeitig war die chinesische Seite daran interessiert, technologisches Knowhow aus der DDR zu beziehen.

2. Sowjetische Kontrolle der Bündnispartner mittels der Interkit-Konferenzen

Seit 1967 fanden auf Vorschlag der Polnischen Vereinigten Arbeiterpartei (PVAP) regelmäßig sogenannte Interkit-Konferenzen statt (von russisch *kitaj* = China). Diese Zusammenkünfte von Vertretern der ZK-Abteilung für internationale Beziehungen sollte dem Informationsaustausch über die Vorgänge in China während der Kulturrevolution dienen.

Die Sowjetunion und ihre Bündnispartner (mit Ausnahme von Rumänien) waren zunächst interessiert, die Vorgänge in China gemeinsam aufzuklären. Die KPdSU übernahm aber bald auch dort die Führung, um die ideologische Arbeit zur »Entlarvung der Politik der chinesischen Führer« zu steuern. Die Führung in Peking hatte Moskau herausgefordert, indem es deren Rolle als Führungsmacht in der kommunistischen Weltbewegung infrage stellte. Die Führung der KPdSU wehrte den chinesischen Anspruch ab. Dazu nutzte sie Interkit-Konferenzen als ein Instrument, um die China-Politik ihrer Verbündeten zu koordinieren und zu kontrollieren.

Die sowjetische Seite vertraten Michail S. Kapitsa, Oleg B. Rachmanin, Michail I. Sladkowskij und Sergej

L. Tichwinskij. Der Vize-Außenminister Kapitsa hatte lange Zeit die Abteilung Ferner Osten im Außenministerium geleitet. Rachmanin war 1. Stellvertreter des Leiters der Abteilung für die Beziehungen zu den Bruderparteien im ZK der KPdSU, Sladkowskij Direktor des Instituts für Fernost-Studien und Tichwinskij Direktor der Diplomatischen Akademie der Sowjetunion.

Diese einflussreichen, stark vernetzten sowjetischen Experten wurden von Kennern ironisch als die »Viererbande der sowjetischen China-Politik« tituliert (in Anspielung auf die »Viererbande« in China während der Kulturrevolution). Sie vertraten eine völlig orthodoxe Einschätzung der Entwicklung in China, besonders nach Maos Tod 1976 und der Verkündung der Politik von Reform und Öffnung durch Deng Xiaoping Ende 1978. Diese Einschätzung war erheblich durch Deng Xiaopings Strategie des »Bündnisses mit den USA im Widerstand gegen die Sowjetunion« bestimmt worden. Die Sowjetunion fühlte sich durch dieses chinesisch-amerikanische Zusammenspiel bedroht.

Der Einfluss der »Viererbande der sowjetischen China-Politik« wirkte sich besonders in der Breshnew-Ära negativ auf die Belebung des sowjetisch-chinesischen Verhältnisses aus. An den Interkit-Konferenzen nahmen in der Regel Parteifunktionäre, gelegentlich auch Diplomaten und Akademiker teil. Die sowjetischen Vertreter gaben nicht nur die Linie der ideologischen Propagandaarbeit gegenüber China vor, was zunächst der Hauptinhalt abgestimmter Aktionen gegen die Führung um Mao Zedong war. Sie nahmen auch auf alle anderen Sphären der Beziehungen mit China Einfluss – seien es die wirtschaftlichen, kulturellen, militärischen oder die wissenschaftlich-technische Zusammenarbeit. China sollte von diesen Ländern keine strategisch wichtigen Informationen und Güter erhalten. Die sowjetischen Vertreter nahmen sich das Recht, die Listen des Warenaustausches der Verbündeten mit China zu überprüfen und zu genehmigen.

Allerdings lief diese Strategie ins Leere, weil die VR China mit der Lockerung des Embargos der kapitalischen Industriestaaten moderne Technologien, soweit es die Valutaressourcen erlaubten, von dort bezog. China generierte durch die Versorgung von Hongkong und Macao nicht unerhebliche Valutaeinnahmen.

Propagandistisch wurde Moskau auch im Äther aktiv. Die Sowjetunion und die Mongolei strahlten Radiosendungen nach China in Mandarin, Shanghai- und Kantondialekt sowie Kasachisch und Uigurisch aus.[23]

Die Sowjetunion übte diesen Einfluss nicht nur auf der Ebene der Interkit-Konferenzen, sondern auch bei Ministertreffen, über ihre Botschafter und bei den jährlichen Treffen der Generalsekretäre der Bruderparteien auf der Krim aus. So wurde Erich Honecker wiederholt von Leonid Breshnew wie ein kleiner Schüler verwarnt, nicht auf die Beijinger Führer hereinzufallen.

Zu den Interkit-Konferenzen kam die sowjetische Delegation stets mit einem vorbereiteten Protokoll, das die anderen Teilnehmer dann nur noch unterschreiben sollten.

Übersicht über die Interkit-Konferenzen[24]

1. Dezember 1967 in Moskau
2. Januar 1969 in Berlin
3. März 1970 in Warschau
4. Februar 1971 in Sofia
5. Juli 1972 in Prag
6. Mai 1973 in Moskau
7. März 1974 in Budapest
8. Juni 1975 in Ulan Bator
9. Juni 1977 in Berlin
10. Dezember 1978 in Havanna
11. Juni und Oktober 1980 in Mierki (Polen)
12. Mai 1982 in Sofia
13. Dezember 1983 in Prag
14. Oktober 1984 in Tihany (Ungarn)
15. Februar 1985 in Moskau

Außer diesen regulären Interkit-Konferenzen erfolgten noch spezielle Zusammenkünfte, zum Beispiel zu Wirtschaftsfragen.

Anfang der 1970er Jahre versuchte die Sowjetunion, den chinesischen Einfluss auf dem Balkan zurückzudrängen. Ihre Vertreter sprachen auf den Interkit-Konferenzen von einer »Achse Tirana-Belgrad-Bukarest-Beijing«. Moskau fürchtete eine Schwächung der Südflanke des Warschauer Pakts. Die Sowjetunion forderte von den Verbündeten, dass Beijings Politik der kleinen Schritte gegenüber den sozialistischen Ländern als eine Spalterstrategie entlarvt werden müsste.[25]

Auf der Interkit-Konferenz 1975 im mongolischen Ulan Bator schlug die sowjetische Seite ihre Version einer COCOM-Liste strategischer Güter der sozialistischen Länder vor, deren Export nach China verboten werden sollte.[26] Damit sollte der chinesischen Differenzierungspolitik gegenüber den osteuropäischen Ländern begegnet werden.

In Ulan Bator schrieben die sowjetischen Delegierten ein Regime für den Export von Technologien nach China fest. Diese Maßnahme zielte besonders auf militärische Einsatzzwecke, denn die Sowjetunion war durch den blutigen Zusammenstoß am Grenzfluss Ussuri im Jahre 1969 und die Annäherung Chinas an die USA alarmiert. Bis zum Ende der DDR durften Erzeugnisse, zum Beispiel die Zeiss-Geräte zur Erzeugung von Mikroelektronikkomponenten, die im Rahmen von Regierungsabkommen mit der Sowjetunion entstanden waren, nur vorbehaltlich der Genehmigung durch Moskau nach China exportiert werden.

Nach dem Tod von Mao Zedong 1976 und der Verkündung der Politik von Reform und Öffnung durch Deng Xiaoping Ende 1978 fand die Einschätzung Rachmanins, dass der Maoismus auch ohne Mao unverändert sei, immer weniger Zustimmung. Besonders die Vertreter der DDR und Ungarns forderten, dass man China wieder für das sozialistische Lager zurückgewinnen müsse. Positiv stellten sie fest, dass Deng Xiaoping den linkssektiererischen Kurs der Mao-Ära und seines Nachfolgers Hua Guofeng in der Wirtschaft beendet habe und auf die Selbstbestimmung der Bauern über die Bestellung der Felder setzte. Diese Politik fand in China viel Zustimmung, zumal sich die Versorgungslage deutlich verbesserte.

Zur Interkit-Konferenz 1978 in Havanna gehörten der DDR-Delegation Vertreter der Abteilung Internationale Verbindungen des ZK der SED, des Ministeriums für Auswärtige Angelegenheiten (MfAA) sowie je ein Vertreter der Deutschen Außenhandelsbank (DAB) und des Ministeriums für Wissenschaft und Technik an. In der Direktive der DDR-Delegation hieß es, dass unser Land »an der planmäßigen Entwicklung der Außenhandelsbeziehungen zu China unter Beachtung der politischen und ökonomischen Gesamtinteressen der sozialistischen Staatengemeinschaft interessiert ist, um die für die DDR notwendigen Importe zu sichern.« Darin kam das spürbare Interesse der DDR am Ausbau der Beziehungen zur Volksrepublik zum Ausdruck.

Obwohl die sowjetische Seite dies zu unterbinden trachtete, setzte sie selbst angesichts ihrer eigenen wirtschaftlichen Krise auf eine Belebung der Beziehungen mit China. Die sowjetischen Außenhändler informierten, dass sie die Lieferung von Hubschraubern und Flugzeugen wieder aufnehmen werde. Außerdem wolle China mehr Energieausrüstungen von der Sowjetunion kaufen.

Übereinstimmend befürworteten die Konferenzteilnehmer, China zu den Messen in ihren Ländern einzuladen. Die DDR-Delegation berichtete, dass China sich 1979 nach dreijähriger Pause wieder an der Leipziger Messe beteiligen werde. Im Gegenzug bereitete die

DDR eine Fachausstellung 1979 in Tianjin vor. Es sollten allerdings keine Waren mit Unikatcharakter und auch keine unveröffentlichten Forschungsergebnisse an China geliefert werden.

Bulgarien schlug sogenannte »Begrenzunglisten« vor – ein Euphemismus für Embargolisten. Sie sollten solche Erzeugnisse enthalten, die sowohl für zivile als auch für militärische Zwecke eingesetzt werden können. Das lehnte die DDR ab: LKW W 50 waren ein bedeutender Exportposten im Handel mit China.[27]

Auf einer Sitzung des Sekretariats des ZK der KPdSU im März 1980 wurden die osteuropäischen Länder zu höchster Wachsamkeit gegenüber der Differenzierungspolitik Beijings aufgerufen. Die ZK-Sekretäre meinten, dass China die sozialistischen Länder in drei Gruppen eingeteilt habe: 1) Rumänien, Jugoslawien und Nordkorea, 2) Vietnam, Laos, Kuba und die Mongolei, 3) Bulgarien, DDR, Polen, Ungarn und die Tschechoslowakei. Die Beijinger »Differenzierungspolitik« ziele besonders auf die dritte Gruppe, um sie von der Sowjetunion abzuspalten.

Die sowjetischen Botschaften in diesen Ländern wurden angewiesen, darauf Einfluss zu nehmen, dass die wissenschaftlich-technische und wirtschaftliche Zusammenarbeit dieser Länder mit China reduziert werde.[28]

Auf der Interkit-Konferenz 1980 in Polen brachte der Vertreter der SED 43 Änderungsvorschläge ein, aber Rachmanin setzte seine grundlegende Einschätzung des Wesens der Politik der chinesischen Führer noch einmal durch, die Vorschläge der SED wurden ignoriert. Rachmanin vertrat gebetsmühlenartig die Auffassung, dass sich am Maoismus auch ohne Mao nichts geändert habe.

Der DDR-Vertreter verlangte jedoch, die Situation in China nüchtern und gründlich zu analysieren, um mögliche Veränderungen zu erkennen.

Die SED-Delegation reiste zur nächsten Interkit-Konferenz 1982 mit der Direktive Berlins nach Sofia, »sich für eine aktive Politik gegenüber China einzusetzen, die mit den langfristigen Interessen des Sozialismus und des Friedens übereinstimmt«. Dabei stützte sie sich auf Breshnews Rede im März 1982 in Taschkent, in der er den Willen der Sowjetunion betont hatte, die Beziehungen zu China zu verbessern. Breshnew hatte China als sozialistisches Land bezeichnet und Chinas Souveränität über Taiwan anerkannt.

Rachmanin interpretierte diese Rede aber so, dass sie nur taktischer Natur gewesen sei.

Die SED-Delegation weigerte sich, das Abschlussprotokoll der Konferenz zu unterzeichnen. Delegationsleiter Bruno Mahlow erklärte, dass man die Situation in China tiefgründiger untersuchen und im Verhältnis zu China konstruktive Schritte unternehmen müsse. Und er ließ Rachmanin wissen, dass der erste Mann der DDR mit dem Konzept der Interkit-Konferenz nicht einverstanden sei, dass die Sowjetunion viele Fehler im Verhältnis zu China begangen habe und die DDR eigene Interessen gegenüber China verfolge. Hinter diesen deutlichen Worten stand auch die Verärgerung der

Führung der DDR über die Entscheidung Moskaus, die Lieferungen wichtiger Rohstoffe und Halbfabrikate wie Erdöl und Walzstahl in die DDR empfindlich zu kürzen. Dadurch geriet die Volkswirtschaft der DDR in erhebliche Schwierigkeiten.

Rachmanin wies die Vorschläge der DDR und Ungarns zurück, forderte gemeinsame Aktionen gegen China und warnte davor, auf die chinesische Politik der Differenzierung und der kleinen Schritte hereinzufallen. Außerdem meldete er das aus seiner Sicht unbotmäßige Verhalten der SED-Führung. Die China-Kommission des Politbüros des ZK der KPdSU befasste sich daraufhin mit dem Vorfall und kritisierte den SED-Generalsekretär Honecker namentlich.

Auf die Warnungen der KPdSU vor einer Annäherung an China entgegnete Honecker, dass alle Versuche der chinesischen Führung, »zwischen den Staaten unserer Gemeinschaft zu differenzieren«, zurückgewiesen würden: Chinas Beziehungen zur DDR könnten »niemals besser sein [...] als Chinas Beziehungen zur Hauptkraft des Weltsozialismus, der Sowjetunion.« Doch Moskau wertete Honeckers Beteuerung als bloßes Lippenbekenntnis, womit man nicht falsch lag. Auf der nächsten Interkit-Konferenz 1983 in Prag erklärte die SED-Delegation pflichtschuldig, die chinesische Außenpolitik sei weiterhin von den Fehlern des Maoismus gekennzeichnet. Aber: Die KP Chinas habe sich auf dem Weg zum Sozialismus neu orientiert, man müsse deren positive Aspekte, insbesondere die Distanzierung von den USA, stärker beachten. Die USA, nicht China, seien der Hauptfeind des sozialistischen Lagers.[29] Chinesische Diplomaten hätten ihren osteuropäischen Partnern erklärt, dass China nicht beabsichtige, sich in deren Beziehungen zur Sowjetunion einzumischen.

Durch den Wegfall einer antisowjetischen Stoßrichtung der chinesischen Politik gegenüber den osteuropäischen Ländern waren bessere Voraussetzungen für den raschen Ausbau der staatlichen Beziehungen gegeben.

Eine außenpolitische Wende im Verhältnis Chinas zu den osteuropäischen Ländern kündigte sich an, als der Volkskongress auf seiner Tagung im Juni 1983 erklärte: »Das chinesische Volk hegt freundschaftliche Gefühle gegenüber den Völkern Osteuropas und anderer Länder. Die Erfolge und Erfahrungen bei ihrem sozialistischen Aufbau liegen uns am Herzen. [...] Wir sind überzeugt, dass die Beziehungen Chinas zu den Ländern Osteuropas durch gemeinsame Anstrengungen weiter verbessert werden können.«[30]

Dies drückte unmissverständlich die Absicht Chinas nach einer Öffnung gegenüber der Sowjetunion und Osteuropa aus.

Zu diesem Zeitpunkt begann die DDR, die staatlichen Beziehungen zu Fachministerien in China zu entwickeln. Die SED hatte bereits zuvor wieder Parteibeziehungen zur KP Chinas aufgenommen. Zwar stieß das auf Rachmanins Ablehnung, aber er sah sich nun auch dem Widerstand der ungarischen Vertreter gegenüber. Im Prager Protokoll vom Dezember 1983 wurde erstmals vermerkt, dass es nicht einstimmig angenommen worden war. Es erhielt auch nicht mehr den Rang einer verbindlichen Direktive wie vorangegangene Papiere der Interkit-Konferenzen.[31]

Aufgrund der »zu positiven« Darstellung Chinas in der Presse der DDR wurde der sowjetische Botschafter Pjotr Abrassimow (der »Regierende Botschafter«) zweimal bei Erich Honecker vorstellig. Dieses anmaßende Verhalten widerspiegelt, in welchem Abhängigkeitsverhältnis die DDR durch die Sowjetunion gesehen wurde. Die Auflehnung der SED-Führung gegen die KPdSU in den letzten Jahren der Breshnew-Ära war auch wegen der ökonomischen Schwäche der Sowjetunion möglich geworden und erfolgte auch vor dem Hintergrund der Raketenkrise. Moskau hatte wegen der NATO-Nachrüstung alle Abrüstungsgespräche verlassen und stationierte SS-20 in der DDR und in der ČSSR, während sich Honecker um eine systemübergreifende »Koalition der Vernunft« bemühte. Nach dem Tode Breshnews verlangte Honecker im Juni 1983, Abrassimow abzuberufen. Was auch geschah.

Ab 1982 unterzeichnete die SED-Delegation unter Leitung von Bruno Mahlow, Stellvertretender Leiter der Abteilung Internationale Beziehungen des ZK der SED, kein Protokoll von Interkit-Konferenzen mehr.

Auf der Interkit-Konferenz 1983 in Prag schloss sich Polen dem Standpunkt der DDR und Ungarns an.

Bei den Interkit-Konferenzen 1984 in Tihany (Ungarn) und 1985 in Moskau konnte die sowjetische Konferenzleitung die Delegationen nicht mehr hinter sich vereinen.[32] Lediglich der Vertreter Vietnams unterstützte noch die sowjetische Position.

Bruno Mahlow (l.) und Hans Modrow, 2018

Die Delegation der DDR des Ausschusses »Handelsbeziehungen« in Tihany leitete der Vize-Minister für Außenhandel, Eugen Kattner. Partner auf sowjetischer Seite waren die Staatliche Plankommission (GOSPLAN) und das Staatliche Komitee für wirtschaftliche Zusammenarbeit (GKES). Sie wollten detailliert von den Bundesgenossen wissen, wie sich die Zusammenarbeit mit China entwickele.

Allerdings hatten die kein Interesse, diesem Wunsch nachzukommen. Als die DDR-Delegation merkte, dass ihre Vorredner aus Bruderparteien nicht gewillt waren, das Informationsbedürfnis der sowjetischen Seite zu bedienen, änderte auch Kattner seine vorbereiteten Ausführungen.[33]

Auf der Interkit-Konferenz im Februar 1985 in Moskau nahm Rachmanin die Bemühungen selbst der eigenen Partei zur Verbesserung der sowjetisch-chinesischen Beziehungen nicht zur Kenntnis. Die durchaus erfolgreichen Gespräche des 1. Stellvertreters des Vorsitzenden des

Ministerrats der UdSSR, Iwan W. Archipow, im Dezember 1984 über Grenzfragen mit China negierte er. Und er behauptete nach wie vor, dass Chinas antisozialistischer Kurs in der Außenpolitik von langfristiger Natur sei. Nach dem Tod von Generalsekretär Tschernenko wurde Michail Gorbatschow im März 1985 dessen Nachfolger. Die Verbesserung der Beziehungen zu China stand nicht ganz oben auf seiner Agenda. Noch im Stil seiner Vorgänger sandte Gorbatschow im August 1985 an Honecker die Warnung, dass Deng Xiaoping beabsichtige, »die Einheit der Bruderländer ins Wanken zu bringen«.[34] Doch Ende 1985 erklärte der stellvertretende sowjetische Außenminister Michail Kapiza, dass es kein Problem darstelle, wenn die Mitglieder des Warschauer Vertrags ihre Beziehungen zu China normalisierten. Er betonte allerdings, dass man sich darüber gegenseitig informieren solle.[35]

Oleg Rachmanin zog den Zorn des neuen Generalsekretärs wegen eines Artikels in der *Prawda* auf sich, in dem er unter dem Pseudonym O. Wladimirow die osteuropäischen Bruderstaaten des Antisowjetismus zieh. Er wurde 1986 in Pension geschickt und verstarb 2010 in Moskau mit 86 Jahren.

Das System der Interkit-Konferenzen hatte sich spätestens bis zur Normalisierung der Beziehungen zwischen China und den meisten RGW-Ländern um 1986 überlebt und wurde aufgegeben. In China, wo man die geheimnisumwitterten Aktivitäten von Interkit auch aufmerksam verfolgte, wurde diese Vokabel mit *fanhua guoji* (antichinesische Internationale) übersetzt.

Zusammenfassung

Die Interkit-Konferenzen wurden mit der Absicht ins Leben gerufen, angesichts der chinesischen Geheimhaltung über die Vorgänge im Lande während der Kulturrevolution Informationen zu sammeln, auszutauschen und auszuwerten. Doch sehr schnell nutzte die sowjetische Führung Interkit als Instrument, um die Kontakte ihrer Bündnispartner mit China zu kontrollieren und zu dirigieren. Als nach dem Tode Mao Zedongs und besonders mit der Politik von Reform und Öffnung Änderungen in der Innen- und Außenpolitik Chinas deutlich wurden, regte sich unter Moskaus osteuropäischen Partnern zunehmend Widerstand gegen die sowjetische Bevormundung und die negative Einschätzung der Politik Chinas. Tatsache aber war auch, dass China die Sowjetunion als Feind ansah und Bedingungen stellte für eine Normalisierung der Beziehungen.

Angesichts der fortschreitenden wirtschaftlichen und der gesellschaftlichen Krise in der Sowjetunion gelang es Moskau immer weniger, seine Bündnispartner auf Kurs zu halten. Diese normalisierten ihre Beziehungen zu China bis Mitte der 1980er Jahre weitgehend. Die Interkit-Konferenzen hatten sich überlebt.

3. Die Normalisierung der Beziehungen zwischen der DDR und der VR China

Anfang der 1980er Jahre wurden die seit der Kulturrevolution unterbrochenen Parteibeziehungen zwischen der KPCh und der SED vorsichtig wieder aufgenommen. Dies wirkte sich auch positiv auf die Belebung der Handelsbeziehungen aus, die sich aber nur langsam entwickelten und hinter den Erwartungen der DDR zurückblieben.

Erich Honecker hatte auf dem X. Parteitag der SED im April 1981 verkündet, dass die DDR bereit sei, die Beziehungen zu China zu normalisieren, kritisierte aber zugleich die Außenpolitik der VR China.[36]

Auf der 5. Plenartagung des ZK der SED im Jahre 1982 erklärte das Mitglied des Politbüros Hermann Axen, dass die DDR konstruktive Schritte unternehmen werde, um die Beziehungen mit der VR China zu normalisieren.[37]

Es folgten Schlag auf Schlag »konstruktive Schritte«. Im Juli 1981 reiste eine Delegation unter Leitung von Bruno Mahlow, Stellvertreter Leiter der Abteilung Internationale Beziehungen des ZK der SED, nach China, um die Beziehungen zur KP Chinas wieder aufzunehmen.[38] Mahlow hatte schon ein Jahr nach Maos

Tod 1977 in Beijing die Lage für eine Kontaktaufnahme mit der chinesischen Seite sondiert, kam aber zum Ergebnis, dass die Bedingungen dafür noch nicht reif seien.[39] (Mahlow war Mitte der sechziger Jahre Erster Sekretär der Botschaft der DDR in Beijing gewesen und seine Frau während der Kulturrevolution Opfer eines gewalttätigen Überfalls der Roten Garden geworden.)

Als Reaktion auf Mahlows Besuch erfolgte vom 16. Juli bis 23. August 1981 ein Gegenbesuch. Auf »Einladung des chinesischen Botschafters in der DDR« kam zu Studienzwecken der stellvertretende Leiter des Sektors »UdSSR und Osteuropäische Länder« in der Abteilung Internationale Beziehungen des Zentralkomitees der KP Chinas nach Berlin. Chen Dexing wurde begleitet von Du Kening, Mitarbeiter dieser Abteilung. Diese Visite war der erste offizielle chinesische Kontakt zwischen der KP Chinas und der SED seit der Mitte der 1960er Jahre.

Die beiden besuchten zahlreiche Einrichtungen, darunter das Kombinat VEB Carl Zeiss Jena. Dort interessierten sie sich insbesondere für Struktur und Wirkungsweise eines Kombinats.[40]

Das Motiv für die Normalisierung der Beziehungen zu den »Fünf Ländern Osteuropas« (Polen, Ungarn, Tschechoslowakei, Bulgarien, DDR) war für China wesentlich durch die Politik der USA bestimmt worden. Nach dem Besuch von Nixon im Jahre 1972 in China erfolgte die gegenseitige diplomatische Anerkennung und die Volksrepublik China zog in den UN-Sicherheitsrat anstelle Taiwans (der »Republik China«) ein. US-Präsident Ronald Reagan kündigte 1981 eine Neubewertung der Taiwan-Frage an, so dass die VR China befürchten musste, dass die chinesisch-amerikanischen Beziehungen in die Zeit vor 1972 zurückfallen könnten. Zudem wollte China sich aus einer drohenden einseitigen Abhängigkeit von den kapitalistischen Industriestaaten lösen. Deshalb war Beijing stärker als bisher an einer Verbesserung der Beziehungen zur Sowjetunion und der anderen sozialistischen Staaten in Europa interessiert. Allerdings erwiesen sich Verhandlungen mit Moskau als sehr langwierig. China selbst stellte drei Forderungen (auch als drei Hindernisse bekannt):

▸ Abzug der sowjetischen Truppen aus Afghanistan
▸ Abzug vietnamesischer Truppen aus Kambodscha nach entsprechender Veranlassung durch die UdSSR
▸ Abbau der starken sowjetischen Militärpräsenz an der Grenze zu China

Erst als Gorbatschow nach und nach die Forderungen Chinas erfüllte, kam es im Mai 1989 mit seinem Besuch in Beijing zur Normalisierung der Beziehungen zwischen beiden Ländern.

An die Adresse der fünf Länder Osteuropas gerichtet, erklärte China, dass es eine Vielfalt von Modellen des Sozialismus gäbe und man sich nicht in die inneren Angelegenheiten anderer Staaten einmischen dürfe.[41]

Damit war von chinesischer Seite der Weg frei für eine Normalisierung der Beziehungen.

Dennoch begleitete diesen Prozess ständiges Misstrauen, die sowjetische Führung übte durch verschiedene Institutionen Druck auf ihre Verbündeten aus: auf der Ebene der Generalsekretäre der Bruderparteien, die regelmäßig im Sommer auf der Krim mit dem sowjetischen Generalsekretär zusammentrafen, auf der Ebene der Minister, der Botschafter in den Bruderländern und die Interkit-Konferenzen (*siehe Kapitel 2*).

Der letzte Botschafter der Sowjetunion in der DDR, Wjatscheslaw Kotschemassow, beklagte in seinen Memoiren, dass die DDR-Führung ihn nicht vollständig über ihre Aktivitäten mit China informiert habe, dieses Thema sei in seinen Gesprächen niemals angeschnitten worden.[42]

Die Volksrepublik China werde sich in den nächsten Jahren verstärkt auf die Rekonstruktion von Betrieben konzentrieren, erklärte 1982 der Nachrichtenagentur *Xinhua* zufolge der Direktor des Büros für technische Rekonstruktion beim Staatsrat der VR China. In den vergangenen drei Jahren, so Zhu Rongji, seien für die technische Umrüstung von Betrieben 12,1 Milliarden Yuan bereitgestellt worden. Dadurch habe China jährlich neunzehn Millionen Tonnen Rohkohle und acht Millionen Tonnen Erdöl einsparen können. Für 1983 werde der Etat für die Rekonstruktion auf zwanzig Milliarden Yuan aufgestockt. Entsprechend den Festlegungen des Staatsplans würden 1983 vorrangig Betriebe in der Leicht- und Textilindustrie sowie der Elektrotechnik und Elektronik modernisiert werden.[43]

Die chinesische Schwerpunktsetzung war maßgebend für die Entwicklung der technischen Zusammenarbeit der DDR mit der Volksrepublik.

Im Jahre 1981 berichtete die Shanghaier Baumaschinenfabrik, wie sie eine Plandrehmaschine *DP3000*, die Mitte der 1950er Jahre aus der DDR bezogen wurde und deren Lager nach fast dreißigjährigem Einsatz verschlissen war, demontiert hatten. Da das Lager sich nicht ohne weiteres lösen ließ, wurde es mit flüssigem Sauerstoff gekühlt, so dass es sich ohne Beschädigung lösen ließ. Der Bericht zeigte, dass qualitativ hochwertige Werkzeugmaschinen auch nach langem Gebrauch nicht ausgesondert, sondern aufgearbeitet wurden.[44]

Im Jahre 1981 machte sich die neue Politik von Reform und Öffnung im Handel mit der DDR dahingehend bemerkbar, dass China zahlreiche DDR-Erzeugnisse – LKW, Lokomotiven, Traktoren, Autodrehkräne und Fernschreiber – nicht mehr in den angebotenen Mengen abnahm. China war vor allem an neuesten Technologien interessiert, die die DDR nicht anbot. Dadurch schrumpfte das Handelsvolumen.[45]

Nach der formellen Erklärung der DDR-Seite, die Beziehungen zu China normalisieren zu wollen, fanden im Jahre 1983 zunächst Treffen auf Ministerebene statt, um über mögliche Kooperationen zu beraten. In der zweiten Jahreshälfte kam es zum Austausch von Expertendelegationen, die die Umsetzung von Kooperationsvorhaben konkret besprachen.

Bis 1985 wechselte die chinesische Seite mehrfach die Schwerpunkte der eigenen wirtschaftlichen Entwicklung, was sich hemmend auf den Ausbau des Handels auswirkte. War im Jahre 1980 ein Höchststand des Handelsumsatzes DDR-China erreicht (der vor allem durch Chinas Importe von teilweise veralteten Fahrzeugen und Maschinen aus der DDR zustandekam), so verringerte sich der Handelsumsatz zwischen beiden Ländern in den folgenden Jahren. Ursächlich lag das aber nicht an den Kurskorrekturen der Chinesen, sondern daran, dass die pragmatischen Chinesen auf dem Weltmarkt moderne Maschinen und Technologien einkauften, die die DDR nicht bieten konnte.

Dessen ungeachtet hielten beide Länder an ihrer Absicht fest, die wirtschaftlichen Beziehungen auszubauen. China war erheblich interessiert zu erfahren, warum sich die Wirtschaft der DDR am erfolgreichsten unter den RGW-Ländern entwickelt hatte und prüften gewissenhaft, welche Erfahrungen auf China anwendbar waren. Die chinesische Seite ließ aber auch keinen Zweifel an ihrer Strategie, dass ein Ausbau des Handels für sie nur möglich sei, wenn dieser mit einer Beteiligung an der Rekonstruktion chinesischer Betriebe und einem Technologietransfer einhergehe.

Bei den Verhandlungen über das Handelsprotokoll des Jahres 1983 lehnte die chinesische Seite sechzig Prozent der von der DDR vorgeschlagenen Erzeugnisse ab, weil sie den Ansprüchen Chinas nicht genügten. Dies führte zu einem weiteren Rückgang des Handelsvolumens. China zeigte sich vor allem an der Lieferung von Rohstoffen und Halbfabrikaten sowie an Kühlwaggons interessiert. Die Kühlwaggons konnten aber erst ab 1984 geliefert werden.[46]

Die Beziehungen wurden ab 1984 institutionell durch den Wirtschaftsausschuss DDR-VR China entwickelt, der von den Chemieministern beider Länder, Günther Wyschofsky und Qin Zhongda, geleitet wurde. Diese staatliche Institution war den Plankommissionen beider Länder unterstellt. Sie erarbeitete die langfristigen Pläne der Zusammenarbeit und besprach die laufenden Projekte.

In der DDR ging sukzessive die Verantwortung für die Gestaltung der wirtschaftlichen Beziehungen mit China vom Ministerium für Außenhandel auf die Staatlichen Plankommission über, was nicht ohne Reibungen erfolgte. Der Hintergrund dieser veränderten Zuständigkeit war, dass die VR China wieder als sozialistischer Staat eingestuft wurde und die Plankommission für den Außenhandel mit den sozialistischen Ländern verantwortlich war. Bezüglich der Tätigkeit des Wirtschaftsausschusses DDR-China war die Ausarbeitung des langfristigen Plans der wirtschaftlichen Zusammenarbeit für die Jahre 1986-1990 und des Plans der wirtschaftlichen und wissenschaftlich-technischen Zusammenarbeit bis zum Jahre 2000 von strategischer Bedeutung.

Diese Pläne – die natürlich schon vor dem Besuch ausgearbeitet worden waren – galten als wesentliches Ergebnis der Reise von Erich Honecker im Oktober 1986. Es war der erste offizielle Besuch eines Staatsoberhaupts aus den osteuropäischen sozialistischen Ländern. Die zuvor erfolgte Visite des polnischen Partei- und Staatschefs Wojciech Jaruzelski im September war als Arbeitsbesuch deklariert worden. Honeckers Staatsbesuch in China leitete eine spürbare Vertiefung der wirtschaftlichen Beziehungen zwischen beiden Ländern ein.

Ausgehend von den Ergebnissen der Tätigkeit des Wirtschaftsausschusses entwickelte sich eine vielfältige Zusammenarbeit zwischen den Fachministerien beider Länder. Einen (letzten) Höhepunkt in den wirtschaftlichen Beziehungen stellte die Exportgüterausstellung der DDR in Beijing im April 1988 dar, auf der nennenswerte Abschlüsse getätigt und das Handelsvolumen noch einmal gesteigert wurde.

Für die ursprünglich vereinbarte Ausweitung des Handels fehlte es der DDR allerdings an einem breiten konkurrenzfähigen Angebot, besonders was die Rechen- und Steuertechnik anging. Letztlich konnte die DDR den großen Bedarf Chinas nicht annähernd befriedigen. Eine Alternative bot sich in einer Intensivierung und Konzentration der Beziehungen auf das Autonome Gebiet Innere Mongolei.

Die DDR konnte aufgrund ihres unflexiblen Wirtschaftssystems keine Joint Ventures eingehen, die China in den 1980er Jahren immer mehr favorisierte. Allerdings hatte China durch bürokratische Regelungen dafür gesorgt, dass das finanzielle Risiko eines Joint Ventures beim ausländischen Partner lag, was auch nicht sehr einladend war.

Mit der Vereinigung der beiden deutschen Staaten am 3. Oktober 1990 verloren die zwischen den Ministerien der DDR und der VR China abgeschlossenen Verträge ihre Gültigkeit. Sie wurden teils abgewickelt, teils mit Mitteln der Kreditanstalt für Wiederaufbau (KfW) zu Ende geführt.

4. Die Intensivierung der Zusammenarbeit in den frühen 1980er Jahren

Wie erwähnt, verzeichnete das Jahr 1980 einen Höchststand im Handelsumsatz zwischen der DDR und China. Dass er in den folgenden Jahren sank, war auch darauf zurückzuführen, dass in China noch keine feste, strategisch klar erkennbare Wirtschaftspolitik etabliert war. Die chinesische Wirtschaftskommission analysierte in den RGW-Ländern, darunter in der DDR, welche Wirtschaftszweige und Erzeugnisgruppen Spitzenniveau im Weltmaßstab verkörperten. Diese wurden fortan in den Mittelpunkt der Außenwirtschaftsbeziehungen gerückt und dafür der Import konventioneller Erzeugnisse, die eher technologisch rückständig waren, drastisch reduziert.

China entsandte zahlreiche Studiengruppen aus verschiedenen Industriezweigen in die DDR, um sich insbesondere über Technologien zu informieren, die in China nutzbringend angewendet werden könnten. Während die Volksrepublik von den kapitalistischen Industriestaaten Kapital für Joint Ventures zur Modernisierung ihrer Industrie einwarb, setzte sie bei den sozialistischen Ländern Osteuropas darauf, sie zur Rekonstruktion veralteter Betriebe und zum Technologie-

Ausstellung des VEB Kombinat Robotron in Shanghai:
Vorführung eines Bildverarbeitungsgeräts, 1982

transfer als Vorbedingung für den Ausbau des Handels einzuladen.

Ungefähr im Jahre 1981 importierte das Forschungsinstitut der Erdölraffinerie Lanzhou, Provinz Gansu, vom VEB Carl Zeiss Jena ein Atom-Absorptions-Spektrometer AAS1. Das Institut setzte das Hochtechnologieerzeugnis erfolgreich zur Bestimmung des Bleianteils im Schmieröl für Zahnradgetriebe ein.[47]

Etwa im Frühjahr 1982 führte das Kombinat Robotron in Shanghai in einem Hotel eine sehr gut besuchte Fachausstellung durch. Eine Hauptattraktion war ein Bildverarbeitungssystem.

Das Kombinat Textima beteiligte sich in jenem Jahr an einer Fachausstellung von Textilmaschinen in Tianjin. Textima hatte die Marktarbeit in China 1979/1980 mit zahlreichen Symposien und Fachvorträgen begonnen. Die ersten Maschinen wurden in geringen Stückzahlen verkauft.

Abgesehen von der Lieferung zweier Großrechner 1980 und 1981 war schnell klar, dass die DDR als Lieferant von Computertechnologie für China wenig interessant war. Aus chinesischer Sicht war die DDR viel wichtiger als Lieferant konventioneller Maschinen der Leicht- und Schwerindustrie. Ein gravierendes Problem waren jedoch die Maschinensteuerungen. Rüstete die DDR die exportierten Maschinen zuvor mit importierten Steuerungen aus westlichen Industriestaaten aus, war der Exporterlös unbefriedigend. Maschinen mit Steuerungen aus DDR-Produktion galten als nicht hinreichend zuverlässig und verursachten zum Teil hohe Reparaturkosten.

1982 kaufte die *China Technical Import &Export Co.* für die Bierbrauerei Shenyang eine Abfüllanlage, die der VEB Getränkemaschinenbau Magdeburg hergestellt hatte. Mit der Anlage ließen sich stündlich 16.000 Flaschen füllen. Die Anlage hatte einen Wert von zwei Millionen Yuan. Der Getränkemaschinenbau in Magdeburg besaß eine lange Tradition, die bis in die Vorkriegszeit zurückreichte, und dementsprechend viel Erfahrung.

In einem Vergleich von neun Getränkeabfüllanlagen, die die Provinz Liaoning Anfang der 1980er Jahre aus Rumänien, der BRD, Jugoslawien und Japan importiert hatte, schnitt die Anlage aus der DDR hinsichtlich

Qualität und Produktivität gut ab. Dabei wurde noch hervorgehoben, dass für sie (im ausgeglichenen Warenaustausch) keine Valuta gezahlt werden mussten.[48] Auch die Bierbrauerei der Stadt Jingmen, Provinz Hubei, berichtete lobend über eine Bierabfüllanlage BF 60.2, die sie vom Kombinat NAGEMA der DDR bezogen hatte.[49]

Im Jahre 1983 wurde im Handel mit der DDR die Umstellung Chinas auf neue Bedürfnisse sichtbar, indem das Land konventionelle Warengruppen nicht mehr oder nur noch eingeschränkt orderte.

		1982	1983
DDR	Export	179	100
	Import	173	94
	Gesamt	352	194
Bulgarien	Export	58,6	59,7
	Import	58,6	50
	Gesamt	117,2	109,7
Rumänien	Export	54	93
	Import	46	93
	Gesamt	100	186
Kuba	Export	301,2	312,8
	Import	280,6	280
	Gesamt	581,8	592,8
Mongolei	Export	4,3	4,7
	Import	4,3	4,6
	Gesamt	8,6	9,3
Polen	Export	101,4	208,8
	Import	154,2	194,9
	Gesamt	255,6	403,7
Sowjetunion	Export	300,2	836
	Import	301,2	828
	Gesamt	601,4	1664

Handel Chinas mit den sozialistischen Ländern in den Jahren 1982/83 (Millionen CHF)[50]

Die Statistik verdeutlicht, dass China den Handel mit der DDR zugunsten modernerer Erzeugnisse empfindlich reduziert hatte. Dies stand in einem offensichtlichen Gegensatz zum deutlich gestiegenen Delegationsaustausch.

Auch im Vergleich zu anderen sozialistischen Ländern war der Handelsumsatz recht gering. Nichtsdestoweniger war China an Knowhow aus der DDR interessiert. Ungeachtet der politischen Gegnerschaft zwischen China und der Sowjetunion hatte der bilaterale Handel Fahrt aufgenommen. Während die Sowjetunion ihren Bündnispartnern im Handel mit China Beschränkungen auferlegte, versuchte sie selbst, ihre wirtschaftliche Krise durch einen ausgeweiteten Handel zu mildern. Allerdings war China vor allem an Rohstoffen der Sowjetunion wie Erdöl, Erze und Holz interessiert.

Im Frühling 1983 besuchte eine Studiendelegation des Ministeriums für Elektronikindustrie unter Leitung von Lin Hongzhu die DDR. Sie hatte den Auftrag, Informationen zur Verbesserung des technischen Niveaus bei der Produktion elektronischer Geräte in China zu sammeln.[51]

Das *Neue Deutschland* berichtete über das Waren- und Zahlungsabkommen für das Jahr 1983, dass die DDR vor allem Erzeugnisse des Maschinenbaus exportieren würde. Darunter befanden sich LKW W 50, Land- sowie Textilmaschinen. Vom Kombinat Carl Zeiss Jena werde eine breite Palette wissenschaftlicher Geräte geliefert. Der Export der DDR umfasse ferner, so das Zentralorgan, medizinische Geräte und Röntgenfilme, Labortechnik und verschiedene Erzeugnisse aus dem Lieferprogramm des Kombinates Robotron. Weiterhin exportiere die DDR Kalidüngemittel.

China würde Wolframerzkonzentrat und andere Erzeugnisse der Buntmetallurgie und des Bergbaus liefern, ferner tierische und pflanzliche Rohstoffe, darunter Därme, Borsten, ätherische Öle und Kolophonium. Ferner sehe laut *ND* das Handelsabkommen für 1983 chinesische Lieferungen von Reis, Trockenfrüchten, Baumwolltextilien und anderen Erzeugnissen der Leichtindustrie vor.[52]

Beim Besuch von Außenminister Qian Qichen Ende Mai 1983 in Berlin fanden Gespräche mit seinem Kollegen Oskar Fischer und dessen Stellvertreter Herbert Krolikowski statt. Dabei erörterten sie die Entwicklung der Beziehungen zwischen beiden Ländern und gemeinsam interessierende internationale Fragen.[53]

Staatskommissar Ji Pengfei, einst der erste Botschafter Chinas in der DDR, empfing eine Delegation des *Allgemeinen Deutschen Nachrichtendienstes* (ADN) im September 1983 in Beijing in der Großen Halle des Volkes. Im Gespräch mit Rolf Schablinski, Stellvertretender Direktor des *ADN*, äußerte er, dass beide Seiten Wege der Zusammenarbeit finden sollten, um die Freundschaft zwischen beiden Völkern zu stärken.[54]

Diese Aktivitäten verdeutlichen, dass auch die chinesische Seite bemüht war, günstige Bedingungen für die Entwicklung der beiderseitigen Beziehungen zu schaffen, obwohl der Handel stetig schrumpfte, weil die Ökonomie lahmte.

Im September 1983 empfing der Vize-Minister für Außenhandel Eugen Kattner eine Expertendelegation des chinesischen Ministeriums für Chemie. Beide Seiten erörterten Fragen der Entwicklung der Zusammenarbeit auf dem Gebiet der Kohlechemie und in anderen Bereichen der Produktion von chemischen Ausrüstungen und Anlagen.[55]

Nach einem Besuch der Kantoner Handelsmesse im Jahre 1983 trafen sich Eugen Kattner und Zhu Rongji, der inzwischen zum Vizevorsitzenden der Staatlichen Wirtschaftskommission Chinas aufgestiegen war. Im Mittelpunkt ihres Gespräches stand die Zusammenarbeit zwischen beiden Ländern auf den Gebieten des Maschinenbaus und der Elektrotechnik sowie der Rekonstruktion von Produktionsbetrieben in China.

Ferner traf Kattner im November 1983 in Beijing mit Chen Muhua zusammen. Die Staatskommissarin und Ministerin für Außenwirtschaft und Außenhandel der VR China erörterte mit ihm Fragen der Entwicklung und Erweiterung der Handels- und Wirtschaftsbeziehungen. Chen Muhua artikulierte das Interesse am Ausbau des Warenaustausches entsprechend den wirtschaftlichen Möglichkeiten und Bedingungen beider Länder. Sie betonte, dass weitere Formen der ökonomischen und wissenschaftlich-technischen Zusammenarbeit zum gegenseitigen Vorteil erschlossen werden sollten.[56]

Groß war das chinesische Interesse an der Kohleindustrie der DDR, insbesondere an einem Technologietransfer in diesem Bereich. Vom 25. September bis

6. Oktober 1983 besuchte darum eine Expertendelegation aus dem Kohleforschungsinstitut Beijing und dem Forschungsinstitut für Kohlechemie Beijing das Kombinat Schwarze Pumpe sowie das dazu gehörende Forschungsinstitut für Brennstoffe, das Braunkohlekraftwerk Jänschwalde, die Montanwachsfabrik Amsdorf und ein Labor für geologische Erkundung. Die Chinesen interessierten sich besonders für die Verwertung der Braunkohle.[57] Eine Delegation der Kammer für Außenhandel, die von ihrem Präsidenten Dr. Otto Weitkus[58] geleitet wurde, verhandelte über die Kohleverstromung nach DDR-Technologie. Zwischen der Kammer für Außenhandel und den betreffenden Kombinaten kam es wegen mangelnder Abstimmung zu Reibereien.[59] In der Phase der raschen Entwicklung der beiderseitigen Kontakte waren die Tätigkeitsfelder und Verantwortlichkeiten der verschiedenen Institutionen noch nicht klar abgesteckt.

Im Oktober 1983 veranstaltete der VEB Carl Zeiss Jena in Shenyang, Provinz Liaoning, eine einwöchige Ausstellung. Unter den Exponaten befanden sich Vermessungsgeräte, Geräte für Luftbildauswertung, Medizintechnik, Mikroskope sowie Analysenmesstechnik und astronomische Geräte.[60]

Bei seinem Aufenthalt im November 1983 in Beijing erhielt der stellvertretende Außenhandelsminister Eugen Kattner von seinem chinesischen Kollegen eine Liste von neunzehn technologischen Projekten, bei denen die chinesische Seite eine Zusammenarbeit mit der DDR wünschte (*siehe Anlage 2*). Die Objekte betrafen den Maschinenbau, die chemische Industrie, die Nahrungsgüterindustrie und die elektronische Industrie. Es sollten die ins Stocken geratenen Handels- und Wirtschaftsbeziehungen mit China auf diese Weise aktiviert werden. Dabei wurden auch Vorschläge zur Modernisierung der von der DDR in den 1950er Jahren errichteten Fabriken unterbreitet. Durch aktive Marktarbeit sollte der Absatz von Fahrzeugen und Maschinen gefördert werden. Mehrere Industrieminister planten Reisen nach China, um mit ihren dortigen Partnern Möglichkeiten der Zusammenarbeit zu sondieren.[61]

In der erwähnten Liste des chinesischen Ministeriums für Außenhandel und Außenwirtschaft sind unter anderem Waffelbackanlagen aufgeführt. Die DDR gehörte neben der Bundesrepublik und Österreich zu den führenden Herstellern derartiger Anlagen. Dieses Interesse der chinesischen Seite veranlasste den Hersteller solcher Anlagen in der DDR, den VEB Rapido Radebeul, im April 1984 den Offertingenieur Gerd Döhnel nach China zu entsenden. Er bot dem Außenhandelsunternehmen China National Machinery Import & Export Co. sieben Waffelbacklinien an. Davon sollten zwei Anlagen schon im IV. Quartal 1984 für ca. 1,5 Millionen Schweizer Franken geliefert werden. Fünf Anlagen wurden für ca. 2,7 Millionen zum Vertragsabschluss vorbereitet. Döhnels Dienstreisebericht vermerkte, dass weiterer Bedarf an Waffelbacklinien bestehe. Die Anlagen wurden in Peking, Dalian und Chengdu installiert.

Im Frühjahr 1985 kam eine Delegation von sieben, acht chinesischen Kollegen in die DDR, die im Großraum Dresden an mehreren Waffelbackanlagen mit elektrischer und mit Gasheizung ausgebildet wurden. Allerdings hatte sich die Ausbildung in der DDR nicht wirklich bewährt, weil die chinesische Seite vor allem Funktionäre schickte, die mit der Bedienung der Anlagen nichts zu tun hatten. Deshalb wurden die chinesischen Kollegen danach immer vor Ort in die Bedienung der Anlagen eingewiesen.

Mit der chinesischen Außenhandelsgesellschaft *China National Machinery Export and Import Co.* schloss der Außenhandelsbetrieb Textima Verträge zur Lieferung von Malimo- und anderen Textilmaschinen. Die vereinbarten Exporte dienten der weiteren technischen Rekonstruktion der chinesischen Textilindustrie.[62] Unter anderem importierte die Gardinenfabrik Tianjin im Jahre 1983 fünf Malimo-Maschinen.[63] [64] [65]

Anfang März 1984 begrüßte Gerhard Schürer in seinen Funktionen als Stellvertretender Vorsitzender des Ministerrats und Vorsitzender der Staatlichen Plankommission (SPK) eine Studiengruppe unter Leitung des Stellvertretenden Hauptreferenten im Forschungszentrum für Planwirtschaft der Plankommission Chinas, Xu Lizhang. Schürer bewertete diesen Besuch als einen weiteren Schritt zur Stärkung der wirtschaftlichen und wissenschaftlich-technischen Zusammenarbeit beider Länder.[66] Er schlug vor, dass die DDR und China ihre Pläne abstimmen sollten, um zu einer langfristigen Zusammenarbeit zu gelangen.[67] Der stellvertretende Vorsitzende der SPK, Harald Rost, erläuterte der chinesischen Studiengruppe die Strategie der Intensivierung in der Volkswirtschaft.[68]

In ihren Empfehlungen verwies die Studiengruppe darauf, dass bestimmte Maschinen, Ausrüstungen und Technologien für China von besonderem Interesse seien. Dazu gehörten optische Geräte, Drucktechnologien, der Präzisionsmaschinenbau, Ausrüstungen für die Zementherstellung und die Abbautechnologie von Braunkohle.

Die Angebotspreise wurden als nicht hoch eingeschätzt.[69]

Dass China die DDR nicht länger, wie noch in den 1950er Jahren, als wichtigsten Lieferanten von Hochtechnologie einstufte, zeigte sich im März 1984. Da wurde in Leipzig das Abkommen über Warenaustausch und Zahlungsverkehr für das laufende Jahr vom Minister für Außenwirtschaft und Außenhandel, Chen Jie, und dem stellvertretenden Minister für Außenhandel, Eugen Kattner, unterzeichnet. Das Abkommen sah vor, dass China Lebensmittel, landwirtschaftliche Produkte, Textilien, Schweinefleisch und andere Erzeugnisse und die DDR vor allem konventionelle Erzeugnisse wie Elektrolokomotiven, Eisenbahnwagen, Lastkraftwagen und Stahl liefert.[70]

Auch wenn das Handelsvolumen 1984 gegenüber 1983 wieder steigen würde, blieb es aber hinter den Erwartungen der DDR weit zurück.

Dieses Abkommen wurde am Rande der Leipziger Messe abgeschlossen. Beide Seiten benutzten den Anlass zu einer Charmeoffensive, um den Handel auszubauen. Staats- und Parteichef Erich Honecker besuchte bei seinem Messerundgang auch die Ausstellung der Volksrepublik China. Dort wurde er vom Botschafter Chinas in der DDR, Li Qiangfen, begrüßt, der ihm Grüße des Generalsekretärs des ZK der KP Chinas, Hu Yaobang, übermittelte. Honecker erklärte, dass der Handel zwischen beiden Ländern schon ein gutes Niveau erreicht habe, dass man es aber noch weiter erhöhen müsse. Die gegenseitigen Besuche von Expertendelegationen könnten dafür gute Voraussetzungen schaffen.

Botschafter Li Qiangfen erwiderte, dass sich Genosse Hu Yaobang über die Entwicklung der beiderseitigen Beziehungen erfreut zeige. Er sei davon überzeugt, dass diese Entwicklung eine gute Perspektive habe. Weiter führte der Diplomat aus, Hu Yaobang hoffe, dass beide Seiten noch größere Anstrengungen zur Entwicklung der Beziehungen unternehmen würden.

Honecker erwiderte, dass die Entwicklung der beiderseitigen Beziehungen ein großes Potential aufweise.

Außer dem Botschafter hielt sich am Stand Chinas auch der Minister für Außenwirtschaft und Außenhandel, Chen Jie, auf.[71]

Nicht zufällig wurden vier Erzeugnisse in der chinesischen Ausstellung auf der Leipziger Frühjahrsmesse mit Goldmedaillen ausgezeichnet.[72]

Diese Begegnung am Messestand in Leipzig demonstrierte, dass die Führungen Chinas und der DDR großes Interesse am Ausbau der Beziehungen zeigten.

Als kurz darauf, im April 1984, eine Wirtschaftsdelegation Chinas unter Leitung des Stellvertretenden Vorsitzenden der Staatlichen Wirtschaftskommission Zhu Rongji die DDR besuchte, ging es ebenfalls um die

Rekonstruktion bestehender chinesischer Industriebetriebe im Verarbeitungsmaschinenbau, im Landmaschinen- und Fahrzeugbau, in der Elektroindustrie, bei Ausrüstungen für die Nahrungsgüterindustrie und in anderen Bereichen, für die eine stärkere Zusammenarbeit vereinbart wurde.[73]

Zur Vorbereitung des Besuchs von Zhu Rongji traf im Januar 1984 eine Delegation unter Leitung von Li Zhishu, dem Leiter der Import- und Exportabteilung in der Staatlichen Wirtschaftskommission, in Berlin ein. Er legte das Ziel von Zhu Rongji dar, dass man sich mit dem wirtschaftlichen Entwicklungsniveau der besuchten Länder bekanntmachen und einen Konsens über eine Reihe von Rekonstruktionsvorhaben erzielen möchte, bei denen eine Kooperation möglich sei.[74]

Zhu Rongji besuchte in Begleitung des Ministers für Schwermaschinen- und Anlagenbau, Rolf Kersten, das Schwermaschinenbaukombinat »Ernst Thälmann« in Magdeburg, um die Entwicklung der gegenseitigen Warenlieferungen zu besprechen. Minister Kersten verwies darauf, dass SKET in den vergangenen Jahren eine Reihe von Zementwerken, Walzwerken, Drahtweb- und Ziehmaschinen, Verseilmaschinen und metallurgische Krane nach China geliefert hatte.[75]

Doch gerade an den Zementwerken ließen sich die Zeichen der neuen Zeit gut ablesen. Im Oktober 1983 hatte der VEB Zementanlagenbau Dessau, der zum SKET gehörte, der *China Machinery Import Export Co.* ein Angebot über eine Zementfabrik nach dem Nassverfahren unterbreitet – das aber unbeantwortet blieb.[76]

Zwei Jahre später folgte die nächste Enttäuschung: Der VEB Zementanlagenbau Dessau legte 1985 ein Angebot über ein Zementwerk in Datong nach dem moderneren Trockenverfahren mit einem Ausstoß von 2.000 Tonnen pro Tag vor. Es wurde vermerkt, dass es sich nicht um ein schlüsselfertiges Werk handeln würde, weil die chinesische Seite vieles selbst ausführen wollte, um die Kosten des Projekts gering zu halten. Ein ähnliches Angebot hatten die Dessauer bereits 1979 gemacht, ohne Erfolg. Weil sie aber 1957 schon das alte Zementwerk in Datong errichtet hatten, rechneten sie sich auch diesmal wieder gute Chancen aus. Vergeblich. Die 1980er waren eben nicht die 1950er Jahre. 1989 legte das SKET zum letzten Mal ein Angebot über ein Zementwerk in Datong vor.[77]

1987 hatte sich Dessau auch an einer Ausschreibung für ein Zementwerk in Chongqing beteiligt und laut einer chinesischen Quelle bei einem Preis von rund 111 Millionen Mark auch den Zuschlag bekommen. Es ist unbekannt, was tatsächlich aus dem Projekt wurde.[78] Immerhin konnte der VEB Zementanlagenbau Dessau in den 1980er Jahren immer wieder einzelne Komponenten für die zu modernisierenden Zementwerke in China verkaufen.[79] Hier wurde die Strategie der chinesischen Seite sehr deutlich: nur noch möglichst wenige Komponenten importieren.

Auch in der chinesischen Fachpresse wurde auf Angebote aus der DDR zur Lieferung von Zementausrüstungen aufmerksam gemacht, zum Beispiel senkrechte Vorwärmer für Ofenlinien für eine tägliche Produktion von

1000 Tonnen Zement, eine Produktionslinie für eine tägliche Produktion von 2000 Tonnen Zement und eine mobile Fertigungsmaschine für Betonziegel.[80]

Ungeachtet dieser aktiven Marktarbeit blieben die Resultate bescheiden.

Ein Bericht aus dem Zementwerk Handan, für das die DDR in den 1960er Jahren drei Lepol-Ofenlinien exportiert hatte und das 1968 in Betrieb ging, sagte aus, dass das Werk jährlich 1000 Tonnen Verschleißteile und mehrere hundert Apparate und Messgeräte austauschen musste. Um Importmittel zu sparen, wurden diese Teile in China erfolgreich selbst gefertigt.[81]

Das Magdeburger Schwermaschinenkombinat »Ernst Thälmann« hatte in den 1980er Jahren ein Analysegerät für Kohlenmonoxid einschließlich einer Steuereinheit des Produktionsprozesses für das Zementwerk Wushan, Provinz Gansu, geliefert. In den 1990er Jahren waren die Betreiber mit der Genauigkeit der Anlage nicht zufrieden und hatten es selbst verbessert.[82] In diesem Fall zeigt sich, dass die Anlage des SKET die technologischen Erwartungen des Kunden nicht vollauf erfüllte.

Doch zurück zu der Wirtschaftsdelegation unter Leitung von Zhu Rongji im April 1984.

Im Bericht der chinesischen Delegation über ihren Besuch in fünf Ländern Osteuropas (Ungarn, Bulgarien, ČSSR, DDR und Polen) hieß es, dass das Verbrauchsniveau in der DDR unter diesen Ländern am höchsten liege und es keine großen Unterschiede zwischen Stadt und Land gebe. Das Lebensnivau in diesen fünf Ländern sei höher als in der Sowjetunion.

Das Nationaleinkommen pro Kopf (in US-Dollar) habe 1983 betragen[83]:

DDR	7.513
Sowjetunion	3.399
Polen	3.698
Bulgarien	3.987
Ungarn	4.239
ČSSR	6.627

Die Delegation hatte unter anderem analysiert, welche industriellen Erzeugnisse Weltspitzenniveau besäßen. Für die DDR nannte sie insbesondere Carl Zeiss Jena, wo fünftausend verschiedene optische Geräte produziert wurden, die in mehr als hundert Länder exportiert würden. In jedem Jahr würde etwa ein Drittel der Erzeugnisse erneuert werden.

Weiter wurde die Waggonfabrik Dessau genannt, die jährlich 1600 Kühlwagen produziere und in viele Länder exportiere.

Bezüglich der Energieerzeugung hob der Bericht hervor, dass die DDR reiche Erfahrungen mit der Verwertung minderwertiger Kohle gesammelt habe. Die DDR produziere Tagebauausrüstungen, Öfen für die Gaserzeugung aus Kohle sowie Ausrüstungen für die Zementproduktion.

Erwähnt wurde die Herstellung von Erzeugnissen der Mikroelektronik, von Strickmaschinen, Maschinen zur Lebensmittelverarbeitung und Verpackungsmaschinen.[84]

Alle von der Delegation genannten Objekte der DDR-Industrie wurden Bestandteil der außenwirtschaftlichen Beziehungen der DDR mit China.

Im Juli 1984 kam der Stellvertretende Minister für Eisenbahnwesen Chinas, Li Kefei, mit einer Delegation mehrere Tage in die DDR. Die Chinesen konferierten mit dem Minister für Schwermaschinen- und Anlagenbau, Rolf Kersten, und dem Stellvertreter des Vorsitzenden der Staatlichen Plankommission, Dr. Dieter Albrecht. Gemeinsam erörterten sie, wie im beiderseitigen Interesse und zum gegenseitigen Nutzen die wirtschaftliche und wissenschaftlich-technische Zusammenarbeit weiter vertieft werden könnte.

Die chinesische Delegation besuchte im Anschluss die Waggonbaubetriebe in Dessau, Görlitz und Niesky. In einem in Berlin unterzeichneten Protokoll vereinbarten beide Seiten die weitere Zusammenarbeit auf dem Gebiet des Schienenfahrzeugbaus.[85]

Gespräche zwischen dem Minister für Schwermaschinen- und Anlagenbau der DDR, Rolf Kersten, und dem Minister für Maschinenbau Chinas, Zhou Jiannan, im Mai 1984 endeten mit der Unterzeichnung eines Protokolls über den Ausbau der Zusammenarbeit auf wissenschaftlich-technischem Gebiet. Beide Seiten vereinbarten eine Kooperation bei Walzwerken, Tagebauausrüstungen sowie Klima- und Kältetechnik.

Die Delegation unter Leitung von Minister Kersten sprach in Beijing mit dem Vorsitzenden der Staatlichen Wirtschaftskommission, Zhang Jingfu, über Möglichkeiten der Erweiterung des Handels, der Rekonstruktion von Betrieben und des Ausbaus immaterieller Leistungen.[86] Die Delegation besichtigte sodann Betriebe des chinesischen Schwermaschinenbaus in Beijing, Dalian und Shenyang.[87]

Im Juli 1984 besuchte der chinesische Gesundheitsminister, Dr. Cai Yueli, die DDR.

Der Minister für Allgemeinen, Landmaschinen- und Fahrzeugbau, Günther Kleiber, informierte Cai über das Produktionsprofil der Kombinate und Betriebe des von ihm geleiteten Industriebereiches. Er unterbreitete eine Reihe von Vorschlägen zur weiteren Entwicklung der Zusammenarbeit und des gegenseitigen Warenaustausches insbesondere zur Lieferung von Ausrüstungen auf dem Gebiet der Medizin- und Labortechnik.[88]

Nach dem bereits erwähnten Besuch von Zhu Rongji in der DDR fanden im August 1984 in Beijing Verhandlungen zum Abschluss eines Wirtschaftsabkommens statt. Die DDR-Delegation leitete der zuständige Abteilungsleiter im Ministerium für Außenhandel. Dieses Abkommen war sehr allgemein gehalten, weil die DDR sich erst der politischen Standpunkte Chinas vergewissern wollte.[89]

Als ein Ergebnis der Gespräche zwischen Minister Kersten und dem Minister für Maschinenbau, Zhou Jiannan, wurde im November 1984 – nach dem Besuch einer Expertendelegation unter Leitung des Generaldirektors des Eisen- und Stahlwerks Taiyuan, Wang Jingsheng, im VEB Schwermaschinenbaukombinat »Ernst Thälmann« in Magdeburg – informiert, dass das SKET im Eisen- und Stahlwerk Taiyuan, Provinz Shanxi,

Walzwerksanlagen rekonstruieren bzw. neu bauen werde.[90]

1987 waren im Eisen- und Stahlkombinat Taiyuan für dieses Projekt etwa zehn Monteure des SKET mit der Montage von Walzwerksausrüstungen beschäftigt.[91] Die Betriebszeitung *Aktivist* des VEB Schwermaschinenbau »Ernst Thälmann« Magdeburg erwähnte die Fertigung von zwei Bindemaschinen, die zu Walzwerksausrüstungen gehören, welche nach China geliefert wurden.[92]

Der Ministerrat der DDR fasste am 24. Mai 1984 über diese Beratungen mit der chinesischen Seite einen Beschluss zu einem Maßnahmekatalog, der Folgendes für den Bereich des Schwermaschinen- und Anlagenbaus vorsah[93]:

▸ Lieferung von Maschinenkühlwagen, Hauptbau- und Montageteilen und Konstruktions- und Herstellungstechnologien (einschließlich Kühlaggregate)

▸ Produktionstechnik und Hauptausrüstungen für Schachtvorwärmer (Zementausrüstungen)

▸ Hauptausrüstung zur Gewinnung von Sonnenblumenöl aus Proteinen

Angesichts der Zielstellung, bis 1990 tausend Maschinenkühlwagen nach China zu liefern – ohne die Lieferungen in die Sowjetunion zu reduzieren und gleichzeitig den Export ins NSW zu steigern –, sollte das Kombinat Schienenfahrzeugbau Vorstellungen über die Steigerung der Produktion entwickeln. In diesem Zusammenhang wurde auch die Rekonstruktion des

Waggonbaubetriebs Wuhan erwähnt. Im Ministerium für Schwermaschinen- und Anlagenbau war man sich bewusst, dass diese komplexe Aufgabenstellung nicht ohne eine größere Investition in die eigenen Fertigungsstätten zu bewältigen war.

Zwar wurde im November 1985 in einem Landwirtschaftsbetrieb in einem Beijinger Vorort bereits der fünftausendste Mähdrescher des Typs Fortschritt E 514 übergeben.[94] Aber die nachgefragten Mengen konnte die DDR einfach nicht liefern. Deshalb entschied man sich für einen Technologietransfer. 1984 übernahm die Mähdrescherfabrik in Siping, Provinz Jilin, die Technologie der Herstellung der Mähdrescher Fortschritt E 512/E 514[95] aus dem VEB Kombinat Fortschritt Landmaschinen in Neustadt/Sachsen.

Im November 1984 kam eine achtköpfige chinesische Delegation – geleitet von der Import/Export-Servicegesellschaft des Amts für Neulanderschließung im Ministerium für Landwirtschaft, Viehzucht und Fischereiwesen – für gut einen Monat in die DDR, um sich am Mähdrescher E 512 ausbilden zu lassen. Schwerpunkte waren die Reparatur des Motors und der Hydraulikanlage. Außer für die Reparatur interessierte sich die Gruppe auch für die Organisation der Instandhaltung von Landmaschinen in der ganzen DDR.[96]

Der Minister für Kohleindustrie, Gao Yangwen, traf im September 1984 in Berlin zu Verhandlungen mit dem Minister für Kohle und Energie, Wolfgang Mitzinger, zusammen. Beide vereinbarten in einem Protokoll eine verstärkte Zusammenarbeit in der Kohleindustrie. Gao Yangwen wurde auch vom 1. Stellvertretenden Vorsitzenden des Ministerrats, Werner Krolikowski, zu einem Gespräch empfangen.[97]

Ebenfalls im September 1984 traf die Staatskommissarin und Ministerin für Außenwirtschaft und Außenhandel, Chen Muhua, zu einem offiziellen Besuch in Berlin ein, wo sie der Minister für Außenhandel, Horst Sölle, empfing. Das wesentliche Ergebnis der Verhandlungen war ein Abkommen über wirtschaftliche Zusammenarbeit und ein Protokoll über die Bildung eines gemeinsamen Ausschusses für Zusammenarbeit in Wirtschaft, Handel sowie Wissenschaft und Technik. In den Gesprächen wurde die Absicht bekräftigt, neue Kanäle und Wege der Zusammenarbeit zu finden, um den Handel auszubauen.

Chen Muhua wurde auch vom Stellvertretenden Vorsitzenden des Ministerrats und Vorsitzenden der Staatlichen Plankommission, Gerhard Schürer, sowie vom Vorsitzenden des Ministerrats, Willi Stoph, zu Gesprächen empfangen.[98]

Die hochkarätigen Begegnungen unterstrichen die Bedeutung, die dem Besuch beigemessen wurde.

Im September 1984 weilte eine Delegation aus dem Forschungszentrum für die Planwirtschaft unter Leitung seines Stellvertretenden Direktors, Xu Lizheng, in der DDR. Die Chinesen wollten die Wirkungsmechanismen der Planwirtschaft in der DDR studieren. Xu, der vom Vorsitzenden der Staatlichen Plankommission, Gerhard Schürer, beim Besuch in verschiedenen Kombinaten begleitet wurde, gewann einen positiven Eindruck von der Planwirtschaft in der DDR bei der Organisation einer modernen Produktion. Diese Methoden, so Xu, könnte auch China übernehmen.[99]

Im November 1984 hielt sich der Minister für chemische Industrie, Qin Zhongda, in der DDR auf, um die Arbeit des Wirtschaftsausschusses DDR-China vorzubereiten. Qin Zhongda war mit der Leitung der chinesischen Sektion des Wirtschaftsausschusses beauftragt worden. Er sprach mit Gerhard Schürer auch über die Zusammenarbeit in der chemischen Industrie und im Chemieanlagenbau.[100]

Der VEB Kombinat Robotron führte vom 19. bis 23. November 1984 im Internationalen Klub von Shanghai eine Fachausstellung durch. Zu den Ausstellungstücken gehörten Drucker mit verschiedenen Funktionen, Datenverarbeitungssysteme für die medizinische Diagnose, ein Bestrahlungsmesssystem und ein Gerät für die Analyse mikrobiologischer Bilder. Weiterhin wurde ein Gerät zur Entwicklung von Röntgenfilmen ausgestellt.[101]

Vom 6. bis 18. September 1984 besuchte eine Delegation aus dem Forschungsinstitut für Fotochemie der chinesischen Akademie der Wissenschaften einschlägige Betriebe und Institute in Berlin, Merseburg, Leipzig, Dresden, Jena und Wolfen. Die chinesische Abordnung zeigte sich von den engen Beziehungen zwischen dem Kombinat ORWO und den Forschungseinrichtungen und Universitäten innerhalb der DDR beeindruckt.[102] Bereits in den 1960er und 1970er Jahren hatte China große Mengen Farbfilme aus der DDR importiert.

1985 wurden Vereinbarungen über die industriell-technische Zusammenarbeit bei Ausrüstungen und Chemikalien der Fotochemie in Leipzig zwischen dem Fotochemischen Kombinat Wolfen und China getroffen.[103]

Die chinesische Zentralregierung ermutigte auch die Provinzen, mit der DDR Kontakt aufzunehmen, um von deren Erfahrungen in Wirtschaft und Technologie zu lernen. So empfing das Amt für Medizin der Provinz Shandong 1984 DDR-Experten, um hier Röntgen- und Atemgeräte zum Einsatz zu bringen.[104]

Im Juli 1984 entsandte das Amt für Elektronikindustrie der Provinz Jiangsu eine Studiengruppe in die DDR, um die Elektronikindustrie der DDR kennenzulernen.[105]

Im September und Oktober 1984 besuchte eine chinesische Expertendelegation für traditionelles Porzellan verschiedene Betriebe im Bereich des Ministeriums für Glas und Keramik, um neue Technologien insbesondere zur Herstellung von Gebrauchsporzellan zu untersuchen. In ihrem Besuchsbericht hob die Delegation hervor, dass verschiedene automatisierte Prozesse es wert seien, studiert zu werden, und dass die DDR-Seite daran interessiert ist, von den jahrhundertealten Erfahrungen Chinas bei der Herstellung von Porzellan zu lernen.[106]

Im November 1984 unternahm eine Delegation (Leitung: Prof. Horst Steeger, Direktor des Ökonomischen Forschungsinstituts der Staatlichen Plankommission) eine dreiwöchige Studienreise durch China, um die Politik der offenen Küstenstädte kennenzulernen und Möglichkeiten zur Erweiterung der wirtschaftlichen Beziehungen zu erkunden. Sie besuchte neben Beijing, Dalian, Tianjin, Shanghai und Guangzhou auch das Dorf Shenzhen, in dem sich die ersten Kräne drehten.[107] Dies war die Geburtsstunde der Entwicklung von Shenzhen zu einem Hightech-Zentrum.

Im Dezember 1984 unterzeichneten der Vorsitzende der Plankommission, Gerhard Schürer, und der Vorsitzende der Staatlichen Plankommission der VR China, Song Ping, in Berlin ein Protokoll über die Vertiefung der wirtschaftlichen und wissenschaftlich-technischen Zusammenarbeit für 1985 und im Zeitraum 1986 bis 1990. Die Vertiefung der Wirtschaftsbeziehungen sollte im Rahmen des Modernisierungsprogramms der chinesischen Volkswirtschaft erfolgen. Die DDR wollte sich an der Rekonstruktion von Industriebetrieben durch Lieferung hochproduktiver Ausrüstungen, den Transfer

Song Ping (links) und Gerhard Schürer (rechts) unterzeichneten in Berlin im Dezember 1984 das langfristige Abkommen für den Zeitraum 1986 bis 1990

Export Chinas		Export der DDR	
Menge	Ware	Menge	Ware
500 kt	Mais	50.000 Stck	LKW
150 kt	Sojaschrot	3.000 Stck	Mähdrescher
150 kt	Reis	2 bis 3	Zementfabriken
50 kt	Baumwolle	2	Plattenwerke
3,4 Mrd M VGW	Textilien	3	Druckvergasungsanlagen
1,1 Mrd M VGW	Tier. Erzeugnisse	300	Reisezugwagen
500 Mio M VGW	Chem. Erzeugnisse	1.000	Maschinenkühlwagen
500 Mio M VGW	Getreide und Öl	400 kt	Walzstahl
230 Mio M VGW	Bergbauprodukte	400 kt	Soda
350 TSatz	Bereifung	400 kt	Harnstoff
		1 Mio t	Kalisalz

Vorschläge der chinesischen Seite für die langfristige wirtschaftliche Zusammenarbeit 1986-1990

fortschrittlicher Technologien und mit technischer Unterstützung beteiligen.[108] Song Ping unterbreitete der DDR konkrete Vorschläge für das langfristige Programm der Zusammenarbeit.

Die obige Liste bildete die Grundlage für das langfristige Abkommen der wirtschaftlichen und wissenschaftlich-technischen Zusammenarbeit. Bei den konkreten Verhandlungen für die Jahresabkommen kam es jedoch zu gelegentlichen Änderungen. So nahm die chinesische Seite später nicht mehr jährlich 10.000 LKW ab, sondern reduzierte die Zahl. Der Bau der Zementfabriken ging ebenfalls zurück und beschränkte sich schließlich auf wenige Hauptausrüstungen. Schließlich wurde nur eine Druckvergasungsanlage (in Harbin) gebaut.

Beide Seiten kamen überein, die Zusammenarbeit bei der Rekonstruktion chinesischer Industriebetriebe fortzusetzen.

Von den im April 1984 vereinbarten 43 Objekten wurden bis zum Besuch von Song Ping für 26 Objekte

Verträge mit einem Gesamtwert von 105 Millionen Mark abgeschlossen. Für die noch offenen 17 Objekte wurde beschlossen, im 1. Halbjahr 1985 die kommerziellen Verträge zu unterzeichnen.

Die DDR übergab weitere Vorschläge für Rekonstruktionsvorhaben in China im Zeitraum 1986 bis 1990. Dabei interessierte besonders die Teilnahme bei der Rekonstruktion früherer von der DDR errichteter Betriebe und Anlagen. Die Vorschläge betrafen die elektrotechnische Industrie, Chemiefaseranlagen, die Textilindustrie, den allgemeinen Maschinenbau, die Bauindustrie und die feinmechanisch-optische Industrie. Dabei soll die Lieferung von Maschinen und Anlagen mit immateriellen Leistungen verbunden werden.[109]

An der Unterredung nahmen der Minister für Kohle und Energie Wolfgang Mitzinger, der Minister für chemische Industrie Günther Wyschofsky und der Staatssekretär und 1. Stellvertreter des Ministers für Auswärtige Angelegenheiten Herbert Krolikowski teil.[110] Daran sind als Schwerpunkte der Zusammenarbeit die Kohleindustrie und die chemische Industrie zu erkennen. Song Ping lud Gerhard Schürer zum Besuch in China ein.

Die VR China intensivierte im Jahre 1984 die Wirtschafts- und Kulturbeziehungen mit der DDR, Polen und Ungarn. Die Zeitschrift *Guoji Zhanwang* (Internationale Perspektiven) berichtete, dass der Warenaustausch zwischen China und der DDR im Jahre 1985 gegenüber 1984 um 54,9 Prozent steigen werde.[111]

China schlug den sozialistischen Ländern Europas 90 Projekte einer möglichen Zusammenarbeit besonders bei der Rekonstruktion von Industriebetrieben vor. Die DDR erklärte ihr Interesse an 47 Projekten.[112]

Vom 24. bis 28. November 1984 veranstaltete der VEB Kombinat Textima auf dem Gelände der Landwirtschaftsausstellung in Beijing eine Fachausstellung, auf der die hochproduktiven Malimo- und Liropol-Maschinen vorgestellt wurden.[113] Das chinesische Ministerium für Textilindustrie unterstützte diese Ausstellung, indem sie die Provinzregierungen von Liaoning, Hubei, Jiangsu, Shandong, Shanxi, Hebei, Tianjin und Guizhou aufforderte, Experten zu entsenden, um mit dem Kombinat Verbindung aufzunehmen.[114]

Im Jahre 1984 importierte China aus der DDR für die Rekonstruktion von Textilbetrieben mehr als 300 Kettenwirkmaschinen des Typs *Kokett 300*. Um den Import relativ teurer Ersatzteile für diese Maschinen abzulösen, hatte das Ministerium für Textilindustrie das Forschungsinstitut für Textilmaschinen in Wuxi, Provinz Jiangsu, beauftragt, die dazu gehörenden Spezialnadeln selbst herzustellen. Das Institut in Wuxi sollte dieses Problem im Jahre 1987 gelöst haben.[115]

Die Werkzeugmaschinenfabrik Xinghuo (Funke) in Tianshui, Provinz Gansu, berichtete von einer Verbesserung, die sie an einer aus der DDR importierten Horizontalfräsmaschine FV 400 y vorgenommen hatte.[116] Das war Negativreklame für den DDR-Werkzeugmaschinenbau. Ausgangspunkt war ein gebrochenes Teil an der Fräsmaschine. Die vom chinesischen Anwender vorgeschlagene Verbesserung signalisierte, dass dieser Schaden nicht zum ersten Mal bei diesen Maschinen auftrat.

Alle diese Beispiele zeigten, dass China technologisch immer schneller aufholte und systematisch Unabhängigkeit von Importen in immer mehr Bereichen anstrebte.

Mit der Unterzeichnung eines Protokolls über die wirtschaftliche und wissenschaftlich-technische Zusammenarbeit in der elektronischen Industrie schlossen im November 1984 die zuständigen Minister beider Länder ihre Beratungen ab. Für die DDR unterzeichnete der Minister für Elektrotechnik und Elektronik, Felix Meier, für China der Minister für elektronische Industrie, Jiang Zemin (er sollte 1989 Generalsekretär und 1993 Staatspräsident werden).

Jiang Zemin besuchte die Kombinate Mikroelektronik und Robotron und sprach vor Ort mit Leitern.[117]

Bereits im Dezember 1984 unterzeichneten in Beijing die stellvertretenden Minister für Außenhandel, Wei Yuming und Eugen Kattner, das Abkommen über Warenaustausch und Zahlungsverkehr für das Jahr 1985. Während in früheren Jahren entsprechende Abkommen meist erst im laufenden Jahr geschlossen wurden, blieb durch den frühzeitigen Vertragsabschluss mehr Zeit für die konkreten Verhandlungen. Der Handelsumsatz sollte deutlich steigen.[118]

Zusammenfassung

In den Jahren 1983 und 1984 nahm nach einer kurzen Phase des gegenseitigen Kennenlernens und des Studiums der Handel rasch zu, und man besprach Möglichkeiten einer langfristigen Zusammenarbeit. Von grundsätzlicher Bedeutung war die Bildung eines gemeinsamen Wirtschaftsausschusses, der auch Fragen des Handels, der wirtschaftlichen Zusammenarbeit und von Wissenschaft und Technik erörtern sollte.

Zu den Schwerpunkten im Jahre 1984 gehörten:

- ▸ die Zusammenarbeit in der chemischen Industrie, die der Minister für chemische Industrie, Günther Wyschofsky, bei seinem Besuch in China vereinbart hatte;
- ▸ der Besuch des stellvertretenden Vorsitzenden der Wirtschaftskommission, Zhu Rongji, in der DDR und die Vereinbarung über die Mitwirkung der DDR an mehr als vierzig Objekten der Rekonstruktion chinesischer Betriebe;
- ▸ der Besuch des Ministers für Schwermaschinen- und Anlagenbau, Rolf Kersten, und die Vereinbarung über die Zusammenarbeit auf diesem Gebiet;
- ▸ zahlreiche gegenseitige Besuche von Delegationen aus Industrie und Außenhandel, die neue Gebiete zur Entwicklung der wirtschaftlichen und Außenhandelsbeziehungen erschlließen sollten.

5. Abschluss des langfristigen Handelsabkommens

Bei seinem Besuch im Mai 1985 in der DDR wurde der Stellvertretende Ministerpräsident Li Peng von Vizepremier Wolfgang Rauchfuß empfangen. Bei einer Begegnung mit Erich Honecker erklärte Li Peng, dass China die weitere Entwicklung der traditionell freundschaftlichen Beziehungen mit der DDR wünsche.

Während seines DDR-Aufenthaltes traf der chinesische Vizepremier ferner mit dem Vorsitzenden der Staatlichen Plankommission, Gerhard Schürer, und mit Außenminister Oskar Fischer zusammen.[119] Er besuchte den VEB Waggonbau Dessau und führte ein Gespräch mit dessen Technischem Direktor Siegfried Möbius über die Zusammenarbeit dieses Betriebes mit China. Ergebnis dieses Besuches war die Erhöhung des Lieferangebots von Schienenfahrzeugen und ein Vertrag über die Beschäftigung chinesischer Werktätiger in der DDR.[120]

Weil Li Peng als Student in Moskau in den 1950er Jahren im Rahmen eines Studentenaustausches nach Berlin gekommen war und an Arbeitseinsätzen in der Stalinallee (heute Karl-Marx-Allee) teilgenommen hatte, wurde ihm nachträglich die Ehrennadel des Nationalen Aufbauwerks (NAW) verliehen.[121]

Im April 1985 traf eine Wirtschaftsdelegation aus der Provinz Hunan unter Leitung des Stellvertretenden

Generalsekretärs der Provinzregierung, Wang Hui, in der DDR ein. Sie wurde vom Präsidenten der Kammer für Außenhandel, Hans-Joachim Lemnitzer, begrüßt. Die Delegation informierte sich während ihres Aufenthalts in Kombinaten des Chemieanlagenbaus, des Maschinenbaus und der Nahrungsmittelverarbeitung über Möglichkeiten der Zusammenarbeit beim Aufbau und bei der Rekonstruktion von Betrieben in China, über den Erwerb von Lizenzen und Technologien sowie die Lieferung von Maschinen und Anlagen.[122]

Im Juni 1985 reiste Gerhard Schürer nach Beijing und sprach mit dem Stellvertretenden Ministerpräsidenten Li Peng. Sie stimmten laut Protokoll darin überein, dass gute Möglichkeiten bestünden, die Wirtschaftsbeziehungen zwischen der DDR und China weiter auszubauen und auf neue Gebiete auszudehnen. Im Vordergrund der Beratungen standen Fragen der Kooperation in der Energiewirtschaft (Kohlevergasung) und im Transportwesen (Kühlzüge).

Mit dem Abschluss eines langfristigen Handels- und Zahlungsabkommens für den Zeitraum 1986 bis 1990 würden, so wurde hervorgehoben, wichtige Voraussetzungen zur Erhöhung der Kontinuität und Planmäßigkeit des gegenseitigen Warenaustausches geschaffen.[123]

Im Juni 1985 schlossen der Volkseigene Außenhandelsbetrieb Chemieanlagenbau Export-Import und die China National Technical Import Corporation einen Vertrag über die Lieferung der Hauptausrüstungen für eine Sodaanlage in Weifang, Provinz Shandong. Ausführender Betrieb war der VEB Chemieanlagenbau

Staßfurt. Vor dem Abschluss des Vertrages hatte sich die chinesische Seite von der Funktionsweise gleichartiger Anlagen in der DDR, unter anderem in Staßfurt und Bernburg, überzeugt. Die Lieferung hatte einen Wert von 20.650.000 CHF oder 40.422.100 Valutamark.[124] In dieser Summe war ein Anteil von 510.000 Franken für Ersatzteile enthalten.

Die Sodafabrik hat eine Kapazität von jährlich 600.000 Tonnen Soda (oder 1.800 Tonnen Soda täglich).

Im Juni 1985 traf der Minister für Elektrotechnik und Elektronik, Felix Meier, in Beijing mit seinem Amtskollegen Li Tieying zusammen, um den Austausch und die Zusammenarbeit zwischen beiden Ministerien zu erörtern. Minister Meier wurde auch von Ministerpräsident Li Peng empfangen.[125] Beide Minister besprachen die Möglichkeiten der wirtschaftlichen und wissenschaftlich-technischen Zusammenarbeit auf den Gebieten der Automatisierungstechnik und des Gerätebaus.[126]

Eine chinesische Fachzeitschrift berichtete, dass 1985 eine vom VEB Werkzeugmaschinenkombinat »7. Oktober« Berlin für das Zementanlagenwerk Tangshan importierte Zweiständer-Karusseldrehmaschine DKZ 6300 (maximaler Drehdurchmesser 6,3 m) aufgearbeitet wurde. Mit Hilfe des Verfahrens der Bürstengalvanisierung wurden die mittlerweile verschlissenen Führungsflächen erneuert. Wahrscheinlich war die Karusselldrehmaschine in den 1970er Jahren bezogen worden.[127] Auch dieser Bericht kündet davon, dass China sich auf dem Gebiet der Anlagen für die Zementherstellung schrittweise von Importen unabhängig machte und zugleich aus der DDR bezogene Unikatmaschinen wertschätzte.

In den 1980er Jahren erhielt die Tageszeitung *Beijing Ribao* zwei Bleisatz-Rotationsdruckmaschinen aus der DDR, die stündlich 50.000 Exemplare drucken konnten. Nach dreißigjährigem Einsatz sollten die alten durch produktivere Druckmaschinen ersetzt werden.[128]

Im Juli 1985 unterzeichneten die Stellvertretenden Ministerpräsidenten beider Länder Gerhard Schürer und Tian Jiyun in Beijing ein langfristiges Handels- und Zahlungsabkommen für den Zeitraum 1986-1990. Mit seinem Besuch in China setzte Schürer die Verhandlungen mit seinem Amtskollegen Song Ping vom Dezember 1984 in Berlin fort.

Schürers China-Reise wurde von einer Schikane der sowjetischen Seite begleitet. Der Rückflug wurde um mehrere Stunden verzögert, indem Moskau den Luftraum über der Mongolischen Volksrepublik sperrte.[129] Offensichtlich demonstrierte die Sowjetunion ihren Unmut über die nach ihrer Ansicht zu schnelle Entwicklung der wirtschaftlichen Beziehungen DDR-China. Gorbatschow handelte so wie seine Vorgänger: Er griff in die inneren Belange eines Bundesgenossen ein – er schloss einfach den Luftraum der Mongolei.

Im langfristigen Handelsabkommen war die Steigerung der gegenseitigen Warenlieferungen auf mehr als das Zweieinhalbfache gegenüber dem Zeitraum 1981 bis 1985 vorgesehen. Die DDR sollte in die VR China unter anderem Lastkraftwagen W 50, Schienenfahrzeuge, Er-

Der Vorsitzende der Staatlichen Plankommission, Gerhard Schürer (Dritter von links), bei seinem Besuch in Xi'an, Juli 1985

zeugnisse des wissenschaftlichen Gerätebaus, Werkzeugmaschinen, Mähdrescher, Maschinen und Ausrüstungen für die Leicht- und Lebensmittelindustrie sowie Düngemittel liefern. Etwa 80 Prozent sollten Erzeugnisse der metallverarbeitenden Industrie sein und 20 Prozent Rohstoffe und Halbfabrikate. (In Anlage 3 sind die im langfristigen Handelsabkommen vereinbarten Mengen der Exportgüter der DDR und Chinas aufgeführt.[130])

Schürer vereinbarte zudem die erweiterte Mitwirkung der DDR an der Rekonstruktion chinesischer Industriebetriebe sowie die Vertiefung der Produktionszusammenarbeit.[131]

Der Besuch Gerhard Schürers erfolgte, wie erwähnt, auf Einladung des Vorsitzenden der Plankommission

Chinas, Song Ping, der zuvor die DDR besucht hatte. Nach längeren internen Diskussionen in Berlin trat Schürer in China auch in seiner Funktion als Kandidat des Politbüros des ZK der SED auf, um damit bewusst die Parteibeziehungen herauszustellen. Darum bezeichneten chinesische Quellen die Reise als historisch.[132]

Darauf verwies später auch Egon Krenz.

»Im Juli 1985 schickte Honecker Gerhard Schürer zu Wirtschaftsverhandlungen nach China. Am 10. Juli 1985 wurde die DDR-Delegation von Generalsekretär Hu Yaobang zu einem mehrstündigen Gespräch empfangen. Das war so inhaltsschwer, dass Schürer nach seiner Rückkehr direkt vom Flugplatz Berlin-Schönefeld ins Zentralkomitee eilte, um sein Gesprächsprotokoll an Honecker zu übergeben. Der aber war im Urlaub, ich vertrat ihn.

Dadurch landete das Papier bei mir. Nachdem ich es gelesen hatte, war mir klar: Ich halte ein Stück Weltpolitik in der Hand. Die chinesische Führung machte vier Monate nach Amtsantritt Gorbatschows ein Gesprächsangebot und nutzte dazu den ihr sinnvoll erscheinenden Weg über die DDR.

Bevor Hu seine inhaltlichen Darlegungen begann, hatte er Schürer gesagt: ›Bei mir ist es so üblich, dass ich im großen wie im kleinen Kreis kein schriftliches Konzept bei meinen Reden benutze. Aber heute will ich mich besonders exakt und genau ausdrücken und habe mir deshalb alles aufgeschrieben. Ich bitte Sie, meine Darlegungen Genossen Honecker zu übermitteln. Sollten die sowjetischen Genossen sich für den Inhalt unseres Gesprächs interessieren, dann können Sie ihnen alles wahrheitsgemäß übermitteln.‹

Damit war klar: Nicht Berlin war der Empfänger der Nachricht, sondern Moskau.

Hu bezog in bekannter chinesischer Systematik in fünf Komplexen Stellung, Schürer notierte: China werde am sozialistischem Weg festhalten und gleichzeitig mit alten Methoden brechen. Man dürfe seine eigene Lage nicht schön malen. Es bedarf der Arbeit von drei Generationen, um zum 100. Geburtstag der Volksrepublik 2049 zu den am stärksten entwickelten Ländern der Welt zu gehören. Die angestrebten Reformen hätten eine sozialistische Zielrichtung und nichts mit einer Rückkehr Chinas zum Kapitalismus zu tun. China sei bereit, auf der Grundlage der Unabhängigkeit und der Selbstständigkeit, völliger Gleichberechtigung, gegenseitiger Achtung und Nichteinmischung in die inneren Angelegenheiten die Beziehungen zu allen kommunistischen Parteien wieder herzustellen.

›Wir haben volles Verständnis für Ihre besonderen Beziehungen zur UdSSR. Wir hoffen, dass die SED und die KPdSU, die DDR und die UdSSR eng zusammenstehen und sich gegenseitig helfen. Die besonderen Beziehungen zwischen den osteuropäischen sozialistischen Ländern einerseits und der UdSSR andererseits werden wir voll respektieren. Wir werden niemals unlautere Absichten haben‹, betonte der erste Mann der KP Chinas.

Zum Verhältnis zwischen der BRD und der DDR meinte Hu Yaobang: ›Wir werden bei unseren Beziehungen zur BRD niemals die Interessen der DDR verletzen [...]. Ich habe zum Beispiel Schmidt, Carstens, Kohl und auch Brandt gesagt, dass China für eine nationale Aussöhnung und für ein friedliches Nebeneinander beider deutscher Staaten ist. Ich habe diese Politiker davor gewarnt, die DDR schlucken zu wollen. Ich möchte den Genossen der DDR sagen, dass unsere Haltung [...] tadelsfrei ist.‹

Es sei der Wunsch Chinas, seine Beziehungen zur Sowjetunion genauso tadelsfrei zu gestalten. Er würde sich freuen, wenn die DDR dazu ihren Beitrag leisten könne.

Nach dem Lesen der 22-seitigen Niederschrift, die Schürer mir übergeben hatte, informierte ich Honecker telefonisch in seinem Urlaubsort über die Botschaft aus Beijing und schlug ihm vor, ihm umgehend das Dokument per Kurier zuzustellen.

›Nein, keinen Zeitverzug‹, entschied er. ›Übermittle das Protokoll mit meiner Visitenkarte gleich und direkt an Gorbatschow. Danach kannst du es auch mir zusenden.‹ Ich ließ über Nacht den Text ins Russische übersetzen, bat den sowjetischen Botschafter zu mir und übergab ihm im Auftrage von Honecker das aus meiner Sicht historische Papier.

Noch am gleichen Abend, so informierte mich der sowjetische Botschafter Kotschemassow, sei es Gorbatschow vorgelegt worden.

Dann begann die Zeit des Wartens.

Fast täglich rief Honecker an. Immer die gleiche Frage: ›Hat Gorbatschow sich schon gemeldet?‹

Immer die gleiche Antwort: ›Nein.‹

Nach knapp vier Wochen suchte der Gesandte der Botschaft der UdSSR, Popow, um ein Gespräch bei mir nach. Popow war ein der DDR wohlgesonnener Diplomat, sein Auftrag war ihm sichtlich peinlich.

Er habe eine mündliche Botschaft Michail Gorbatschows an Erich Honecker zu überbringen, sagte er.

Ich unterbrach ihn. Das sei mir zu wichtig, mündlich genüge nicht. »Ich werde meine Sekretärin rufen, damit sie die Botschaft Gorbatschows stenografiere.‹

Der Gesandte war unsicher. Er habe den Auftrag, nichts Schriftliches zu hinterlassen, wandte er ein.

Ich bestand jedoch auf einer Mitschrift. Popow trug schließlich Gorbatschows Botschaft langsam vor, so dass meine Sekretärin keine Mühe hatte, die Antwort Gorbatschows zu Papier zu bringen. Sie füllte sechs Seiten.

Während Popow den aus Moskau übermittelten Text in gutem Deutsch vortrug, wurde mir bewusst, dass es eine wenngleich schöne, dennoch illusionäre Vorstellung gewesen war, die DDR könne zwischen Moskau und Beijing vermitteln. Die Mission war zu groß für unser kleines Land. Die Gorbatschow-Führung misstraute uns, wie zu spüren war. Wir standen unter Verdacht, hinter ihrem Rücken im Westen in Bonn und im Osten in Beijing nach neuen Freunden Ausschau zu halten. Absurd!

Die Zeit war aber damals so.

Hier ging es um handfeste Interessen, die Gorbatschow zwar in eine neue Melodie brachte, deren Inhalt sich aber in keiner Weise von der bisherigen Politik unterschied. Die Gorbatschowsche Belehrung lautete: ›Wir möchten den deutschen Freunden sagen, dass es Gründe gibt, an der Aufrichtigkeit Chinas zu zweifeln. Aus der Umgebung von Deng Xiaoping ist beispielsweise bekannt geworden, dass er und seine Anhänger sich eine andere Aufgabe stellen, nämlich die Einheit der Bruderländer ins Wanken zu bringen.‹

Weiter erklärte er: ›Hu Yaobang versuchte zu versichern, dass China eine konsequente Linie bei der Unterstützung der DDR in der sogenannten deutschen Frage verfolgt. In der Tat aber sind sie öffentlich für die Wiedervereinigung Deutschlands eingetreten. [...] Nicht von ungefähr ruft eine solche Position Chinas Dankbarkeit seitens der BRD-Regierung hervor. So erklärte unverhüllt Bundeskanzler Kohl während seines Besuches in Beijing, dass es für die BRD eine besondere Bedeutung hat, dass die Volksrepublik China für die Einheit Deutschlands eintritt. Mit einem Wort, wenn man die verbale und taktische Tarnung Beijings fallenlässt, so kann es nur eine Schlussfolgerung geben: Die Position Beijings widerspricht den lebenswichtigen Interessen der Deutschen Demokratischen Republik als einem sozialistischen Staat.‹

Gorbatschows Botschaft schloss mit den Worten, dass es die chinesische Seite nicht an Demagogie in Bezug auf die Verbesserungen der Beziehungen zur UdSSR fehlen lasse und ›die Politik des Versöhnlertums mit dem Imperialismus‹ betreibe.

Nun hatten wir es von Gorbatschow schwarz auf weiß: Wir wurden in einer Reihe mit jenen gestellt, die eine Politik des Versöhnlertums mit dem Imperialismus betrieben. So sah in der Praxis seine wortreiche Erklärung aus, er habe *allen* sozialistischen Ländern die Souveränität gegeben, über ihre Politik selbst zu entscheiden.

Ich schickte meinen Sicherheitsoffizier als Kurier mit der Botschaft Gorbatschows in Honeckers Urlaubsort.

Als Honecker sie gelesen hatte, rief er mich an. Ich habe ihn selten so deprimiert erlebt wie in diesem Moment. Er hatte so große Hoffnung, dass es wieder gut werden könnte in den Beziehungen Moskau/Beijing/Berlin. ›So darf man nicht mit einem ehrlichen Angebot eines gleichberechtigten Partners umgehen‹, lautete sein Kommentar.

Die Meinungsverschiedenheiten zwischen Gorbatschow und Honecker über das Verhältnis zu China waren prinzipieller als der heute oft zitierte Streit über Gorbatschows innenpolitische Perestroika. [...]

Als Honecker im Oktober 1986 zu einem Staatsbesuch nach China flog, geschah dies ohne Zustimmung Gorbatschows. Honecker lehnte sogar eine von Gorbatschow erbetene Zwischenlandung in Moskau ab. Für Honecker war das der Test, ob seine Reise in die Bundesrepublik, die ihm wiederholt auch von Gorbatschow untersagt worden war, gelingen könnte. [...] Erst 1989 sollte Gorbatschow seinen Chinakurs ändern.

Honecker zeigte in dieser Frage weltpolitischen Weitblick, wo Gorbatschow noch ganz im Stile der üblichen Einschränkungen der Souveränität im sozialistischen Lager wichtige Entwicklungen eher zu verlangsamen oder zu verhindern suchte. Allerdings überspannte Honecker den Bogen. Er stellte sich als Mann dar, dessen persönlicher Einsatz die Meinungsverschiedenheiten zwischen der Sowjetunion und China würde ausräumen können.

So informierte er, dass der 71-jährige Hu Yaobang ihn mit den Worten empfangen habe: ›Genosse Honecker, wir haben uns 33 Jahre nicht gesehen, haben aber immer eine richtige Politik vertreten.‹

Und Deng habe bei seiner Begrüßung erklärt: ›Die Beziehungen zwischen China und der DDR, zwischen der SED und der KP Chinas, sind nie unterbrochen gewesen. Deshalb brauche man auch keine Neuauflage.‹

Solche Töne hörte Gorbatschow natürlich nicht gern. Außerdem: Honecker war vor ihm in China gewesen. Das hat er nicht verkraftet.

Ich ärgerte mich über solche kleinkarierten Ansichten und persönlichen Animositäten«, schloss Egon Krenz seine Erinnerung im Kontext der historischen Schürer-Reise im Sommer 1985.[133]

Ich habe ihn deshalb hier so ausführlich zitiert, weil dadurch das Spannungsfeld sichtbar wird, in der die DDR seinerzeit operierte. Das war das politische Umfeld, in dem die wirtschaftlichen Beziehungen zwischen der DDR und der Volksrepublik China in den 1980er Jahren standen.

Das Regierungsabkommen DDR-China über den Warenaustausch und Zahlungen in den Jahren 1986-1990 führte folgende Positionen zum Aufbau von Industriebetrieben in China auf[134]:

- Ausrüstungen für Zementanlagen: 45 Mio CHF
- Ausrüstungen für Plattenwerke: 28 Mio CHF
- Sodaanlage: 20 Mio CHF
- Ausrüstungen für Kohledruckvergasung: 16 Mio CHF (Ausgaben 1986/87)
- Maschinen und Ausrüstungen für die Lebensmittelindustrie: 16 Mio CHF

Angesichts der in der Vergangenheit häufig erfolgten Veränderungen in der Schwerpunktsetzung bei der wirtschaftlichen Entwicklung Chinas sah die DDR in den Handelsvereinbarungen für den Zeitraum 1986-1990 erstmals eine effektive Planabstimmung für die Lieferungen beider Seiten vor.[135] Allerdings fühlte sich die chinesische Seite nicht streng an die langfristigen Vereinbarungen gebunden und hatte insbesondere die Lieferung von LKW und anderen Positionen drastisch reduziert.

Die nachfolgende Tabelle gibt einen Überblick über die Entwicklung des Handels der VR China mit den »Fünf Ländern Osteuropas«.[136]

Die Aufstellung zeigt, dass die DDR 1985 im Handel mit China unter den RGW-Ländern einen hinteren Platz einnahm. Auch bis 1990 sollte sie dem Abkommen zufolge hinter Polen und der ČSSR rangieren. Ihre einstige Spitzenposition im Handel mit China – in den 1950er Jahren nur von der Sowjetunion übertroffen – hatte sie spätestens mit dem Einsetzen der chinesischen Reform- und Öffnungspolitik endgültig verloren.

Dennoch waren manche Sparten verblieben, in denen die DDR-Wirtschaft für China nach wie vor von

Land	Handelsumsatz 1982	Handelsumsatz 1985	Geplanter Handelsumsatz 1986-1990
DDR	404 (1984)	622	4800
Polen	250	1300	6500
CSSR	400 (1983)	1000	5000
Ungarn	186 (1983)	656	3000
Bulgarien	100 (1984)	156	3000

Entwicklung des Handels zwischen der VR China und fünf osteuropäischen Ländern, Angaben in Millionen Schweizer Franken

Interesse war – wenngleich auch hier die chinesische Seite beständig auf Technologietransfer und Ausbildung eigener Fachkräfte hinwirkte.

Mit dem Ziel, die Zusammenarbeit in den Biotechnologien zu entwickeln, studierte eine chinesische Expertendelegation im Jahre 1985 in der DDR und der Tschechoslowakei den Stand der Futtermittelproduktion aus monozellularem Protein (Erdölprotein). Im Chemieanlagenbau-Kombinat Leipzig-Grimma besichtigten die Chinesen eine Göranlage zur Produktion von Futterhefe. Die Anlage verarbeitete Abwässer schwefliger Säure und von Zucker und Honig sowie Erdölhefe und Molke.[137]

Im September 1985 empfing Gerhard Schürer den Vorsitzenden des Komitees zur Förderung des internationalen Handels, Wang Yaoting. Insbesondere erörterten sie eine engere Zusammenarbeit der Kammer für Außenhandel mit dem chinesischen Komitee zur Förderung des internationalen Handels.[138]

Ende Oktober/Anfang November 1985 weilte das Mitglied des Politbüros der SED und Minister für Allgemeinen, Landmaschinen- und Fahrzeugbau, Günther Kleiber, in Beijing und schloss mit dem Minister für Maschinenbau, Zhou Jiannan, und dem Minister für Leichtindustrie, Yang Bo, Abkommen über die wirtschaftliche und wissenschaftlich-technische Zusammenarbeit. Bei der Unterzeichnung des Abkommens in der Großen Halle des Volkes war auch Vizepremier Li Peng anwesend.[139] Das Abkommen sah die Beteiligung an der Rekonstruktion chinesischer Betriebe, die Erschließung von Rohstoffvorkommen durch die Lieferung von Ausrüstungen und Technologie sowie die wissenschaftlich-technische Kooperation vor.

Hintergrund von Kleibers Besuch in China war das Bestreben, den Absatz von LKW, Landmaschinen, Maschinen und Ausrüstungen des Nahrungsgütermaschinenbaus, den die chinesische Seite einschränken wollte, zu stabilisieren und weiter auszubauen. So bot Kleiber an, Getränkeabfülllinien, Verpackungsmaschinen, Waffelbackanlagen, Waschmaschinen und Haushaltskühlschränke zu liefern. Die Übernahme der Technologie der Herstellung von Mähdreschern bezahlte China mit 683.000 Schweizer Franken. Bis dahin orientierte die chinesische Seite stets auf die kostenlose Übernahme von Technologien.

Während des Aufenthalts von Minister Kleiber in Beijing übergab der Außenhandelsbetrieb Transportmaschinen den 50.000. W 50 an die China National Machinery Import/Export Corporation.

Günther Kleiber besuchte auch das Messgerätewerk Xi'an in der Provinz Shaanxi. Der Betrieb war in den

1950er Jahren unter maßgeblicher Beteiligung der DDR errichtet worden. In Taiyuan, Provinz Shanxi, fand im Rahmen des Aufenthaltes der DDR-Delegation in China eine vielbeachtete Ausstellung des Kombinates Medizin- und Labortechnik Leipzig statt.[140]

Vizepremier Wan Li erklärte, dass Maschinen aus der DDR in China einen guten Ruf genössen.

Der Außenminister der VR China, Wu Xueqian, zog im Dezember 1985 bei seinem Besuch in Berlin eine Bilanz der internationalen Beziehungen seines Landes. Er zählte die sozialistischen Staaten Europas, darunter die DDR, zu den Ländern, mit denen es gelungen sei, die Beziehungen umfassend auszubauen. Das Handelsvolumen mit diesen Staaten wurde erweitert, und für den Zeitraum von 1986-1990 seien erstmals langfristige Handelsabkommen geschlossen worden.

Außenminister Wu überbrachte zudem eine Einladung an Erich Honecker, die ohne Rücksprache mit der sowjetischen Führung angenommen wurde. Im Vorfeld des Besuchs hatte die *New York Times*, sich auf Einschätzungen von Politikwissenschaftlern und Beamte in Bonn beziehend, fälschlicherweise behauptet, Honeckers Besuch in China habe den Segen Moskaus erhalten.[141] Da Gorbatschow Honecker – wie schon dessen Vorgänger – einen Besuch in der Bundesrepublik untersagt hatte, fragte Honecker, wie Egon Krenz berichtete, in Moskau gar nicht erst an.

Die Vorbereitung und Unterzeichnung langfristiger Handelsvereinbarungen für den Zeitraum von 1986 bis 1990 und Fünfjahrplanperioden in beiden Ländern ermöglichten erstmals eine Planabstimmung. Sie schrieben Grundlagen der Wirtschaftskooperation sowie Warengruppen für den Handelsaustausch fest. So beteiligte sich die DDR auch langfristig an der Rekonstruktion chinesischer Betriebe durch Lieferung von Ausrüstungen, Technologietransfer und technische Unterstützung. Im ausgeglichenen Warenaustausch war dies für die DDR ökonomisch ebenso vorteilhaft wie chinesische Lieferungen von Rohstoffen, von industriellen und landwirtschaftlichen Halb- und Fertigwaren, die sonst nur auf dem Weltmarkt gegen Devisen zu beziehen waren.[142]

Das im Dezember 1985 in Berlin vereinbarte Abkommen über Warenaustausch und Zahlungsverkehr für das Jahr 1986 sah vor, dass das Handelsvolumen um 33 Prozent steigen sollte.[143] Die DDR wollte vorrangig Maschinen und Anlagen liefern, die für die weitere industrielle Entwicklung Chinas von Bedeutung waren. Dazu gehörten Werkzeug-, polygraphische und Textilmaschinen, Lastkraftwagen und Mähdrescher, medizinische und wissenschaftliche Geräte sowie Ausrüstungen für die Nahrungs- und Genußmittelherstellung. Kaliumchlorid, kalziniertes Soda und Harnstoff sowie Stahlerzeugnisse waren weitere wichtige Exportpositionen.

Aus China sollte die DDR – in Fortführung der traditionellen Bezüge – größere Mengen von Fertigwaren der Textilindustrie, chemische und metallurgische Produkte, landwirtschaftliche Erzeugnisse wie Mais, Reis, Baumwolle, Sojabohnen und -schrot erhalten.

Von Bedeutung waren die erstmals in größerem Umfang vorgesehenen Lieferungen und Leistungen aus Verträgen über die Kooperation auf ausgewählten Gebieten des Maschinenbaus und der Elektronik, die zwischen Industrieministerien beider Länder abgeschlossen wurden.[144]

Zusammenfassung

Die Normalisierung der politischen und wirtschaftlichen Beziehungen zwischen der DDR und der VR China hatte bis 1985 Fahrt aufgenommen. Allerdings entwickelte sich der Handelsumsatz nach einem Maximum 1980 in den Jahre 1981 bis 1983 vor allem infolge häufiger Änderungen der Wirtschaftsstrategie auf chinesischer Seite rückläufig und nahm danach wieder deutlich zu.

Während sich zuerst fast nur Vertreter der Handelsministerien beider Länder trafen, kam es vor allem auf Initiative der chinesischen Wirtschaftskommission rasch zu zahlreichen Begegnungen zwischen den Industrieministerien. Darüber hinaus lernten sich Vertreter aus allen möglichen Bereichen des gesellschaftlichen Lebens der DDR und Chinas kennen – seien es Delegationen der Volkskammer, von Journalisten, des Fernsehens, von Sportlern und auch der Kirche. Rolf Berthold, der Botschafter der DDR in China von 1982 bis 1990, meinte einmal: »Irgendwann gehörte es zum guten Ton, schon mal in China gewesen zu sein.«

Ex-Botschafter Rudolf Berthold (l.) begrüßt Egon Krenz bei der Vorstellung seines Buches »China wie ich es sehe« in der jW-Ladengalerie in Berlin, 26. April 2018

1985 nahm der Wirtschaftsausschuss DDR-China seine Arbeit auf und trug positiv zur Koordinierung der vielfältigen Aktivitäten bei. Entsprechend dem Wunsch der chinesischen Seite wurden erste Kooperationen zur Rekonstruktion chinesischer Betriebe und Themen der wissenschaftlich-technischen Zusammenarbeit vereinbart und immaterielle Leistungen im Rahmen eines Technologietransfers verkauft.

6. Der Besuch von Erich Honecker in China

In den vorangegangenen Jahren nahm Erich Honecker großen persönlichen Einfluss auf die Normalisierung der Beziehungen zu China – sei es, dass er hochrangige chinesische Delegationen und den Botschafter empfing oder demonstrativ den Messestand Chinas auf der Leipziger Messe besuchte. Der Staatsbesuch in der Volksrepublik China markierte einen Höhepunkt in den Beziehungen zwischen beiden Ländern. Honecker wurde von den höchsten Führern Chinas in Partei und Regierung zu freundschaftlichen, aber unverbindlichen Gesprächen empfangen. Man einigte sich auf die nicht wahrheitsgemäße Sprachregelung, dass die Parteibeziehungen nie abgebrochen waren, so dass die gemeinsamen politischen Werte nicht neu definiert werden mussten.

Obwohl Honecker sich anheischig gemacht hatte, zwischen der KPdSU und der KPCh zu vermitteln, gingen die chinesischen Führer darauf nicht ein, weil die sowjetische Seite erst die drei chinesischen Forderungen (Abzug aus Afghanistan, Abzug der sowjetischen Truppen von der chinesischen Grenze, Abzug der vietnamesischen Armee aus Kambodscha) erfüllen sollte.

Wirtschaftlich waren der Abschluss des langfristigen Handelsabkommens 1986 bis 1990 und die Verhandlungen über ein weiteres Handelsabkommen bis zum

Jahre 2000 von größter Bedeutung. Eine Wirtschaftsdelegation unter Leitung des Vorsitzenden der Staatlichen Wirtschaftskommission, Lü Dong, hatte im Juni 1986 in Berlin Gespräche aufgenommen, um den Stand der Erfüllung der im Jahre 1984 vereinbarten Objekte zur Rekonstruktion chinesischer Industriebetriebe zu überprüfen und neue Vorhaben der Zusammenarbeit abzustimmen.[145] Der Vorsitzende der Staatlichen Plankommission, Gerhard Schürer, und Lü Dong, unterzeichneten dazu ein Protokoll.[146]

Die DDR-Seite nutzte den Besuch von Lü Dong, um durch eine verstärkte Mitwirkung an der Rekonstruktion chinesischer Betriebe zusätzlich zum langfristigen Handels- und Zahlungsabkommen Möglichkeiten zum Export von Erzeugnissen der metallverarbeitenden Industrie zu erschließen. Von den im April 1984 vereinbarten 43 Objekten wurden bis dato für 30 Objekte Verträge unterzeichnet, für weitere fünf Objekte waren die Verhandlungen noch nicht abgeschlossen, für acht Objekte war infolge nicht zu lösender technischer und kommerzieller Probleme keine Zusammenarbeit möglich.

Die DDR-Seite schlug eine Liste von neuen Objekten vor, die die technische Rekonstruktion und Erweiterung von Betrieben der Lebensmittelindustrie, der Zementindustrie, der Metallurgie und verschiedener Zweige des Maschinenbaus betrafen.

Lü Dong besuchte den VEB Waggonbau Dessau, um sich einen Eindruck vom Hauptobjekt – der Rekonstruktion der Waggonfabrik Wuhan – einen Eindruck zu verschaffen. Außerdem besuchte er das Heizkraftwerk in Berlin-Rummelsburg und das Zementwerk Karsdorf.

Zur Erhöhung der Bezüge von Rohstoffen bot die DDR weiter an, bei der Erweiterung bzw. Rekonstruktion entsprechender Produktionskapazitäten durch Lieferung von Maschinen und Ausrüstungen sowie immaterieller Leistungen mit China zusammenzuarbeiten.

Auf dem Gebiet der Zusammenarbeit mit einzelnen Provinzen und Städten wurden entsprechende Möglichkeiten in der Fischwirtschaft, zur Produktion von Pflanzenöl sowie in der Hafenwirtschaft untersucht.

Die Mitwirkung der DDR an der Rekonstruktion chinesischer Betriebe soll durch regelmäßige Konsultationen zwischen der Staatlichen Plankommission der DDR und der Staatlichen Wirtschaftskommission Chinas unterstützt werden.

Die von Lü Dong geleitete Delegation interessierte sich besonders für das Wirtschaftssystems der DDR und die Arbeitsweise der Kombinate.[147]

Bei einem Gespräch des Vorsitzenden des Ministerrats, Willi Stoph, mit Lü Dong, unterstrich der Premier, dass der Entwicklung langfristiger Kooperations- und Handelsbeziehungen sowie der Mitwirkung an der Rekonstruktion chinesischer Industriebetriebe besondere Bedeutung zukomme.[148]

Speziell in der zweiten Hälfte der 1980er Jahre erinnerte man sich in China wieder der Hilfe der DDR beim Aufbau kompletter Industriebetriebe während der 1950er Jahre. Jetzt wünschte man eine Modernisierung dieser Betriebe. Die chinesische Seite schlug vor, die

Modernisierung mit der Lieferung von Erzeugnissen zu bezahlen. Doch die ohnehin skeptisch gewordenen Chinesen erkannten schnell, dass die DDR in vielen Fällen zu den gewünschten Modernisierungen gar nicht mehr in der Lage war. Auch stieß das Bezahlungsmodell bei der DDR-Seite auf wenig Gegenliebe. So wurden an das Kombinat VEB Carl Zeiss Jena Anfragen zur Rekonstruktion eines Werks für Fotoapparate und einer Brillenfabrik gerichtet. Die Shanghai Foreign Trade Co. fragte wegen einer Produktionslinie und Technologien für das kontinuierliche Schmelzen von optischem Glas an.[149] Diese Anfragen wurden abgelehnt, weil das Zeiss-Kombinat keine technologischen Ausrüstungen lieferte.

Jedoch lieferte Jena Ausrüstungen für die Mikroelektronik. Sie ergänzten die Anstrengungen in China, Fertigungslinien für die Mikroelektronik, vor allem von der Firma Toshiba, weiterzuentwickeln und den Rückstand aufzuholen. Von September bis Dezember 1986 installierte das Zeiss-Kombinat in Wuxi, Provinz Jiangsu, im Forschungszentrum für Mikroelektronik einen Automatischen Überdeckungsrepeater (AÜR) und eine Zeiss-Belichtungsanlage 20 (ZBA 20) und in Changsha, Provinz Hunan, und in der Tianguan Fabrik für integrierte Schaltkreise Shaoxing, Provinz Zhejiang, je einen Automatischen Einfach-Repeater (AER).

Montageleiter war Dr. Richard Oberländer als Objektverantwortlicher beim Generallieferanten des Herstellerbetriebs (Betrieb für optischen Präzisionsgerätebau), der auch als Bevollmächtigter des Generaldirektors von Carl Zeiss Jena in Beijing tätig war.[150] Der

Aufstellungsort in Wuxi hielt nicht die geforderten Bedingungen ein. Dies war ein generelles Problem bei der Lieferung hochpräziser Messgeräte, die besondere Aufstellungsbedingungen verlangten. Die Geräte konnten dennoch übergeben werden. Die Stadt Wuxi sollte sich rasch zu einem Zentrum der Mikroelektronikindustrie entwickeln.

Der VEB Carl Zeiss Jena hatte in den 1970er Jahren einen Repeater in eine Elektronikfabrik in Meishan, Provinz Sichuan, geliefert. Das Interesse Chinas an Ausrüstungen für die Mikroelektronikindustrie von Zeiss Jena zeigt die Montage eines automatischen Neunfach-Repeaters ANR3 im Radiowerk »Licht aus dem Osten« im Jahre 1975 in Beijing.[151]

Ein chinesischer Spezialist am Zeiss-Stand auf der Leipziger Frühjahrsmesse in den 1980er Jahren Zweiter von rechts: Dr. Umland, Leiter der Hauptabteilung Applikation des Außenhandelsbetriebs, Vierter von links (mit Bart): Dr. Richard Oberländer

Bei diesen Anlagen handelte es sich um Hochleistungsgeräte, die nicht für den Export in das NSW freigegeben waren. Die Ausrüstungen für die Mikroelektronik waren auf der Grundlage eines Regierungsabkommens mit der Sowjetunion entwickelt worden. Die sowjetische Seite musste jeweils eine Freigabe erteilen, die für China nicht vorlag.

Im Jahre 1984 begannen Verhandlungen für die Produktion von Kameras. China plante den Aufbau einer Produktionsanlage für Spiegelreflexkameras. Die Hongkonger Handelsfirma Lee Corp. hatte im Auftrag der VR China das Kombinat PENTACON kontaktiert. Dieses unterbreitete ein Lizenzangebot für vier Modelle und erklärte sich zur Lieferung technologischer Dokumentationen und zur Ausbildung von Fachkräften bereit. Allerdings sah sich der Dresdner Kamerahersteller außerstande, komplette Produktionsanlagen zu liefern. Eine BRD-Handelsfirma war bereit, das Projekt zu kreditieren. China wollte den Kredit mit Reexport der Kameras ins NSW bezahlen. Da sich die Verhandlungen zur Finanzierung des Projekts ergebnislos hinzogen, entschied der Generaldirektor des Kombinats Carl Zeiss Jena, Dr. Wolfgang Biermann, alle Verhandlungen einzustellen.[152]

Die Haltung von PENTACON zum Anlagenexport änderte sich, als das Kombinat im Jahre 1988 der chinesischen Seite ein Lizenzangebot zur Übernahme der Produktion der Kamera Practica MTL 5 unterbreitete. Hintergrund des Angebots war, dass der Betrieb in jenem Jahr die Produktion dieser Kamera einstellen wollte und die Ausrüstungen für die Kameraproduktion verkauft werden sollten. Das Ergebnis der Lizenzverhandlungen zur Kameraproduktion ist nicht bekannt.[153]

Als aussichtsreich betrachteten sowohl China als auch die DDR die Zusammenarbeit in der (Braun-) Kohleindustrie. Beide Länder deckten den Großteil ihres Bedarfs an Energie mit Hilfe der Kohle – in China zu über 70 Prozent. Zu den reichen Kohlevorkommen Chinas gehören – vor allem im Autonomen Gebiet der Inneren Mongolei – auch große Braunkohlelagerstätten, die im Tagebau abgebaut werden. Der effektiven Verwertung und Veredlung der Kohle galt hier wie dort erstrangige Aufmerksamkeit.

Partner aus beiden Ländern kooperierten bei der Rekonstruktion und Erweiterung der Rohmontanwachsfabrik Shulan, Provinz Jilin. Seit Jahren importierte China Montanwachs – einen Rohstoff für die Produktion von Putzmitteln und Kohlepapier – aus Amsdorf im Südharz. 1984 betrug der Import aus der DDR 258 Tonnen Montanwachs mit einem Wert von 0,8 Millionen Valutamark. In Shulan sollte künftig nach der Amsdorfer Technologie Rohwachs aus Braunkohle produziert werden. Um den Export von Montanwachs aus der DDR in andere Länder zu sichern, wurde vereinbart, dass die Montanwachsfabrik Shulan nur für den chinesischen Markt produzierte.[154]

Chinesische Fachleute hatten das Verfahren bereits vor Ort studiert und erste Erfahrungen gesammelt. Entsprechend einer Veröffentlichung bezog die Montanwachsfabrik Shulan aus der DDR die Technologie, die im Jahre 1990 produktionswirksam wurde. Die Jahresproduktion betrug 500 Tonnen Montanwachs höchster Qualität entsprechend dem DDR-Standard.[155]

In einem Gespräch des Ministers für Kohle und Energie, Wolfgang Mitzinger, mit der chinesischen Ministerin für Wasserwirtschaft und Elektroenergie, Qian Zhengying, im August 1986 in Beijing wurden Möglichkeiten der Zusammenarbeit auf dem Gebiet von Elektroenergieerzeugung und -transport erörtert.[156]

Im April 1986 reiste eine elfköpfige Delegation des Kombinats GISAG nach Beijing, um eine Veranstaltung zum technischen Austausch über die Gießereiausrüstungen des Kombinats durchzuführen. Die chinesische Seite hatte zu dieser Veranstaltung 150 Delegierte aus achtzehn Provinzen und acht Ministerien bzw. Komitees eingeladen. Außer der Vorstellung der Aufgaben des Kombinats hielten die Vertreter von GISAG Vorträge über die Herstellung von Formsand, chemischer Haftmittel für den Formsand, die Herstellung von Gusskernen, Entwicklungstendenzen der Gussverfahren und die Entwicklung des Gießens von Aluminiumlegierungen. Dadurch bekamen die Zuhörer ein tieferes Verständnis vom Niveau der Gießereitechnik und dem Stand der Gießereiausrüstungen in der DDR. Das habe einen Beitrag zur Entwicklung der technischen Zusammenarbeit und des Handels beider Seiten geleistet, wie es später in einer chinesischen Publikation hieß.[157]

In diesem Zusammenhang unterzeichneten die Redaktionen der Fachzeitschriften *Zhongguo zhuji* (Gießereimaschinen Chinas) und *Gießereitechnik* eine Absichtserklärung über die Zusammenarbeit beider Redaktionen. Erste Artikel zur Veröffentlichung in der jeweils anderen Zeitschrift wurden ausgetauscht.[158]

1986 waren über 1.200 Lokomotiven unterschiedlicher Größe und Bauart aus dem VEB Lokomotivbau-Elektrotechnische Werke (LEW) »Hans Beimler« Hennigsdorf in China im Einsatz. Damit fuhr etwa jede zehnte in Hennigsdorf produzierte Lokomotive in China. Allerdings kamen zu jenem Zeitpunkt die Exporte von Lokomotiven nach China an ihr Ende, weil sich das Land von Importen auf diesem Gebiet unabhängig gemacht hatte.

Auf eine lange Tradition in der Zusammenarbeit mit chinesischen Betrieben und Institutionen konnte das Hennigsdorfer Kombinat aber nach wie vor bei Geräten zur Erzeugung von Elektrowärme in der Industrie verweisen. Kammer- und Tiegelschmelzöfen sowie Anlagen für die Elektronenstrahltechnologie gehörten zu den Investitionsgütern, die der VEB LEW Hennigsdorf nach China exportierte.[159]

Der Minister für Kohle und Energie der DDR, Wolfgang Mitzinger, und der Minister für Kohleindustrie Chinas, Yu Hongen, sprachen sich im August 1986 bei einem Treffen in Beijing für die Vertiefung der wirtschaftlichen und wissenschaftlich-technischen Zusammenarbeit zwischen beiden Ländern auf dem Gebiet der Kohleindustrie aus. Im Mittelpunkt des Gedankenaustauschs standen die Förderung von Kohle im Tagebau und die Kohleveredlung.[160]

Die ständigen Bemühungen der DDR, ein langfristiges Handelsabkommen mit China abzuschließen, wurden, wie schon erwähnt, mit der Vereinbarung eines Handelsabkommens für 1986 bis 1990 gekrönt. Der Anlage 4 enthält die vereinbarten Schwerpunktaufgaben der wissenschaftlich-technischen Zusammenarbeit.

Die Verhandlungen wurden im Oktober 1986 im Zuge des Besuchs von Erich Honecker in der VR China vom 21. bis 26. Oktober 1986 fortgesetzt. Dabei ging es um ein »Abkommen zur Entwicklung der langfristigen wirtschaftlichen und wissenschaftlich-technischen Zusammenarbeit« mit einer Laufzeit von fünfzehn Jahren. Schwerpunkte der langfristig angelegten Zusammenarbeit waren der Maschinenbau, die Elektrotechnik/Elektronik, die Kohleindustrie, die Chemie, die Landwirtschaft sowie Umweltschutz, Gesundheitswesen und Binnenhandel. Dabei wurde auf die Entwicklung und eine breite Anwendung der Schlüsseltechnologien orientiert und auf eine höhere Veredlung der Rohstoffe, auf die Erzeugniserneuerung sowie die Rekonstruktion vorhandener Produktionskapazitäten.

Der Besuch von Erich Honecker war der erste Staatsbesuch aus den sozialistischen Staaten Europas (Rumänien ausgenommen). Gorbatschow wollte diesen Alleingang unterlaufen, indem er den polnischen Staats- und Parteichef Wojciech Jaruzelski, der sich zu einem Besuch in Nordkorea aufhielt, aufforderte, auf dem Rückflug in Beijing zu landen. Botschafter Rolf Berthold hatte in dieser Angelegenheit ganze Arbeit geleistet, denn Jaruzelskis Besuch wurde von chinesischer Seite

Erich Honecker im Oktober 1986 in Shanghai.
Von links nach rechts: Frank-Joachim Herrmann
(Honeckers persönlicher Mitarbeiter), DDR-Außenhan-
delsminister Gerhard Beil, Außenminister Oskar Fischer,
Shanghais Oberbürgermeister Jiang Zemin, Erich
Honecker, Rui Xingwen (Sekretär des Stadtkomitees
Shanghai der KPCh), ZK-Sekretär Günter Mittag und
Liu Zhenyuan (Stellv. Oberbürgermeister Shanghais)

als »Arbeitsbesuch« eingestuft, während Honecker den
ersten offiziellen Staatsbesuch eines Staats- und Parteichefs aus einem osteuropäischen Land absolvierte.[161]

Für Honecker bedeutete dieser Staatsbesuch eine
internationale Aufwertung der DDR, außerdem setzte
er große Hoffnungen auf eine Ausweitung der wirtschaftlichen Beziehungen. Innerhalb der SED wurde
Honeckers China-Reise von einigen Funktionären als
zu früh kritisiert und dass damit die Beziehungen zur
Sowjetunion aufs Spiel gesetzt würden, aber es kam darüber zu keiner offenen Diskussion.[162]

Einladung zum Bankett anlässlich des Besuchs von Erich Honecker in Shanghai

Zu Ehren des Generalsekretärs des ZK der SED,
des Vorsitzenden des Staatsrates der DDR,
Genossen Erich Honecker,
anlässlich seines Besuchs in Schanghai
bitten
der Sekretär des Stadtkomitees der KPCh Schanghai
Rui Xingwen
der Oberbürgermeister der Stadt Schanghai
Jiang Zemin

zu einem Bankett
am Samstag, dem 25. Okt. 1986, um 18 Uhr
im Friedenshotel

Als Gorbatschow aus den Medien Details von Honeckers China-Besuch erfuhr, wünschte er den DDR-Staatschef bei einem Zwischenstopp in Moskau zu sehen. Doch Honecker ignorierte diesen Wunsch und schickte ihm stattdessen den Bericht über seine Reise.

Die chinesischen Medien hoben hervor, dass sich Honecker für den allseitigen Ausbau der Beziehungen zwischen der DDR und China eingesetzt habe.[163]

Wichtige Positionen im Handelsabkommen waren die Lieferung von 1000 Kühlfahrzeugen, 50.000 LKW, 300 klimatisierten Reisezugwagen, von Ersatzteilen für 3.000 Mähdrescher und 73 schweren Pressen.[164]

Während des Besuchs von Honecker besprachen Günter Mittag und Ministerpräsident Li Peng langfristige Projekte. So versuchte Li Peng der DDR-Seite die Errichtung eines karbochemischen Kombinats in Wuhai in der Inneren Mongolei schmackhaft zu machen. Es kam aber zu keinem Vertragsabschluss, weil das Projekt die Möglichkeiten der DDR-Industrie überstieg. Auf der anderen Seite kündigte Li Peng an, dass China nicht die ursprünglich vereinbarte Zahl von jährlich 10.000 LKW abnehmen wird, weil es in China bereits eine Überproduktion von LKW gebe. Die DDR solle überlegen, welche anderen Erzeugnisse sie stattdessen

Nur für den Dienstgebrauch

031 ☀

ABLAUFPLAN
für den offiziellen Freundschaftsbesuch
des Generalsekretärs
des Zentralkomitees der Sozialistischen
Einheitspartei Deutschlands
und Vorsitzenden
des Staatsrates der Deutschen Demokratischen
Republik,
Genossen Erich Honecker,
in der
Volksrepublik China

Oktober 1986

Bei einem Staatsbesuch ist nichts dem Zufall überlassen –
Ablaufplan für Honeckers Besuch

exportieren könne, um die angestrebte Steigerung des Handels zu erreichen. Mittag und Li Peng unterzeichneten 31 Verträge über die Hilfe der DDR bei der Rekonstruktion chinesischer Betriebe.[165]

Der Vorsitzende der DDR-Sektion des Wirtschaftsausschusses DDR-China, Günther Wyschofsky, und der Minister für Elektronikindustrie der VR China, Li Tieying, stimmten bei einem Treffen im November 1986 in Berlin darin überein, die Zusammenarbeit in der Elektronikindustrie verstärkt in den Mittelpunkt der Arbeit des Wirtschaftsausschusses DDR-China zu stellen. Sie unterstrichen das Interesse beider Seiten, Warenlieferungen zunehmend mit der Entwicklung der Produktionskooperation, der Ausbildung von Fachkadern sowie dem Technologietransfer zu verbinden.[166]

Das im Oktober 1986 in Beijing unterzeichnete Abkommen zur Entwicklung der langfristigen wirtschaftlichen und wissenschaftlich-technischen Zusammenarbeit hatte eine Laufzeit von fünfzehn Jahren und sollte im Jahr 2000 enden. Bekanntlich endete 1990 die Existenz der DDR.

Neben den ideologischen Prämissen dieses Abkommens (Förderung des sozialistischen Aufbaus, Stärkung der Freundschaft zwischen beiden Völkern und Staaten, Festigung des Weltfriedens) und dem Setzen von allgemeinen Schwerpunkten (bessere Ausnutzung des Materials, Verbesserung der Qualität, Rekonstruktion von Produktionsstätten, Austausch von Technologien etc.) wurden konkret die Felder benannt, auf denen man künftig verstärkt zusammenarbeiten wollte:

- Im Maschinenbau sowie bei Elektrotechnik und Elektronik sollen Entwicklung, Produktion und Anwendung kompletter Anlagen, Ausrüstungen, Maschinen und Erzeugnisse sowie die Entwicklung entsprechender Technologien im Mittelpunkt stehen.

- Die DDR und die VR China kooperieren bei der Produktion von schwarz- und buntmetallurgischen Rohstoffen und Finalerzeugnissen, hochwertigen chemischen Erzeugnissen, bei der Gewinnung und Veredlung von Kohle, der Erdölverarbeitung, der Energiewirtschaft, in der Geologie sowie bei der friedlichen Nutzung der Kernenergie.

- In der Leicht-, Textil- und Lebensmittelindustrie sowie bei der Gewinnung von nichtmetallischen Werkstoffen sollten neue Technologien und Erzeugnisse entwickelt werden, einschließlich der dafür erforderlichen Ausrüstungen.

- Auf dem Gebiet des Bauwesens wurde die Entwicklung und Anwendung material- und energieökonomischer Ausrüstungen und Technologien für den Industrie-, Wohnungs- und Gesellschaftsbau sowie in der Baumaterialienindustrie vereinbart.[167]

Bereits im August 1986, vor Honeckers Staatsbesuch, hatte Li Peng den Minister für Kohle und Energie, Wolfgang Mitzinger, gesprochen. Beide Seiten unterzeichneten ein Abkommen über den Transfer der Technologie zur Gewinnung von Montanwachs in die Montanwachsfabrik Shulan. Damit hatte die DDR

diese Technologie erstmals in ein anderes Land vergeben.

In einem Interview des *Neuen Deutschland* mit dem
Botschafter Chinas in der DDR, Ma Xusheng, erklärte
dieser auf die Frage zur weiteren Entwicklung der wirtschaftlichen Beziehungen: »Die Handelsbeziehungen
zwischen den beiden Ländern entwickeln sich zweifellos
in höchst erfreulicher Weise. Aber man sollte dabei
nicht übersehen, dass es immer noch bedeutende Reser-
ven gibt, die geradezu darauf warten, erschlossen und
ausgeschöpft zu werden. Hier sind nun von beiden Seiten Anstrengungen vonnöten.«

Und der Diplomat formulierte dann Vorschläge, die
ganz gewiss nicht in der chinesischen Botschaft in Berlin
formuliert worden waren. »Nach meiner Meinung
müssten in großem Maßstab eine Reihe neuer Maßnahmen ergriffen, neue Formen gefunden werden wie zum
Beispiel: Beide Seiten sollten ihre Kräfte dafür einsetzen,
die Möglichkeiten für kooperative Vorhaben großen
Stils zu erkunden. Das könnte sowohl technische Verbesserungen und Umgestaltung in alten Fabriken ein-
schließen wie auch Unternehmen mit gemeinsamer
Kapitalbeteiligung, Kompensationsgeschäfte usw.

Handel und Übergabe von Technologien (Technologie-Transfer) sollten miteinander verknüpft werden. Sicherlich wurden auf diesem Gebiet bereits einige Erfolge
erzielt, die allerdings immer noch nur als ein Anfang, als
erste Schritte zu betrachten sind. Für China und die
DDR entfalten sich überaus vorteilhafte Perspektiven im
Bereich der Zusammenarbeit auf dem Dienstleistungs-

sektor. Es wäre fraglos ein großer Gewinn für beide Seiten, wenn diese Formen der Zusammenarbeit gebührend hoch eingeschätzt werden würden.«[168]

Der Botschafter signalisierte die Erwartung Beijings, dass die DDR in die Industrie Chinas investierte. Dazu war die DDR politisch zwar gewillt, aber ökonomisch nicht in der Lage.

In der zweiten Hälfte der 1980er Jahre gab es zahlreiche Treffen, wurden viele Abkommen geschlossen. China interessierte sich weiterhin vor allem für Techniken rund um die Braunkohle, für die Chemieindustrie sowie für Baumaschinen.

Der Präsident der Kammer für Außenhandel, Hans-Joachim Lemnitzer, vereinbarte im August 1986 mit

Vizepremier Li Peng (Dritter von links) empfing den Präsidenten der Kammer für Außenhandel, Hans Joachim Lemnitzer, am 21. August 1986 in Beijing in der Großen Halle des Volkes

dem Vorsitzenden des Komitees zur Förderung des Handels, Jia Shi, die Teilnahme Chinas an der Leipziger Frühlings- und Herbstmesse 1987. Die DDR sollte im Jahre 1988 in Beijing eine Exportgüterausstellung ausrichten.[169]

Bei einem Besuch der Ministerin für Wasserwirtschaft und Elektroenergie, Qian Zhengying, im Ministerium für Kohle und Energie in Berlin wurde die Rekonstruktion und Modernisierung von Kraftwerken, die effektivere Gestaltung von Instandhaltungs- und Betriebstechnologien, der Einsatz der Mikroelektronik und der Rechentechnik in Kraftwerken sowie im Umweltschutz vereinbart.[170]

Beim Abschluss des Handelsabkommens für das Jahr 1987 legte die DDR-Seite besonderen Wert darauf, dass der Anteil von Erzeugnissen der metallverarbeitenden Industrie am DDR-Export weiterhin mindestens 80 Prozent betrug. Auch bestand man darauf, dass bis 1990 die vereinbarten 50.000 LKW W 50 abgenommen wurden.[171] Das gelang nicht.

Im Januar 1987 folgte der Abschluss eines Vertrages über die Zusammenarbeit bei Projektierung, Bau und Inbetriebnahme eines Stadtgaswerks in Harbin, Provinz Heilongjiang. Das Werk sollte das im Gaskombinat Schwarze Pumpe angewandte Verfahren der Kohledruckvergasung nutzen. Allerdings hatten sich die Gespräche zwischen den Ministern über den Bau des Gaswerks bis zum Vertragsabschluss mehr als zwei Jahre hingezogen. Ursachen für die Verzögerung waren einerseits die Schwierigkeiten innerhalb der DDR, die erforderlichen Zulieferungen für das Vorhaben abzusichern. Andererseits wollte die chinesische Seite nicht Braunkohle, sondern Steinkohle einsetzen. Deshalb musste die vorhandene Technologie verändert werden.[172]

Eine Delegation der Staatlichen Kommission für Maschinenbau Chinas unter Leitung ihres Stellvertretenden Vorsitzenden, He Guangyuan, wurde im März 1987 in Berlin von Gerhard Tautenhahn, Minister für Allgemeinen Maschinen-, Landmaschinen- und Fahrzeugbau, empfangen. Sie erörterten die Erweiterung der Zusammenarbeit auf dem Gebiet des Landmaschinenbaus, insbesondere die Weiterführung der Produktionskooperation bei Mähdreschern, und weitere Möglichkeiten der Zusammenarbeit bei der Fertigung von Melktechnik, Tierproduktions- und Getreidereinigungsanlagen sowie bei der Herstellung von Getränkeabfüllanlagen.[173]

In einem im April 1987 in Berlin unterzeichneten Protokoll vereinbarten der Minister für Kohle und Energie, Wolfgang Mitzinger, und der Minister für Kohleindustrie Chinas, Yu Hongen, weitere Maßnahmen zur Verwirklichung der 1986/87 geschlossenen Verträge. Sie betrafen das Stadtgaswerk in Harbin sowie die Rekonstruktion und Erweiterung der Rohmontanwachsfabrik in Shulan.[174]

Bei einem Treffen Yus mit Ministerpräsident Willi Stoph wurden die bisherigen Ergebnisse der Zusammenarbeit positiv bewertet. Die Zusammenarbeit sollte insbesondere auf dem Gebiet der Tagebautechnik und der Kohleveredlung vertieft werden. Yu Hongen, der

Betriebe und Forschungseinrichtungen der Kohle- und Energiewirtschaft der DDR besucht hatte, brachte seine hohe Wertschätzung für die Leistungen der Werktätigen der DDR zum Ausdruck. An der freundschaftlichen Unterredung nahmen auch der Minister für Kohle und Energie, Wolfgang Mitzinger, und der Botschafter der VR China in der DDR, Ma Xusheng, teil.[175]

Möglichkeiten direkter Wirtschaftsbeziehungen mit dem Autonomen Gebiet Innere Mongolei erkundete vor Ort eine Delegation der DDR unter Leitung des Stellvertreters des Vorsitzenden der Staatlichen Plankommission, Harald Rost, zugleich Vize-Vorsitzender der DDR-Sektion des Wirtschaftsausschusses DDR-VR China. Im Gespräch war die Mitwirkung der DDR an der Errichtung, Rekonstruktion und Modernisierung

Besuch einer Delegation unter Leitung des Stellvertreters der Staatlichen Plankommission, Harald Rost (Fünfter von links) im Juli 1987 in der Inneren Mongolei

territorialer Industrieobjekte. Großer Bedarf bestand bei Maschinen verschiedener Art. Im Gegenzug sollten Erzeugnisse der chemischen sowie der Textil- und Leichtindustrie in der Region in die DDR exportiert werden.[176]

Im Juni 1987 besuchte der amtierende Generalsekretär des ZK der KP Chinas, Zhao Ziyang, die DDR. Er war von 1980 bis Januar 1987 Premierminister gewesen. Bei einem Treffen mit Ministerpräsident Willi Stoph bekundete Zhao die Absicht, dass China die Zusammenarbeit mit der DDR und den anderen osteuropäischen Ländern verstärken wolle und dafür das entsprechende Potential vorhanden sei.[177]

Zhao Ziyang besuchte das Zentralinstitut für sozialistische Wirtschaftsführung in Berlin-Rahnsdorf. Dort präsentierte Chemieminister Günther Wyschofsky Exponate zum Themenkomplex »Neue Werkstoffe und Technologien«. In der DDR gehe es vor allem darum, so erklärte er, einheimische Rohstoffe höher zu veredeln. Wyschofsky nannte als Beispiel die Staubdruckvergasung von Kohle, eines Verfahrens, das künftig auch im Gaswerk Harbins angewendet werden sollte.[178]

Im gleichen Monat kamen Gerhard Beil, Minister für Außenhandel der DDR, und der Minister für Außenwirtschaft und Außenhandel der VR China, Zheng Tuobin, in Berlin zusammen. Sie unterstrichen die Bedeutung des zwischen beiden Regierungen geschlossenen langfristigen Handelsabkommens im Jahrfünft 1986 bis 1990 für die weitere Entwicklung der Außenhandelsbeziehungen und vereinbarten Maßnahmen zum Abschluss weiterer langfristiger kommerzieller Verträge zwischen den Außenhandelsgesellschaften beider Länder.[179]

Auch auf dem Gebiet des Bauwesens kooeperierten beide Länder. Der Minister für Bauwesen der DDR, Wolfgang Junker, und der Minister für städtisches und ländliches Bauen und Umweltschutz Chinas, Ye Rutang, unterzeichneten im September 1987 ein Protokoll über die Zusammenarbeit für den Zeitraum 1987 bis 1990. Auf der Grundlage der bestehenden Abkommen sollte die wissenschaftlich-technische und wirtschaftliche Zusammenarbeit besonders auf den Gebieten der Industrialisierung, der Planung sowie zu ausgewählten Schwerpunkten der ingenieurtechnischen Grundlagen forciert werden.[180]

Im Jahre 1987 beteiligte sich China erstmals wieder an der Leipziger Herbstmesse, es präsentierten sich die Export/Import-Gesellschaften der Chemieindustrie und der Arzneimittelindustrie.[181] (China hatte sich schon einmal 1952 an der Leipziger Herbstmesse beteiligt, dann nicht wieder.) Bei einem Treffen mit chinesischen Journalisten erklärte der stellvertretende Vorsitzende der Staatlichen Plankommission, Harald Rost, dass sich die DDR aktiv am Programm »Funke« zur Entwicklung der ländlichen Gebiete beteiligen wolle, um neue Gebiete der Zusammenarbeit zu erschließen. Er machte auch auf die für 1988 in Beijing geplante Exportausstellung der DDR aufmerksam.[182]

Der VEB Umformtechnik Erfurt lieferte eine 2000 Tonnen-Presse nach China. Die Presse schaffte vierzehn

Hübe pro Minute und konnte so 650 Blechteile pro Stunde schneiden oder pressen.

In jenem Jahr, 1987, kam es in China zu einem Unfall, als ein Turmdrehkran aus der DDR umstürzte. Dabei zerbrach das Innenzahnrad – 20,20 Meter im Durchmesser – im oberen Teil des Krans, mit dem der Ausleger gedreht wurde, in vier Teile. Die Teile wurden wieder zusammengeschweißt. Die Reparatur musste sorgfältig ausgeführt werden, damit die Elliptizität des Zahnrads nicht größer als 1,5 mm und die Ebenheitsabweichungen der Stirnfläche des Zahnrads nicht größer als 1 mm wurde.[184] Das gelang, wie die chinesische Presse berichtete. Zugleich machten die Berichte deutlich, dass China die Reparatur bzw. die Eigenanfertigung dem Import teurer Ersatzteile vorzog. Außerdem konnte man dadurch schneller als üblich die reparierten Maschinen wieder benutzen.

Ein weiteres Beispiel von Technologietransfers: Der VEB Kombinat Agrochemie Piesteritz vergab die Lizenz für das seit sechzig Jahren angewandte Verfahren zur Herstellung von Schwefelsäure und Zement aus Gips an ein Unternehmen in der Provinz Yunnan.[185]

Auf Einladung des Kombinats VEB Chemieanlagenbau Leipzig-Grimma besuchte eine Gruppe aus dem Ministerium für chemische Industrie Chinas im Januar 1988 die DDR. Die Chinesen besichtigten sieben Betriebe, ein Konstruktionsinstitut, zwei Prüfanlagen und führten Gespräche über Probleme der Entwicklung des Chemieanlagenbaus. In ihrem Bericht hob die Delegation hervor, dass der Chemieanlagenbau der DDR am chinesischen Markt sehr interessiert sei und mit China eng zusammenzuarbeiten wünsche.[186]

Die folgende Statistik des Exports der DDR nach China im Jahre 1987 zeigt die Aufschlüsselung nach Industriezweigen bzw. Außenhandelsbetrieben. (Die Angaben sind in Tausend Schweizer Franken, Stand: 30. September 1987)[187]

Außenhandelsbetrieb	Jahresprotokoll 1987	1987 gesamt	Davon Verträge 1987	Überhänge aus 1986
Chemieanlagenbau	24.800	30.015	29.565	450
Schienenfahrzeugbau	69.400	70.102	66.262	3.840
Werkzeugmaschinen	35.900	36.550	33.620	2.830
SKET	1.800	1.986	1,986	-
Elektronik	1.500	-	-	-
Fortschritt Landmaschinen	36.400	43.381	28.769	1.522
Transportmaschinen	144.200	141.313	105.820	35.493
Textima	4.000	2.393	1.273	1.120
Polygraph	20.000	17.113	15.233	1.880
Robotron	1.000	12	12	-
Elektrotechnik	25.000	27.752	27.752	-
Technocommerz	2.900	2.989	2.989	-
Carl Zeiss JENA	10.000	7.545	3.465	4.080
Chemie	21.000	17.350	17.350	-
Intermed	4.300	3.949	3.922	-
Metallurgiehandel	29.000	27.310	26.210	1.100
Buchexport	1.100	836	736	100
Kali	15.500	17.847	16.747	1.100
Germed	200	200	200	-
Limex	-	196	-	-
TAKRAF	-	260	-	-
Schiffscommerz	-	200	-	-
Baukema	-	20	-	-
Heimelektrik	-	454	-	-
Gesamt	**448.000**	**449.773**	**381.911**	**65.083**

Die Statistik belegt, dass Fahrzeuge (Lastkraftwagen und Schienenfahrzeuge) und Landmaschinen die größte Position im Export der DDR nach China bildeten, gefolgt von Maschinenbauerzeugnissen und Chemieanlagen. Auch Rohstoffe und Halbfabrikate, wie Kali,

Chemikalien und metallische Halbzeuge hatten einen bedeutenden Anteil am Export.

Die Probleme beim Export der DDR wurden auch daran sichtbar, dass der Exportplan nur unter Einbeziehung der Überhänge aus dem Jahr 1986 erfüllt wurde. Symptomatisch für die Probleme beim Export von Hochtechnologieerzeugnissen ist die Tatsache, dass die schon geringe Planvorgabe für das Kombinat Robotron von einer Million Schweizer Franken nur mit 12.000 CHF erfüllt wurde.

Zusammenfassung

Durch die langfristigen Abkommen der Zusammenarbeit in Handel, Wirtschaft und Wissenschaft und Technik, die im Vorfeld bzw. während Honeckers Staatsbesuches geschlossen wurden, konnte der beiderseitige Handel intensiviert und gleichzeitig planmäßig gestaltet werden. Auch begann die Bereitstellung immaterieller Leistungen wie Technologietransfer, Lizenzverkauf und Ausbildung von Fachkräften, allerdings nur in geringem Umfang.

Die chinesische Seite reduzierte drastisch alle Lieferungen, die keinen ausreichenden Modernisierungsschub für ihre Volkswirtschaft versprachen. Eine Lösung der hierdurch aufgeworfenen Probleme fand man im stetigen Ausbau des Spektrums der Zusammenarbeit in immer neuen Gebieten.

7. Ein letzter Höhepunkt – die Exportgüterausstellung der DDR in Beijing

Die bis dato größte Exportausstellung der DDR wurde im April 1988 in Beijing eröffnet. Zehn Tage lang präsentierten 64 Kombinate und 38 Außenhandels- und Consultingbetriebe der DDR chinesischen Fachleuten aus Forschung, Entwicklung, Industrie und Außenhandel rund 800 Erzeugnisse, Modelle und ingenieurtechnische Lösungen auf einer Gesamtfläche von 6.600 Quadratmetern.

Eine im Jahre 1987 gebildete Regierungskommission unter Leitung des stellvertretenden Außenhandelsministers Jochen Steyer hatte die Exposition vorbereitet. Der Kommission gehörten stellvertretende Minister der beteiligten Industrieministerien und Vertreter weiterer Organe an.[188] Objekte wie die Multispektralkamera MSK 4, der 16-Bit-Rechner A 7150, die elektronisch gesteuerte Flachstrick-Hubschlittenmaschine »Comnit« und der Großraumreisezugwagen wurden angeboten.[189]

Die Eröffnung der Ausstellung erfolgte im Beisein des Außenhandelsministers Gerhard Beil und des Ministers für chemische Industrie, Günther Wyschofsky. Zugegen waren Beils Stellvertreter Jochen Steyer und

Staatsrat Song Jian, der Minister für Außenwirtschaft und Außenhandel, Zheng Tuobin, sowie der Minister für chemische Industrie, Qin Zhongda.

Günter Mittag, Mitglied des Politbüros und Sekretär des ZK der SED, nahm ebenfalls an der Eröffnung teil. Die Parteichefs schickten Grußadressen. Zhao Ziyang äußerte darin die Hoffnung, dass sich beide Seiten darum bemühen sollten, für eine lebendige, vielfältige Zusammenarbeit neue Wege und Methoden zu finden. Wahrscheinlich spielte er damit auf die konservative, ablehnende Haltung der DDR zu Joint Ventures und ähnlichen Formen der Zusammenarbeit an.[190]

Die chinesische Presse berichtete ausführlich. Die Zeitschrift *Guoji Maoyi* (Internationaler Handel) hob das Motto der Ausstellung »Die DDR – zuverlässiger Handelspartner Chinas« hervor und schrieb, dass außer der Ausstellung auch ein umfangreiches Informations-programm geplant sei und eine hochrangige Regie-rungsdelegation der DDR auf der Ausstellung anwe-send sein wird.[191]

Günther Wyschofsky hatte bereits Ende des Jahres 1987 die Exportausstellung in der *Guoji Maoyi* an-gekündigt. Er erklärte, dass der Inhalt der Ausstellung auf die Bedürfnisse der chinesischen Volkswirtschaft zugeschnitten sei, und stellte die Schwerpunkte der Ausstellung vor.[192]

Eine medizinische Fachzeitschrift informierte, dass das Außenhandelsunternehmen Intermed Export-Import Medizinprodukte des VEB Kombinats Medi-zin- und Labortechnik Leipzig zeige, darunter einige

Neuentwicklungen, und hob dabei den Einsatz der Mikroelektronik und Rechentechnik hervor.[193]

Weiter berichtete die Zeitschrift *Guoji Maoyi* von einem Gespräch des Direktors des Pressezentrums der Ausstellung, Harald Schütz, mit Vertretern der Zeitschrift. Generaldirektor Schütz aus dem Außenhandelsministerium der DDR unterstrich, dass alle Ausstellungsobjekte auf die Bedürfnisse Chinas zugeschnitten seien. Als ein besonders erfolgreiches Beispiel hob er die Vereinbarung über die Zusammenarbeit auf dem Gebiet der Mähdrescher hervor. In China waren inzwischen 6.500 Mähdrescher des Typs »Fortschritt E 514« im Einsatz. Der VEB Landmaschinenbau »Fortschritt« in Neustadt/Sa. und das Mähdrescherwerk in Siping (Provinz Jilin) hatten einen Vertrag zur Übernahme der Technologie des E 514 unterzeichnet.

Auch gäbe es Kooperationsabkommen für die Produktion von Kühlwagen, Schwermaschinen, metallurgischen Ausrüstungen, für die Herstellung von Papier und chemischen Erzeugnissen.

Die Ausstellung sollte auch dazu dienen, neue Felder der Zusammenarbeit zu finden. Schütz verwies in seinem Gespräch mit *Guoji Maoyi* auf das reichhaltige Vortragsprogramm, das Errungenschaften von Wissenschaft und Technik vorstellen würde. Im Anschluss an die Exportausstellung, so Schütz, werde in Berlin die IV. Tagung des Wirtschaftsausschusses DDR-VR China stattfinden, auf der die Ergebnisse dieser Ausstellung umgesetzt werden würden. Am 12. April 1988, am Vorabend der Eröffnung der Ausstellung, werde Schütz zu einem Empfang eingeladen, auf dem auch hochrangige Vertreter der Regierung der DDR anwesend sein werden.[194]

Die Zeitung *China Daily* nahm die Exportausstellung zum Anlass, um über den Beitrag der DDR beim Bau von Kühlwagen zu berichten. Im April 1988 war der 1.600. Kühlwagen aus dem VEB Waggonbau Dessau in einer feierlichen Zeremonie in Beijing übergeben worden. Die Übergabe nahm der Stellvertretende Minister für Schwermaschinen- und Anlagenbau, Karl-Heinz Mornhinweg, vor.

Der Zeitungsbeitrag stellte heraus, dass die Waggonfabrik Wuchang die komplette Technologie für die Produktion von Kühlwagen vom Waggonbau Dessau erhalten werde. Dong Chunlei, der Verantwortliche für Importangelegenheiten im chinesischen Eisenbahnministerium, unterstrich, dass mit dem steigenden Lebensniveau der Bevölkerung auch der Bedarf an Transport leicht verderblicher Lebensmittel steige und die Kühlwagen aus Dessau zwar nicht so komfortabel wie solche aus westlichen Ländern seien, dass sie aber praktisch und für Chinas Bedürfnisse gut geeignet seien.[195]

In seiner Rede zur Übergabe des 1600. Kühlwagens bekundete Karl-Heinz Mornhinweg die Absicht, dass der Außenhandelsbetrieb Schienenfahrzeuge auf der Exportausstellung über die Beziehungen im Zeitraum 1991 bis 1995 verhandeln wolle.[196]

Die Ausstellung gliederte sich in fünf Komplexe. Sie präsentierten Spitzenerzeugnisse und moderne Technologien auf den Gebieten der Energiewirtschaft, Roh-

Übergabe des 1600. Kühlwagens des VEB Waggonbau Dessau im Depot Fengtai – Unterzeichnung des Übergabeprotokolls. Ganz links: Harri Hegewald, stellvertretender Generaldirektor des Kombinats Schienenfahrzeugbau, neben ihm Peter Donhauser, Generaldirektor des AHB Schienenfahrzeuge

stoffgewinnung und -verarbeitung, des Werkzeug- und Verarbeitungsmaschinenbaus, der Elektrotechnik/Elektronik und insbesondere der Automatisierungstechnik, der Land- und Nahrungsgüterwirtschaft, der Leichtindustrie, der chemischen Industrie sowie der Transporttechnik, des Bauwesens und des Straßenbaus.[197]

Die Exportausstellung stellte neu entwickelte Erzeugnisse und fortschrittliche Technologien »Made in GDR« vor – von mikroelektronischen Schaltkreisen und Geräten für Chipfabriken über Lichtleitertechnik bis hin zu flexibel automatisierten Fertigungssystemen des Werkzeug- und Verarbeitungsmaschinenbaus; von kompletten Anlagen zur Rohstoffgewinnung – beispielsweise der Braunkohle – bis hin zur Technologie der Staubdruckvergasung; vom Mähdrescher E 514 mit spezieller Ausrüstung für die Reisernte über den LKW L 60 bis zum Modell des Kühl- und Transportschiffes »Kristall«; von einer breiten Palette technischer Konsumgüter bis hin zu 16-bit-Computern und Software.[198]

Qin Zhongda, Minister für Chemische Industrie und Vorsitzender der chinesischen Sektion des Gemeinsamen Wirtschaftsausschusses China-DDR, informierte sich auf der DDR-Exportausstellung in Beijing ausführlich über das Angebot. Bei seinem zweistündigen Rundgang sprach er über Projekte der Zusammenarbeit im Chemieanlagenbau. Vertreter des VEB Chemieanlagenbau Staßfurt berichteten über den Stand der Lieferungen von Ausrüstungen für ein Sodawerk in Weifang, Provinz Shandong.

Qin Zhongda würdigte den planmäßigen Fortgang beim Aufbau des Gaswerkes Harbin, das mit DDR-Technik ausgerüstet wurde. Er wies darauf hin, dass in China schon in den 1950er Jahren eine Reihe von Betrieben mit Ausrüstungen aus der DDR entstanden war. Ihre jetzt vorgesehene Modernisierung sei ebenfalls ein wichtiges Feld der Wirtschaftskooperation.

Mittelpunkt der Exportausstellung war weiterhin der Werkzeug- und Verarbeitungsmaschinenbau. Von chinesischer Seite besuchte der Minister für Maschinenbau und Elektronik, Zou Jiahua, die Ausstellung. Dr. Manfred Thalemann, Stellvertreter des Ministers für Werkzeug- und Verarbeitungsmaschinenbau, erörterte dabei mit Li Shouren, dem Stellvertretenden Minister für Maschinenbau und Elektronik, Möglichkeiten der verstärkten Kooperation. Ein Höhepunkt war die Übergabe der 40. Malimo-Maschine an einen chinesischen Kunden.

Der Werkzeugmaschinenbau der DDR schloss Verträge über den Verkauf von numerisch gesteuerten Bearbeitungszentren sowie von Zahnradwälzfräsmaschinen ab.[199]

Die DDR-Exportausstellung stand jedoch im Zeichen des Schwermaschinen- und Anlagenbaus. Der Industriebereich präsentierte ein umfangreiches Angebot an Einzelmaschinen, Anlagen und Knowhow. Ergänzt wurde das mit einer Reihe von Systemlösungen der vertretenen Consultingfirmen. Das Interesse der rund zehntausend Besucher aus Industrie und Außenhandel Chinas galt in diesem Bereich insbesondere Technologien zur Kohlegewinnung und -veredlung. Für die Volksrepublik China, die wie die DDR ihren Energiebedarf zu einem sehr hohen Teil aus Kohle deckte, unterbreiteten DDR-Kombinate wie TAKRAF und Chemieanlagenbau mit Tagebauausrüstungen und einem Modell einer Anlage zur Kohledruckvergasung ihre Angebote. In der nordchinesischen Millionenstadt Harbin entstand, wie auch hier schon mehrfach erwähnt, das in der DDR-Presse wegen der Größe des Projekts oft erwähnte komplette Stadtgassystem auf Kohlebasis.[200]

Eine chinesische Textil-Fachzeitschrift berichtete, dass das Kombinat Textima auf der Exportausstellung eine Reihe hochproduktiver Textilmaschinen ausgestellt habe. Zu ihnen zählten die Malimo-Maschinen, von denen China bis 1988, wie bereits erwähnt, bereits vierzig Maschinen importiert hatte. Auf der Ausstellung wurden mehr als zehn weitere Malimo-Nähwirkmaschinen bestellt. Mit den ebenfalls ausgestellten Liropol-Maschinen ließen sich Frottee-Waren mit hoher Produktivität (600 m/h) weben.[201]

Helga Schwab, die in Beijing die Kombinate SKET und Baukema vertrat, berichtete in einem Brief nach Hause über die Exportausstellung: »Nun wollte ich ja eigentlich noch schreiben, wie erfolgreich unsere DDR-Ausstellung in Beijing war. Ja, sie war sehr schön und hat bei den Chinesen allergrößte Bewunderung ausgelöst. Es waren auf 6.000 m² Hallenfläche und 2.200 m² Freigelände natürlich vorwiegend Maschinen und Anlagenmodelle ausgestellt, aber alles sehr schön ausgestaltet und arrangiert.

Aus allen Industriezweigen waren interessante Exponate zu sehen, insgesamt 800 an der Zahl. Es waren insgesamt 125.000 Besucher da, drei chinesische Minister und dreizehn stellvertretende Minister. Von zu Hause waren es 38 Außenhandelsbetriebe und diese zusammen mit 64 Kombinaten, insgesamt ungefähr 300 DDR-Bürger als Dienstreisende.

Wir haben schon einige Wochen vor der Ausstellung ganz intensiv arbeiten müssen, denn viele Verhandlungen mussten ja vorbereitet werden, Fachvorträge zum

Übersetzen gebracht, Druckarbeiten erledigt, Symposien vorbereitet und tausend Kleinigkeiten abgearbeitet werden. Monteure waren schon vorher da, leitende Genossen reisten an und auch Sekretärinnen. Und jeder hatte seine eigenen Wünsche. Da fehlte dies, da fehlte jenes. Wir haben schwierigste Verhandlungen vorbereitet, daran teilgenommen und auch Limonade oder Bier gefahren, wenn es gebraucht wurde. Da musste man nicht nur ein Tausendfüßler sondern vielmehr ein Tausendsassa sein, um das alles den ganzen Tag über zu bewältigen. Wir haben wohl wie immer nicht viel geschlafen, denn oft hatten wir abends noch Gäste oder sind selbst zu einem Empfang gegangen. Es war wie drei- bis viermal Leipziger Messe hintereinander.

Aber wir haben alles gut geschafft. Günther [*Frau Schwabs Ehemann – K. H.*] hatte auch eine Reihe von Delegationen zu betreuen, vieles vorzubereiten, und jeder von seinen Gästen glaubte, der Wichtigste zu sein. Aber er ist ja sehr diplomatisch und schluckt auch manchen Ärger hinunter. Ich hatte für SKET und Baukema zu sorgen, unter anderen den SKET-Messedirektor und hatte auch noch leitende Genossen hier.

Aber alle Anstrengung hat auch manchmal ihr Gutes. Jedenfalls hatte ich eine ganz persönliche große Freude. Denn es fand ein Wettbewerb auf der Ausstellung statt im Zusammenhang mit den besten ökonomischen Ergebnissen. Und da hat Baukema den 2. Platz belegt für abgeschlossene Verträge. Das hatte niemand erwartet, und unser Kollektiv ist ganz stolz nach Hause gefahren. Und ich war auch sehr glücklich. So hat sich die anstrengende Arbeit der letzten Monate seit meinem Beginn hier wunderbar gelohnt. Es hat mir eine große Befriedigung verschafft und auch Anerkennung eingebracht. Nun geht es mir auch nervlich besser, und ich habe bald meine alte Sicherheit wieder.

Ich will noch einige lustige Sachen berichten von der Ausstellung.

Neben den technischen Erzeugnissen, die ausgestellt waren, hatte man natürlich auch einiges vorbereitet, was man so ›Besuchermagnet‹ nennt, z. B. auf dem Freigelände einen großen Stand von den Motorradwerken Zschopau, die hatten einen Kunsthindernisfahrer (einen Weltmeister) mit, der jede Stunde dort Hindernisfahrten vorgeführt hat. Das war natürlich etwas für die Chinesen.

Oder bei den Musikinstrumenten, da wurde sehr oft Elektronikorgel usw. gespielt.

Aber das Schönste war eine Kaufhallenbäckerei. Dort wurden den ganzen Tag über Brötchen oder Kuchen gebacken in wunderbarer Qualität. Für ein paar Flaschen Bier haben wir dort immer zum Frühstück frische Brötchen bekommen und nachmittags Zucker- oder Streuselkuchen. Es versteht sich, dass dieser nur mit Butter gebacken wurde. Das Schönste war, dass die Bäcker gar keine Bäcker waren, sondern Monteure!

[...]

Die Chinesen sind ein großes Erlebnis für mich. Noch niemals habe ich so viele bescheidene, freundliche und aufmerksame Menschen zusammen kennengelernt. Dabei sind so viele von ihnen sehr gebildet, materiell

Titelseite des Neuen Deutschland *am 14. April 1988*

sind sie noch nicht sehr gut gestellt. Man muss sich erst daran gewöhnen, in welchen einfachen häuslichen Verhältnissen sie leben. Aber sie klagen nie und sind zufrieden. An uns gefällt ihnen Arbeitseifer, Wissen und Zuverlässigkeit.«[202]

Zum Ende der Exportausstellung meldete die Zeitung *Renmin Ribao*, dass Abschlüsse über Werkzeugmaschinen, Ausrüstungen für die chemische Industrie, Textilmaschinen und wissenschaftliche Geräte getätigt wurden, die eine Grundlage für die weitere Steigerung des Außenhandelsumsatzes gelegt haben. Der stellvertretende Vorsitzende der VR China, Wang Zhen, hatte die Ausstellung auch besichtigt und in guter chinesischer Tradition eine kalligraphische Widmung geschrieben.[203]

Auch durch diese Geste wurde das grundsätzlich freundschaftliche Verhältnis zwischen der DDR und der VR China sichtbar.

Zusammenfassung

Die Exportausstellung der DDR im April 1988 in Beijing war eine mit hohem Aufwand betriebene offensive Maßnahme, um die Schwierigkeiten im Export nach China durch die Vorstellung eines breitgefächerten Angebots der Wirtschaft der DDR zu überwinden. Mit einem eindrucksvollen Aufgebot von politischen Repräsentanten, Vertretern der Fachministerien und einer großen Zahl von Kombinaten und Außenhandelsbetrieben gelang es, die chinesische Seite von der Innovationskraft der DDR-Wirtschaft zu überzeugen. Während China die Importe veralteter Erzeugnisse drastisch reduzierte, konnte die DDR ungeachtet großer innerer Schwierigkeiten die Exporte nach China durch die auf der Exportausstellung vorgestellten, in China bisher wenig bekannten Industriezweige und Erzeugnisse noch einmal steigern.

8. Die Zusammenarbeit in den letzten Jahren der DDR

Ungeachtet der drastischen Reduzierung des Imports von LKW und Werkzeugmaschinen durch China konnte der DDR-Export in den Jahren 1987 bis 1989 dennoch gesteigert werden. Hierzu hatten die Exportausstellung der DDR im Jahre 1988 und die direkte Zusammenarbeit der Fachministerien beider Länder beigetragen.

Im Jahre 1988 exportierte die DDR nach China Schienenfahrzeuge einschließlich Kühlfahrzeuge, LKW, Schmiedeausrüstungen, Baufahrzeuge, Straßenbaumaschinen, Druckmaschinen, Werkzeugmaschinen, elektronische Geräte, Kabel, Mähdrescher, Traktoren, Kali und Stahl. Ferner wurden Patente und Technologien verkauft.[204]

Im Januar 1988 besuchte eine Studiendelegation des Ministeriums für Elektronik die DDR. Die Mikroelektronikindustrie hatte sich rasch entwickelt, weil die DDR versuchte, auf diesem Gebiet auf eigenen Füßen zu stehen, denn die Embargomaßnahmen des Westens (COCOM) schlossen sie von der internationalen Arbeitsteilung auf diesem strategischen Entwicklungsfeld aus. Die chinesische Delegation konstatierte auch eine angespannte Arbeitskräftesituation, neu eröffnete Fabriken hatten Probleme, qualifizierte Arbeitskräfte in der

DDR zu finden. Die Studiendelegation besprach auch Fragen der Zusammenarbeit in der Elektronikindustrie.[205]

Anlässlich der Leipziger Frühjahrsmesse 1988 empfing der Stellvertretende Außenhandelsminister Jochen Steyer eine Gruppe chinesischer Wirtschaftsjournalisten zu einem Gespräch. Steyer nannte als Gebiete erfolgreicher wirtschaftlich-technischer Zusammenarbeit den Schienenfahrzeugbau, die Produktion von Mähdreschern und den Bau des Kohlegaswerks in Harbin. Die DDR exportiere Einzelteile für Kühlwagen, die in China montiert würden, sagte der Vizeminister. Ersatzteile für Mähdrescher der DDR würden in China pro-

Günter Kupke, Generaldirektor des AHB Transportmaschinen (Zweiter von rechts) mit chinesischen Partnern. Dritter von links: Gerhard Tautenhahn, Minister für Allgemeinen, Landmaschinen- und Fahrzeugbau, rechts hinter ihm Detlef Seitz vom AHB Transportmaschinen

duziert. Als Felder künftiger Zusammenarbeit nannte Steyer die Mikroelektronik, die Rechentechnik und die Biotechnologie, weil China auf diesen drei Gebieten in den letzten Jahren beachtliche Erfolge erzielt habe.[206] Das hohe Entwicklungstempo Chinas sei bemerkenswert – die DDR könne in diesen perspektivischen Forschungsrichtungen von China lernen.

1988 beteiligte sich China sowohl an der Frühjahrs- als auch an der Herbstmesse in Leipzig. Ein Novum auf der Frühjahrsmesse war die Ausstellung von dreizehn Außenhandelsunternehmen aus der nordostchinesischen Provinz Liaoning mit 1.700 Exponaten, gezeigt wurden Werkzeugmaschinen, Elektromotore, elektrische Haushaltsgeräte, Werkzeuge, Textilien, Porzellan, Lebensmittel und Sportbekleidung. Im Herbst beteiligte sich China auch an der Buchmesse, wie *Guoji Maoyi* vermeldete.[207]

Im Jahre 1988 erfolgten Verhandlungen zwischen TAKRAF und CNMIEC über die Ausrüstung des Tagebaus Yuanbaoshan (Innere Mongolei) statt. Dabei ging es um

- ▸ zwei Schaufelradbagger SRs 1602
- ▸ zwei Bandabsetzer A2RSB 5.800.70
- ▸ ein Bandabsetzer, ca. 17 km lang
- ▸ drei mobile Brechanlagen.

Die chinesische Seite ließ diese Objekte in einem Tender international ausschreiben. Im Jahre 1991, nach dem Ende der DDR, bekam die TAKRAF GmbH den Zuschlag. Der Vertrag war nach der Vereinigung der beiden deutschen Staaten nicht mehr Bestandteil des Handels-

元宝山露天煤矿设备引进合作制造合同签字仪式

5. Juni 1991: Unterzeichnung des Vertrags zur Lieferung von Ausrüstungen für den Tagebau Yuanbaoshan (Innere Mongolei). Links am Tisch der Stellvertretende Generaldirektor der TAKRAF GmbH Bruch. Hinter ihm im weißen Kostüm Helga Schwab, Repräsentantin der TAKRAF GmbH in Beijing

abkommens. Das Geschäft hatte ein Volumen von 100 Millionen US-Dollar und umfasste nicht nur die Lieferung von Ausrüstungen (die nunmehr vier Schaufelradbagger produzierte das Lauchhammer-Werk), sondern auch die Zusammenarbeit beider Seiten bei der Herstellung mehrerer Ausrüstungselemente. Das Projekt war seit 1984 zwischen der DDR und China verhandelt worden. Die lange Verhandlungsdauer war durch den zweimaligen Stopp des Projekts durch die chinesische Seite verursacht worden. Um möglichst viele Arbeitsplätze zu sichern, setzte die chinesische Seite noch lange Zeit auf den Abbau der Kohle mit vielen kleinen Baggern und den Abtransport der Kohle mit vielen LKW.

Der Vertragsabschluss war ein großer Erfolg gegenüber den konkurrierenden westdeutschen Firmen und auch in jener Zeit, als ostdeutsche Unternehmen massenhaft durch die Treuhandanstalt beseitigt wurden. Die Vertragsunterzeichnung an 4. Juni 1991 erfolgte in einem Nebenraum der Großen Halle des Volkes in Beijing, was die Bedeutung dieses Projekts auch für China unterstrich. Die Unterzeichnung fiel zeitlich auf den zweiten Jahrestag der Ereignisse auf dem Tiananmen-Platz, an dem das Parlamensgebäude steht. Darum kam die geplante Pressekonferenz wegen Behinderung durch die starke Polizeipräsenz nicht zustande, berichtete Helga Schwab.[208]

Für ein anderes Projekt, einen Tagebau, in dem Eisenerz abgebaut wurde, wünschte die chinesische Seite zwei Bandabsetzer A2RSB 4.800.60. Über das Ergebnis der Verhandlungen ist nichts bekannt.

Im Rahmen von Consultingleistung arbeiteten mehrere Ingenieure aus der DDR im chinesischen Kohleministerium, das sich in Shenyang, Provinz Liaoning, befand.[209]

Die chinesischen Experten, die sich über Möglichkeiten der Kooperation bei der Realisierung des Entwicklungsprogramms »Funke« in den ländlichen Gebieten Chinas informiert hatten, beendeten im Mai 1988 ihren DDR-Aufenthalt. Im Zentrum des Programms »Funke« stand die Entwicklung der Nahrungsgüterwirtschaft. Das hieß Verarbeitung pflanzlicher und tierischer Produkte sowie die Verwertung von Pflanzen und tierischer Produkte für industrielle Zwecke. Die Chinesen hatten Kombinate und Betriebe in Berlin, Dresden, Leipzig und Magdeburg, zu denen auf der Exportausstellung der DDR in Beijing Kontakte geknüpft worden waren, besucht. Das besondere Interesse galt Anlagen und Ausrüstungen für die Milchindustrie und die Tierproduktion sowie Produktionslinien zur Verarbeitung von Leder und Kunstleder. Die Chinesen loteten mit Vertretern von Industrie und Außenhandel Möglichkeiten zum Kauf von Ausrüstungen, Lizenzen und Knowhow, zur Ausarbeitung von Expertisen und Projekten sowie der technischen Hilfeleistung und Ausbildung aus.[210]

Das bis zum Jahr 2000 reichende »Abkommen zur Entwicklung der langfristigen wirtschaftlichen und wissenschaftlich-technischen Zusammenarbeit zwischen der DDR und der VR China« vom Oktober 1986, das langfristige Handelsabkommen und das Protokoll über die Schwerpunkte der wissenschaftlich-technischen Zusammenarbeit für den Zeitraum 1986 bis 1989, so meldete am 1. Juni 1988 das *Neue Deutschland*, würden zielstrebig verwirklicht werden.[211]

Die bei den Verhandlungen zutage getretenen Probleme wurden mit keinem Wort erwähnt.

Als Generalauftragnehmer für den Bau biotechnologischer Anlagen war das Kombinat VEB Chemieanlagenbau Grimma in starkem Maße verantwortlich dafür, dass die Biotechnologie-Produktion in der DDR im laufenden Fünfjahrplan verdreifacht werden sollte. Mit dem Biotechnikum und dem im Jahre 1988 entstehenden Bioapparate-Musterbau verfügte das Kombinat insgesamt über günstige Voraussetzungen, um die Herstellung derartiger Technik wesentlich zu erhöhen. Das diente gleichzeitig der weiteren Profilierung des Kombinats zum leistungsfähigen Exporteur biotechnologischer Anlagen. Jüngstes Beispiel dafür war eine nach China gelieferte Futterhefeversuchsanlage, die bereits während des Aufbaus im Grimmaer Technikum getestet wurde.[212]

Eine Delegation des ZK der KP Chinas unter Leitung des Politbüro-Mitglieds Qiao Shi besuchte im Oktober 1988 den VEB Schwermaschinenbau-Kombinat »Ernst Thälmann« in Magdeburg. SKET stand in vielen Ländern für Finalerzeugnisse wie Walzwerke, Zementfabriken, Kabelwerke oder Entstaubungstechnik. Das Kombinat exportierte siebzig Prozent seiner Maschinenproduktion.

Der Kombinatsdirektor Dr. Klaus Oberländer (nicht verwandt mit dem Zeiss-Bevollmächtigten Dr. Richard Oberländer) verwies auf langjährige Traditionen der Zusammenarbeit mit China. Bereits in den 1950er Jahren wurden Walzwerksausrüstungen aus Magdeburg geliefert. In den 1980er Jahren arbeiteten dort 19 Ofenlinien für acht Zementwerke sowie diverse Kabel- und Drahtbearbeitungsmaschinen mit dem Zeichen SKET.

Drahtseilanlagen aus Magdeburg spielten eine große Rolle für die Entwicklung der chinesischen Industrie, erklärte Qiao Shi und stellte in Aussicht: »Es wird künftig noch sehr viele Möglichkeiten der Zusammenarbeit geben.«[214]

Allerdings führten die Worte des Politbüromitgliedes zu keinen nennenswerten Aufträgen. (Qiao Shi wurde, wie die Magdeburger *Volksstimme* berichtete, von Bruno Mahlow und dem Botschafter der VR China, Zhang Dake, begleitet.[215)] Für die DDR war dies bedauerlich, investierte man doch erheblich in die Handelsbeziehungen, auch um den mittlerweile nicht mehr ganz so glänzenden Ruf der DDR-Exporte aufzupolieren.

Im November 1988 eröffneten die Werkzeugmaschinenkombinate WMW »Fritz Heckert« und »7. Oktober« in Beijing einen gemeinsamen Servicestützpunkt, um dem gestiegenen Bedarf der chinesischen Kunden an Serviceleistungen an aus der DDR importierten Werkzeugmaschinen gerecht zu werden. Es gab ein Lager mit Reparaturwerkzeugen, technischen Dokumentationen und Ersatzteilen. Außerdem wurden für die Kunden Kaufteile angeboten.[216]

Auch das IFA-Kombinat richtete 1988 in Fengtai nahe Beijing ein Ersatzteillager und in Tianjin ein Ausbildungszentrum ein. Außerdem gab es in Tianjin, Qingdao, Provinz Shandong, und in Yuci, Provinz Shanxi Reparaturstützpunkte für Lastkraftwagen.[217]

Hatte der Werkzeugmaschinenbau der DDR in den 1950er Jahren jährlich etwa 500 Werkzeugmaschinen nach China exportiert, so führt eine Exportstatistik für die vier Jahre von 1985 bis 1988 eine Gesamtzahl von 430 Werkzeugmaschinen an. Auch wenn die Maschinen in den 1980er Jahren viel komplexer als jene in den 1950er Jahren waren, sind an dieser Zahl auch die erheblich gestiegenen Ansprüche der chinesischen Kunden und die schwieriger gewordenen Exportchancen für Werkzeugmaschinen aus der DDR sichtbar. Unter der genannten Zahl von Werkzeugmaschinen waren fünfzig Bohr- und Fräsmaschinen, sechzig automatische Spritzgießmaschinen und mehr als sechzig Pressen. China hatte einen großen Bedarf an Spritzgießmaschinen. So importierte China im Zeitraum von 1980 bis 1988 an die hundert Spritzgießmaschinen des Typs KuASY. Sie dienten zur Herstellung von Kunststoffteilen für Waschmaschinen, Kühlschränke und Fernseher.[218]

Hans Reichelt, Minister für Umweltschutz und Wasserwirtschaft, und der Minister für Bauwesen, Lin Hanxiong, unterzeichneten im Oktober 1988 ein Protokoll über die Zusammenarbeit auf dem Gebiet der Trinkwasseraufbereitung und Abwasserbehandlung. Im Mittelpunkt stand die Kooperation in der Forschung, bei der Projektierung und Entwicklung entsprechender Anlagen, die Anwendung der Computertechnik und -technologie sowie biotechnologische Verfahren, der Austausch von Knowhow und die Vergabe von Lizenzen, die Qualifizierung von Projektanten und Bedienungskräften, die großräumige Planung der Wassernutzung und Abwasserbehandlung großer Gebiete sowie die Rekonstruktion von Rohrleitungen.[219]

Der Leiter der Hauptabteilung Ostasien im Ministerium für Außenhandel, Leo Orschel, schätzte das Jahr 1988 als sehr erfolgreich für die Entwicklung der Handelsbeziehungen DDR-China ein. Der Umsatz stieg gegenüber 1987 um mehr als 15 Prozent. Die DDR hatte in jenem Jahr hauptsächlich folgende Güter nach

Ministerpräsident Li Peng (Fünfter von rechts) und Minister für Umweltschutz und Wasserwirtschaft, Hans Reichelt (Sechster von rechts) nach der Unterzeichnung eines Protokolls über die Zusammenarbeit mit dem chinesischen Ministerium für Bauwesen. Dritter von links: DDR-Botschafter Rolf Berthold, Vierter von links: Minister für Bauwesen Lin Hanxiong, November 1988

China exportiert: Schienenfahrzeuge, Lastkraftwagen, Kühlwagen, Schmiedepressen, Baumaschinen, Straßenbaumaschinen, Druckmaschinen, Werkzeugmaschinen, elektronische Geräte, Kabel, Erntekombines, Traktoren, Kalisalz und Stahl. Außerdem wurden an China Patente und Spezialtechnologien verkauft. Orschel verwies darauf, dass die Warenstruktur der Industrie der DDR entsprach und andererseits die korrigierten Bedürfnisse der chinesischen Produktionsstruktur vollauf berücksichtigt.

Das Protokoll über die gegenseitigen Warenlieferungen zwischen der DDR und China im Jahre 1989 war im Januar in Beijing unterzeichnet worden. Basierend auf dem langfristigen Regierungsabkommen für 1986 bis 1990 vereinbarten beide Seiten, den Umfang der gegenseitigen Lieferungen und Leistungen weiter zu erhöhen. Damit wurde die erfolgreiche Entwicklung und Vertiefung der Außenhandelsbeziehungen fortgesetzt, wozu auch die DDR-Exportausstellung vom April 1988 in Beijing wirksam beigetragen hatte. Der DDR-Export umfasste vor allem Erzeugnisse des Schienenfahrzeugbaus, des Werkzeug- und Verarbeitungsmaschinenbaus, Ausrüstungen für die chemische Industrie, Straßenfahrzeuge, Erzeugnisse der Elektrotechnik/Elektronik und Baumaschinen.[221]

Erste Ausrüstungen für das Gaswerk im nordchinesischen Harbin wurden Anfang des Jahres mit MS »Sangerhausen« nach China verschifft. Generalauftragnehmer war das Chemieanlagenkombinat Leipzig-Grimma. Die Ausrüstungen sollten in sechs Betrieben des Kombinates bis zum November 1989 gefertigt werden.[222]

Der Minister für Allgemeinen Maschinen-, Landmaschinen- und Fahrzeugbau, Gerhard Tautenhahn, und der Minister für Maschinenbau und Elektronische Industrie, Zou Jiahua, hatten die bisherigen Ergebnisse in der wirtschaftlichen und wissenschaftlich-technischen Zusammenarbeit positiv bewertet. Bei einem Gespräch im April 1989 in Beijing stellten sie fest, dass gute Voraussetzungen für eine Erweiterung der Kooperation im Zeitraum 1990 bis 1995 bestünden.[223] Zu jenem Zeitpunkt bestand trotz der sich anbahnenden gesellschaftlichen Krise in der DDR offensichtlich kein Grund, diese langfristige Entwicklung der Beziehungen in Zweifel zu ziehen.

Im Juli 1989 beteiligten sich die Kombinate Carl Zeiss Jena und MLW Intermed auf der internationalen Messe in Beijing mit elektronischen Maschinen, Mikroskopen, mit Geräten für Raumfahrt und Astronomie, Bildverarbeitung, Analysenmesstechnik und medizinischen Geräten. Außerdem beteiligte sich die DDR zur intensiveren Bearbeitung des chinesischen Markts an der Messe ACHEMASIA in Beijing sowie an den Messen Wire Asia, China Portex, Chinatex und Automotive in Shanghai.[224]

Der Präsident des Komitees zur Förderung des internationalen Handels, Jia Zhengzhi, bekundete auf der Leipziger Herbstmesse 1989 das Interesse Chinas an Entwicklungen im DDR-Textilmaschinenbau.[225] China war auf der Herbstmesse mit 21 Industrie- und Außenhandelsbetrieben aus Shanghai vertreten, die Erzeugnisse der Leichtindustrie ausstellten. Ministerpräsident Willi Stoph besuchte für den erkrankten Erich Honecker den Stand Chinas.[226]

Gäste aus Beijing besuchten im September 1989 den VEB Werkzeugmaschinenkombinat »7. Oktober« in Berlin. Mitglieder der Delegation unter Leitung von Frau Wu Yi, Mitglied des Politbüros der KP Chinas, interessierten sich in diesem Berliner Großbetrieb insbesondere für komplexe technologische Lösungen. Sie werden für die Fertigung zur Bearbeitung rotationssymmetrischer Teile genutzt, berichtete Generaldirektor Dr. Heinz Warzecha den chinesischen Gästen. Unter Hinweis auf die langjährigen wirtschaftlichen Beziehungen des Kombinates zu China erläuterte er, dass sich der Wert der mit dem Markenzeichen »WMW« exportierten Waren im folgenden Jahr gegenüber 1985 nahezu verzehnfachen werde. Spezialisten des Kombinates seien an bedeutenden chinesischen Industrieprojekten beteiligt und halfen unter anderem bei der Rekonstruktion der Wälzlagerfabrik von Luoyang, Provinz Henan.[227] Diese war in den 1950er Jahren von der Sowjetunion ausgerüstet worden.

Der VEB Maschinenfabrik Meuselwitz fertigte Walzenschleifmaschinen und der VEB Mikromat Dresden NC-gesteuerte Ein- und Zweiständer-Koordinatenbohrmaschinen für den Export nach China.[228]

Umformtechnik Erfurt exportierte nach wie vor Pressen für den Bedarf des Maschinenbaus in China.[229]

Im Jahre 1989 erhielten die Betriebe des VEB Werkzeugmaschinenkombinats »Fritz Heckert« Karl-Marx-Stadt eine staatliche Vorgabe für den Export nach China von 37,1 Millionen VM, die aber nur mit Verträgen über 26,5 Millionen VM erfüllt wurde. Von den Betrieben des Kombinats erfüllte nur der VEB Mafa Meuselwitz, einem Produzenten von Walzenschleifmaschinen für Walzwerke, die staatliche Vorgabe.[230]

Betrieb	Staatliche Auflage, TVM	Vertrags-bindung, VM
Summe Kombinat „Fritz Heckert"	37.100	26.473
Stammbetrieb Kombinat „Fritz Heckert"	14.500	10.536
Mikromat Dresden	6.500	110
Wema Aschersleben	6.600	3.303
Mafa Meuselwitz	11.700	12.287
Rawema Karl-Marx-Stadt	3.000	-

Export des VEB Werkzeugmaschinenkombinats »Fritz Heckert« Karl-Marx-Stadt nach China im Jahre 1989

Die Aufstellung belegt, dass das Interesse der chinesischen Käufer an den Werkzeugmaschinen aus der DDR gegenüber den 1950er Jahren erheblich nachgelassen hatte. Hierzu trugen wesentlich die Probleme mit nicht konkurrenzfähigen Maschinensteuerungen bei, deren Elektronik unzureichend zuverlässig war.

Es gab aber auch durchaus positive Einschätzungen der numerisch gesteuerten Werkzeugmaschinen aus der DDR. So hatte das Werk für Bergbaumaschinen in Huainan, Provinz Anhui, in den 1980er Jahren ein Bearbeitungszentrum, zwei Innendreh- und Fräsmaschinen und zwei Drehmaschinen von UNION Gera und dem Fritz Heckert-Kombinat Karl-Marx Stadt importiert, die alle mit der numerischen Steuerung CNC 600 aus dem VEB Numerik Karl-Marx-Stadt ausgerüstet waren. Die chinesischen Anwender bescheinigten der Steuerung, dass sie besser als die numerische Steuerung A 900 sei, die bei Bearbeitungszentren aus den USA zum Einsatz kam.[231]

Der Vizepremier Yao Yilin besuchte im Oktober 1989 das Kombinat Schwarze Pumpe. Die langjährigen Erfahrungen mit der Braunkohlenveredlung hatte, wie schon erwähnt, China veranlasst, im Januar 1987 einen Vertrag zum Aufbau eines modernen Gaswerkes für die Stadt Harbin in der Provinz Heilongjiang abzuschließen. Nach dem in der Schwarzen Pumpe bewährten Verfahren der Festbettdruckvergasung sollte 1992 in diesem neuen Betrieb Stadtgas erzeugt werden.[232]

Im Jahre 1989 besuchten chinesische Experten den Anlagenbau Petkus für Saatgutbehandlung in Wutha,

Wartburgkreis, der der führende Hersteller von Getreide- und Saatgutaufbereitungstechnik im RGW war, und informierten sich über entsprechende dort produzierte Maschinentechnik. Die Experten bescheinigten Petkus in Wutha aufgrund seiner langjährigen Tradition und Erfahrung fortschrittliche Konstruktionen, einen hohen Stand der Technologie und recht niedrige Kosten. Aufgrund der Rückständigkeit entsprechender Technik in China und andererseits ihrer großen Bedeutung für die Steigerung der Ernten schlossen Petkus Wutha und die Fabrik für Saatgutaufbereitungsmaschinen in Tianshui, Provinz Gansu, einen Vertrag ab. Er sah vor, dass Petkus für China eine Saatgutaufbereitungsmaschine mit einer Sortierleistung von drei Tonnen in der Stunde entwickelt, die in der Fabrik für Saatgutaufbereitungsmaschinen in Jiuquan, ebenfalls Provinz Gansu, in Produktion gehen soll.[233]

Im Jahre 1989 fanden Verhandlungen mit der chinesischen Seite über die Lieferung von Industrieöfen aus dem VEB LEW Hennigsdorf statt, die zu Vertragsabschlüssen geführt haben. Die Öfen sind sicherlich erst 1990 oder noch später geliefert worden.[234]

Im Jahre 1989 nahm die Sodafabrik in Weifang, Provinz Shandong, für die die DDR die Hauptausrüstungen geliefert hatte, nach einem erfolgreichen Probelauf die Produktion auf. Die Ausrüstungen aus dem VEB Chemieanlagenbau Staßfurt trafen Ende 1987 und Anfang 1988 per Schiff im Hafen von Qingdao ein.[235, 236]

Im Jahre 1989 löste die Beijinger Erste Textilfabrik, die 1953 von der DDR aufgebaut wurde, eigenständig das Problem mit den Zahnrädern an den Andruckrollen der Baumwollzerteilmaschinen. Nach 46 Jahren im Dreischicht-Betrieb waren die Teile stark verschlissen, aus der DDR konnten keine Ersatzzahnräder bezogen werden, weil es die nicht mehr gab. So war die Textilfabrik – die keine technischen Unterlagen über dieses Verschleißteil besaß – zur Selbsthilfe gezwungen. Sie fertigte die Zahnräder, um die Maschinen weiter betreiben zu können.[237]

In China installierte Presse aus dem VEB Umformtechnik Erfurt

Im Jahre 1990 bereiste der Vorstandsvorsitzende der SKET-Gruppe, Dr. Klaus Oberländer, die aus dem VEB Schwermaschinenbau »Ernst Thälmann« Magdeburg hervorgegangen war, eine Woche lang die Volksrepublik, um neue Geschäftspartner zu finden. SKET hatte in den vergangenen Jahrzehnten Walzwerksanlagen, Zementausrüstungen, Kabel-, Verseil- und Drahtwebmaschinen nach China geliefert, doch die Geschäftsbeziehungen waren in den 1970er und 1980er Jahren zurückgegangen. Jetzt sollten sie wieder intensiviert werden.[238] Oberländer schaffte es, dass die SKET-Gruppe zunächst wissenschaftlich-technische Symposien veranstalten konnte.

Der VEB IFA Automobilwerke Ludwigsfelde ging im Frühjahr 1990 eine strategische Partnerschaft mit Daimler-Benz ein. Das westdeutsche Unternehmen verlangte als Erstes, dass die vorhandene DDR-Technik verschrottet wurde, darunter die damals größte Presse der Welt vom VEB Umformtechnik Erfurt, mit der LKW-Achsgehäuse hergestellt wurden. Sie wurde nach China verkauft. Die Arbeiter aus Ludwigsfelde packten in die Sendung noch viele andere wertvolle Werkzeuge und Messgeräte, die auf den Schrott wandern sollten, sowie Literatur dazu.[239]

Die nachfolgende Tabelle gibt die industrielle Entwicklung Chinas anhand ausgewählter Erzeugnisse besonders in der Periode der Politik von Reform und Öffnung (ab 1979) wieder.[240]

Die Tabelle zeigt die kontinuierliche Steigerung der Produktion in der Grundstoffindustrie und zugleich

Erzeugnis	Einheit	1975	1980	1985	1990
Chemiefasern	1000 t	154,8	430,3	947,8	1654,2
Baumwollstoff	Mrd m	21,080	29,260	35,350	46,260
Seide	1000 t	23,1	35,4	42,2	56,6
Papier	Mio t	3,41	5,35	9,11	13,72
Zucker	Mio t	1,74	2,57	4,51	5,82
Kühlschränke	1000 Stück	18,0	49,0	4013,4	4630,6
Waschmaschinen	1000 Stück	0,4	8872,0	9902,0	6626,8
Farbfernseher	1000 Stück	2,9	32,1	4352,8	10330,4
Kameras	1000 Stück	184,9	372,8	1789,7	2132,2
Kohle	Mio t	482	620	872	1080
Erdöl	Mio t	77,06	105,95	124,90	138,31
Erdgas	Mrd m³	8,85	14,27	12,93	15,29
Elektrizität	Mrd kWh	195,8	300,6	410,7	621,2

Entwicklung der Produktion industrieller Erzeugnissen in den Jahren 1975 bis 1990 in China

den rasanten Anstieg in der Konsumgüterproduktion, die zur Deckung des Bedarfs der Bevölkerung eine Massenproduktion aufnahm. Energie und Transportleistungen blieben noch lange Zeit Nadelöhre für die ökonomische Entwicklung. Der Energiemangel hing auch mit dem Betrieb veralteter, viel Energie verbrauchender Anlagen, Fahrzeuge usw. zusammen. Die rasche Steigerung der Industrieproduktion, bei der eine Kontrolle über die Anwendung umwelt- und gesundheitsschädlicher Technologien fehlte, führte auch zu gravierenden Umweltproblemen.

Zusammenfassung

In den letzten Jahren der Existenz der DDR erreichte der Handel zwischen beiden Ländern den Höchstwert in der gesamten Geschichte der wirtschaftlichen Beziehungen DDR-China. Ungeachtet zunehmender innerer Schwierigkeiten – auch durch die Probleme im Handel mit der Sowjetunion – erfüllte die DDR ihre Exportverpflichtungen gegenüber China.

Der Einbruch der DDR-Wirtschaft mit dem Beginn der Massendemonstrationen und nach der Öffnung der Mauer 1989 kam auch für die chinesische Seite überraschend. Die DDR war in den Augen der chinesischen Politiker unter den sozialistischen Ländern der Staat mit der erfolgreichsten Wirtschaftsentwicklung, und die DDR-Gesellschaft schätzten chinesische Beobachter als relativ stabil ein.

Die DDR verstärkte besonders nach der Exportausstellung im Jahre 1988 in Beijing die Lieferung immaterieller Leistungen, die aber noch kein bedeutendes Volumen erreichte.

9. Exkurs: Entwicklung des China-Exports des VEB Kombinats Baukema

Der VEB Kombinat Baukema (Bau-, Baustoff- und Keramikmaschinen) umfasste vor allem folgende Betriebe, die im Export nach China eine Rolle spielten:

- ▸ VEB Baumaschinen Welzow (Betonmischanlagen)
- ▸ VEB Teltomat (Asphaltmischanlagen)
- ▸ VEB Baumaschinen Gatersleben (Straßenwalzen)
- ▸ VEB NOBAS Nordhausen (Universalbagger und Straßenwalzen)

Der folgende Bericht soll die alltägliche Arbeit im Außenhandelsgeschäft mit China veranschaulichen. Er zeigt, wie die chinesischen Kunden die Vertreter aus der DDR freundschaftlich empfangen haben, wie die Verhandlungen mit chinesischen Kunden geführt wurden und wie sich ein freundschaftliches, vertrauensvolles Verhältnis bildete. Die Vertreter der DDR scheuten nicht die Mühen der Ebene; der Verkauf jeder einzelnen Baumaschine war mit einem großen Einsatz verbunden.

Zwischen 1968 bis 1972 importierte China mehrere hundert Universalbagger des Typs UB162-1 von NOBAS Nordhausen. Die Bagger wurden im Bergbau, im Wohnungs- und Gebäudebau und bei Wasserbauten eingesetzt. Das Chuanshan Kalkbergwerk, Provinz Jiangsu, besaß drei Bagger von NOBAS. Nach mehrjährigem Einsatz stellten sich jedoch verschiedene Mängel ein, die der Betrieb selbständig durch konstruktive Verbesserungen beseitigte.[241]

Im September 1978 wurde der VEB Baumaschinen Welzow, ein Betrieb des Kombinats Baukema, auf dem chinesischen Markt aktiv. In einer fünf Wochen währenden Verhandlung gelang es, die Lieferung von fünf Betonaufbereitungsanlagen des Typs BAA 40 und drei des Typs BAA 60 vertraglich zu vereinbaren. Die Lieferung erfolgte noch 1978 und war im I. Quartal 1979 abgeschlossen.[242]

Im Jahre 1985 unterzeichnete der VEB Baumaschinen Welzow mit der Maschinenfabrik Hua Xian nahe Xi'an, Provinz Shaanxi, einen Kundendienstvertrag über die Betonmischanlagen. Hierfür wurden mehrere Fachkräfte im VEB Baumaschinen Welzow geschult.[243]

Im November 1985 besuchte eine Expertengruppe des chinesischen Verkehrsministeriums das Kombinat Baukema, um sich über die Produktion von Straßenbaumaschinen zu informieren. Ihr Bericht erwähnte, dass China in den 1950er und 1970er Jahren aus diesem Bereich Bagger sowie Bitumen- und Betonmischmaschinen importiert hatte.

Die Experten bescheinigten nach dem Besuch des Kombinates, dass das Niveau der Straßenbaumaschinen nicht niedrig und es für China vorteilhaft sei, Maschinen des Kombinats im Rahmen des Handelsabkommens zu importieren. Auch die deutsche Seite hätte wie-

Der Vertriebsleiter des VEB Baumaschinen Welzow,
Lutz Frauenstein (vorn rechts) schloss 1985 mit der
Maschinenfabrik Hua Xian einen Kundendienstvertrag.
Shakehands mit deren Technischem Direktor

derholt zum Ausdruck gebracht, dass man am Ausbau
der technischen Zusammenarbeit und des Handels mit
China interessiert sei.[244]

Im September 1986 kam eine chinesische Delegation
des Amtes für Baumaschinen im Bauministerium für
zwei Wochen in die DDR, um den Stand der Produktion von Baumaschinen zu studieren. Die Chinesen
waren zu Gast in Betrieben der Kombinate Baukema
und TAKRAF und studierten die produzierten Sorti-
mente von Baumaschinen (Bagger, Betonpumpen),
Förderanlagen, Hebezeugen (Kräne, Gabelstapler), Per-
sonen- und Lastenfahrstühlen und Theaterbühnenaus-
rüstungen. In dem Bericht der Delegation hieß es, dass
Betonmischer, Raupenkräne und hydraulische Bagger
einen recht guten Eindruck hinterlassen haben. Zur
Steigerung der Arbeitsproduktivität auf den chinesi-

schen Baustellen wäre die Einfuhr bestimmter Baumaschinen sehr vorteilhaft.[245]

Das Interesse an Baumaschinen aus der DDR offenbarte auch die Tatsache, dass dieser Bericht auf einer regionalen Konferenz der Chinesischen Gesellschaft für Baumechanisierung in der Provinz Hebei 1987 vorgestellt wurde.[246]

Im November 1987 nahm ein Vertreter der Fakultät für Maschinenbau der Universität Zhejiang an der 4. Internationalen Tagung Baumaschinen an der Technischen Universität Magdeburg teil. Diese Tagung besuchten mehr als zweihundert Teilnehmer, davon fünfzig Wissenschaftler vor allem aus dem sozialistischen Ausland. Von chinesischer Seite war man daran interessiert, etwas über die Entwicklungsschwerpunkte bei Baumaschinen zu erfahren. Der chinesische Teilnehmer erklärte, dass China in den 1950er Jahren zahlreiche Baumaschinen aus der Sowjetunion, der DDR, Polen und der Tschechoslowakei importiert habe und diese in China bekannt seien. In den nachfolgenden zwanzig Jahren habe die Volksrepublik Baumaschinen vorwiegend aus Japan, der BRD und den USA eingeführt. Wenn die Kontakte zu den osteuropäischen Ländern jetzt wieder hergestellt würden, könne man von den hier inzwischen erzielten Erfolgen in Forschung und Produktion vieles lernen und sich zum Vorbild nehmen.[247]

Eine Gruppe von etwa zehn Experten des chinesischen Bauministeriums besuchte im Januar 1988 mehrere Betriebe des Kombinats Baukema, um den Abschluss der Lieferung von Baumaschinen nach China vorzubereiten.[248]

Im Herbst 1987 trat Helga Schwab ihren Posten als Repräsentantin der Kombinate TAKRAF und Baukema in Beijing an. Damals war der Export des Kombinates Baukema nach China mit 20.000 Schweizer Franken recht gering. Nach der Kontaktaufnahme durch die chinesische Seite in der DDR konnte Frau Schwab auf der Exportgüterausstellung der DDR in Beijing im April 1988 einen ersten Erfolg verbuchen: Baukema tätigte von allen anwesenden Kombinaten die zweithöchsten Abschlüsse. Danach begab sie sich auf eine Reise in die Provinzen. In einem Brief nach Hause berichtete sie am 12. Mai 1988:

»Diese Woche war ich wieder auf Reisen. Von Montag bis Mittwoch oben im Norden in Jilin bei Changchun. Ich habe einen Monteur dorthin begleitet, denn am 30. April sind unsere ersten Baumaschinen an der sowjetischen Grenze eingetroffen, und die Chinesen haben dringend gebeten, am 10. Mai mit der Montage zu beginnen. Den Monteur hatte ich noch von der Ausstellung hier. Er wollte am 13. Mai nach Hause fliegen, aber als er hörte, dass ein Monteur nötig sei, hat er die Rückreise verschoben. Die Chinesen waren darüber glücklich und haben uns nach über drei Stunden Flugzeit mit zehn Personen empfangen. Das müsstet ihr erlebt haben! Wir zwei als Gäste und zehn Chinesen. Es sind hier immer viele Menschen um einen herum.

Wir sind vom Flugplatz aus direkt zum Abendessen eingeladen worden vom Leiter des Verkehrsamtes der

Provinzregierung (Provinz mit 22 Millionen Einwohnern). Das war um 22 Uhr zu Ende. Von da aus sind wir noch über zwei Stunden bis nach Jilin mit dem Auto gefahren. Dort wohnten wir im Gästehaus des Stadtrates. Wurden vorzüglich verpflegt, chinesisch natürlich.

Am anderen Vormittag haben wir unsere dienstlichen Verhandlungen geführt, am Nachmittag haben sie einen Ausflug mit uns gemacht, am Abend Einladung zu einem Bankett. Am nächsten Tag 7.00 Uhr sind wir wieder zurück nach Changchun, gegen 11.00 Uhr Einladung zum Mittagessen, gegen 13.00 Uhr Abflug nach Beijing.

Der Monteur ist noch für zehn Tage dort geblieben.

Empfang im Werk für Straßenbaumaschinen Jilin. In der Mitte Werkdirektor Jin Acheng. Neben ihm Helga Schwab und der Monteur Siebert

156

*Verhandlung im Werk für Straßenbaumaschinen Jilin.
In der Mitte Werkdirektor Jin Acheng, rechts neben ihm
Helga Schwab. Entsprechend dem damals üblichen
Regime wurde im Winter nur sparsam geheizt. Deshalb
stand vor den Beinen des ausländischen Gastes ein kleiner
Heizkörper*

Das sind natürlich sehr, sehr schöne Tage. Man hat
engsten Kontakt zu chinesischen Menschen, sieht ihre
Betriebe und vor allem China! Das ist unbezahlbar. Das
lernt man auf einer Touristenreise nicht kennen.«

Das Kombinat Baukema hatte in den späten 1980er
Jahren das Marketing seiner Erzeugnisse in China stark
intensiviert. Unter anderem beteiligte es sich an der
Baumaschinen-Ausstellung im Herbst 1989 in Beijing
mit einem Bagger vom VEB Nobas Nordhausen. Es
wurden auch einige Bagger verkauft.[249] Von großer

Schwarzdeckenfertiger S750 vom VEB Baumaschinen Gatersleben im Werk für Straßenbaumaschinen Jilin. Werkdirektor Jin Acheng (r.) und Helga Schwab

Bedeutung war, dass Helga Schwab als Repräsentantin des Kombinats in China eine aktive Werbetätigkeit für die Erzeugnisse des Kombinats betrieb. Der Export von Baumaschinen nach China stieg an.

Helga Schwab berichtete, dass sie in den ersten zehn Monaten ihres Aufenthalts in China sieben Präsentationen der Erzeugnisse des Kombinats Baukema organisierte, unter anderen in Jilin, Baotou, Xi'an und in Wuhan. Die exportierten Baumaschinen trafen teils mit der Eisenbahn, teils per Schiff in China ein.

Ende 1987 besuchte sie ein Werk für Straßenbaumaschinen in Jilin, Provinz Liaoning.

Bei Wuhan, Provinz Hubei, war im Mai 1989 eine Betonmischanlage A 1120 des VEB Baumaschinen

Übergabe einer Betonmischanlage A1120 des VEB Bau-maschinen Welzow an einen Kunden in Wuhan

Welzow aufgestellt, abgenommen und übergeben wor-den. Eine solche Betonmischanlage wurde für 150.000 VM verkauft.

Der Betrieb in Welzow entstand 1967 aus der Zen-tralwerkstatt für die Reparatur von Tagebaugeräten.

Zu dem Exporterfolg trugen auch Vorträge zur Vor-stellung der Erzeugnisse des Kombinats Baukema vor einem chinesischen Fachpublikum bei. Die Vertreter von Baukema bemühten sich stets um ein freundschaft-liches Verhältnis zu ihren chinesischen Kunden, was sich letztlich auch in den Vertragsabschlüssen nieder-schlug.

Ingenieure von Baukema vor einer Straßenwalze des VEB Baumaschinen Gatersleben. Auch Straßenwalzen wurden nach China exportiert

Betonmischanlage A1120 des VEB Baumaschinen Welzow in einem Betrieb bei Wuhan

Dieter Kurowski, Stellvertretender Leiter der Außenwirtschaft des Kombinats Baukema, hält in Xi'an einen Vortrag über Mischmaschinen für Asphalt und Beton aus dem VEB Teltomat

Chinesische Zuhörer bei einer Produktpräsentation des Kombinats Baukema

Dieter Kurowski mit einem chinesischen Geschäftspartner

*Unten: Feierabendbier nach Inbetriebnahme einer Beton-
mischanlage aus Welzow im Mai 1989 bei Wuhan.
Betriebsdirektor Karl Laue (rechts), Zweiter von links Vertriebsleiter Lutz Frauenstein*

Vorstellung der Asphaltmischmaschinen des
VEB Teltomat in einem Werk für Straßenbaumaschinen

Die Begrüßung für die Spezialisten vom VEB Teltomat zeugte vom chinesischen Interesse an den Baumaschinen aus der DDR und dem in den 1980er Jahren
wiedergeborenen freundschaftlichen Verhältnis zwischen China und der DDR. Der Bedarf der Volksrepublik an Baumaschinen beruhte vor allem auf der rasant
zugenommenen Bautätigkeit, aber auch auf dem in den
1980er Jahren anlaufenden Autobahnbau in China.

Das Straßenbauamt der Provinz Sichuan importierte
1988 aus der DDR zwei extragroße Asphaltmischmaschinen mit einer Leistung von 80 bis 100 m^3/h.[250]

Der VEB Baumaschinen Welzow führte im Novem-
ber/Dezember 1989 mit dem Eisenbahnministerium
Chinas Verhandlungen über die Lieferung von Betonaufbereitungsanlagen und Hydraulikbaggern des VEB
NOBAS Nordhausen. In jene Zeit fiel die Öffnung der

DDR-Staatsgrenze, was die chinesische Seite in den Verhandlungen verunsicherte, so dass sich diese hinzogen. Erst nach der »Wende« konnte im Jahre 1993 eine Betonaufbereitungsanlage des Typs BA 503 geliefert werden.[251]

In einem Beitrag für die Zeitschrift *Guoji Maoyi* führte Jochen Steyer, Stellvertretender Minister für Außenhandel, den Export von Baumaschinen nach Schienenfahrzeugen, Werkzeugmaschinen, Bearbeitungsmaschinen, Chemieanlagen, Lastkraftwagen und elektronischen Geräten als wichtige Position im Handel mit China auf.[252]

Auch wenn keine exakten Daten über den Export von Baumaschinen nach China vorliegen, deutet diese Aussage doch auf eine beachtliche Steigerung des Ex-

Dr. Rolf Sukowski, Fachgebietsleiter China in der Staatlichen Plankommission, war bis 1987 Sekretär des Wirtschaftsausschusses DDR-China; Aufnahme 2021

ports Ende der 1980er Jahre. Der hohe persönliche Einsatz der in diese Geschäfte einbezogenen Außenhändler, Vertriebsingenieure, Monteure und Berater zahlte sich letztlich aus.

Zusammenfassung

Für das Kombinat Baukema war der Export nach China nie von erstrangiger Bedeutung, aber im Laufe seiner Geschichte gab es abwechselnd Phasen mit starker und dann wieder schwacher Exporttätigkeit. Ende der 1980er Jahre wurde das Marketing dieses Kombinats erheblich intensiviert. Chinesische Expertendelegationen studierten eingehend die Angebote an Baumaschinen, die für Chinas beginnenden Bauboom gut einsetzbar waren.

Am Beispiel der Kontakte von Baukema mit China wird deutlich, welch große Bedeutung die Schaffung einer Vertrauensbasis und freundschaftliche Beziehungen für den Erfolg in der Exporttätigkeit spielte. Auf dieser Grundlage konnte das Exportvolumen von Baumaschinen aus dem Kombinat Baukema nach China spürbar gesteigert werden.

10. Institutionalisierte Zusammenarbeit – der Wirtschaftsausschuss

Ein Beleg für den aufrichtigen Willen Chinas und der DDR, die wirtschaftliche Zusammenarbeit zwischen beiden Ländern allseitig zu entwickeln, war die Gründung und die kontinuierliche Tätigkeit des Wirtschaftsausschusses DDR-China. Er koordinierte die Aktivitäten auf den Feldern von Handel, Wirtschaft sowie Wissenschaft und Technik. Von 1985 bis 1989 fand jährlich eine Sitzung dieses gemeinsamen Ausschusses statt (im Folgenden als Wirtschaftsausschuss bezeichnet), die abwechselnd in Berlin und Beijing erfolgte.

Den Wirtschaftsausschuss leiteten die Chemieminister beider Länder, Günther Wyschofsky und Qin Zhongda. Durch diese hochrangige Besetzung besaß das Gremium Autorität. Beide Minister hatten direkten Zugang zu den wirtschaftsleitenden Organen wie dem Ministerrat bzw. Staatsrat und zur Staatlichen Plankommission. Außerdem war mit den Mitgliedern des Wirtschaftsausschusses die direkte Verbindung zu den Ministerien und anderen Organen gewährleistet, die in die Zusammenarbeit DDR-China einbezogen waren.

Im April 1985 fand in Beijing die I. Tagung des Wirtschaftsausschusses DDR-China statt. Beide Seiten werteten den für 1985 vereinbarten Warenaustausch zwischen der DDR und der VR China als gute Ausgangsbasis für die Vorbereitung eines langfristigen Handels- und Zahlungsabkommens. Sie unterstrichen ihr Interesse, im kommenden Fünfjahrplan den Warenaustausch bedeutend zu steigern. So wird die DDR an der Rekonstruktion, der Erweiterung und der Errichtung von 44 chinesischen Industriebetrieben mitwirken. Die Produktionszusammenarbeit soll vor allem im Maschinenbau entwickelt werden.[253] (Im Anlage 5 sind diese Objekte der Rekonstruktion von Betrieben aufgeführt.[254])

Die Wertschätzung der Arbeit des Wirtschaftsausschusses von chinesischer Seite war auch daran zu erkennen, dass bei der Unterzeichnung des Protokolls durch Günther Wyschofsky und Qin Zhongda auch Li Peng, Mitglied des Politbüros der KP Chinas, zugegen war.

Günther Wyschofsky (Mitte) und Qin Zhongda.
Links außen Chefdolmetscher Rolf Zabel

Einen umfassenden Meinungsaustausch führten beide Delegationen über die Vertiefung der wirtschaftlichen und wissenschaftlich-technischen Zusammenarbeit insbesondere in der Kohleindustrie, der chemischen Industrie, der Elektrotechnik, im Maschinenbau, der Leichtindustrie, der Geologie sowie im Verkehrswesen.

Beim Empfang der Delegationen des Wirtschaftsausschusses durch Ministerpräsident Zhao Ziyang wurde unterstrichen, dass die Bildung des Wirtschaftsausschusses und seine I. Tagung sowie die Vorbereitungen des ersten langfristigen Handelsabkommens Ausdruck der Bemühungen beider Seiten seien, ihre bilateralen Beziehungen zu entwickeln.[255]

Günther Wyschofskys Stellvertreter im Ausschuss war Harald Rost, Vize-Chef der Staatlichen Plankommission. Als Sekretär des Gremiums arbeitete bis 1987 Dr. Rolf Sukowski, Fachgebietsleiter China in der Staatlichen Plankommission, ihm folgte Lutz Salzmann.

Der DDR-Delegation gehörten zehn bis fünfzehn Mitglieder an, die die wichtigsten Ministerien vertraten. Zu ihnen gehörten Dr. Herbert Krolikowski, Staatssekretär im Ministerium für Auswärtige Angelegenheiten, Dietrich Lemke, Stellvertretender Minister für Außenhandel, Dr. Manfred Thalemann, Stellvertretender Minister für Werkzeug- und Verarbeitungsmaschinenbau, und Klaus Herrmann, Stellvertretender Minister für Wissenschaft und Technik. Für eine bequeme Kontaktaufnahme mit den chinesischen Partnern wurde in der Botschaft der DDR eine wirtschaftpolitische Abteilung (WPA) eingerichtet, die zuerst mit Rolf Richter und ab Oktober 1987 mit Günther Schwab, beide von der Staatlichen Plankommission delegiert, besetzt wurde. In Shanghai gab es eine Außenstelle der WPA, deren Vertreter vom Ministerium für Wissenschaft und Technik kam.[256]

Bereits im Mai 1984 unterzeichneten der Stellvertretende Kulturminister Lü Zhixian und der Stellvertretende Außenminister Herbert Krolikowski in Beijing ein Abkommen über kulturelle und wissenschaftliche Zusammenarbeit. Das Abkommen umfasste Kooperation und Austausch auf den Gebieten der Kultur und Kunst, des Bildungswesens, der Wissenschaften, des Gesundheits- und Sozialwesens, des Sports, der Presse, des Rundfunks, des Fernsehens, des Filmwesens, des Verlagswesens und des Tourismus.[257]

Nach Krolikowskis Rückkehr wurde ein Maßnahmekatalog zum Ausbau der Beziehungen DDR-China aus-

Staatliche Plankommission
der Deutschen Demokratischen Republik
Abt. Internationale Zusammenarbeit

Dr. Rolf Sukowski

Sekretär der DDR-Sektion
des Ausschusses DDR-VR China

德意志民主共和国
国家计划委员会
外　事　局

苏 克 夫 斯 基 博士
中国/民主德国委员会民德组秘书

Visitenkarte des Sekretärs des Wirtschaftsausschusses DDR – VR China, Dr. Rolf Sukowski

gearbeitet. Der Schwerpunkt dieser Maßnahmen lag auf der Intensivierung der wirtschaftlichen Beziehungen. So sollte eine Vereinbarung über die langfristige wirtschaftlich-technische Zusammenarbeit im Zeitraum 1986-1990 vorbereitet werden.

Krolikowskis Besuch in China trug erheblich zur Schaffung einer vertrauensvollen Atmosphäre mit den chinesischen Partnern bei.

Im Mai 1986 fand in Berlin die II. Tagung des Wirtschaftsausschusses statt. Auf seiner Tagesordnung standen folgende Probleme:

- Realisierung der Festlegungen der I. Tagung des Wirtschaftsausschusses
- Jahresprotokoll über den Warenaustausch 1986
- Realisierung und Überbietung des langfristigen Handelsabkommens 1986-1990
- Erschließung neuer Gebiete und Formen der wirtschaftlichen Zusammenarbeit
- Ständige Kommission für wissenschaftlich-technische Zusammenarbeit

Die I. Tagung des Wirtschaftsausschusses hatte acht Hauptobjekte der Zusammenarbeit festgelegt. Für die folgenden fünf waren inzwischen schon Verträge abgeschlossen worden:

- Lieferung von Maschinenkühlwagen, einschließlich Technologietransfer, durch die DDR
- Lieferung von Mähdreschern, einschließlich Technologietransfer, durch die DDR
- Consulting-Leistungen der DDR für die technische Rekonstruktion einer Gipsschwefelsäurefabrik

▸ Austausch von Produktionstechnologien für Informationsaufzeichnungsmaterialien

▸ Lieferung von Hauptausrüstungen zur Sodaherstellung durch die DDR

Für die Objekte

▸ Industrielle Zusammenarbeit zur Produktion von Getränkeabfülllinien in China

▸ Mitwirkung der DDR bei der Rekonstruktion von Zementwerken

▸ Zusammenarbeit in der Leder- und Kunstlederindustrie

waren die Verhandlungen noch nicht abgeschlossen. Weiterhin vereinbarte man eine Zusammenarbeit in der Geologie. Ein Regierungsabkommen über die Kooperation in der Handelsschifffahrt und über den Luftverkehr wurde vorbereitet.

Bezüglich des Jahresprotokolls 1986 stellten die Seiten bis Ende April eine unbefriedigende Vertragsbindung der Lieferungen fest. Das Hauptproblem beim Export der DDR bestand darin, dass die chinesische Seite statt der vereinbarten 10.000 W 50 für 1986 nur 7.100 LKW vertraglich gebunden hatte.

Auch hatte man Harnstoff und kalzinierte Soda infolge Preisdifferenzen noch nicht vertraglich fixiert. Erzeugnisse des wissenschaftlichen Gerätebaus wurden nicht bedarfsgerecht angeboten, und Ersatzteile für LKW waren materiell nicht gesichert. Bei wichtigen Importpositionen – chemische Grundstoffe, Sojabohnen und Sojaschrot – lagen aus Preisgründen ebenfalls noch keine Verträge vor. Ein logistisches Problem stellten die zu langen Liegezeiten der DDR-Schiffe in chinesischen Häfen dar. Als Lösung bot die DDR an, bei der Rekonstruktion vorhandener bzw. der Schaffung neuer Liegeplätze durch Lieferung von Ausrüstungen für Transport, Umschlag und Lagerung mitzuhelfen, und sie versprach auch immaterielle Leistungen. Die chinesische Seite wurde um Unterstützung bei der Versorgung der DDR-Vertreter von Außenhandelsbetrieben in Beijing mit Arbeits- und Wohnraum gebeten.

Durch langfristige Lieferverträge für den Zeitraum 1987 bis 1990 waren lediglich 20 Prozent des Exportvolumens der DDR abgedeckt. Hierzu gehörten als zusätzliche Position 72 Pressen für die Rekonstruktion von chinesischen Automobilfabriken. Für den Export von Tagebauausrüstungen wurde eine Rahmenvereinbarung unterzeichnet, um die Zusammenarbeit mit dem chinesischen Maschinenbau bei der Produktion von Tagebauausrüstungen zu organisieren.

Für den Absatz von Werkzeug- und Verarbeitungsmaschinen sollten die Arbeitsprogramme für die Jahre 1987-1990 präzisiert werden. Die DDR schlug vor, die Zusammenarbeit bei Maschinen und Ausrüstungen für kommunale Wäschereien und chemische Reinigungen zu entwickeln. Das gleiche galt für den Bereich Elektrotechnik/Elektronik mit den Schwerpunkten Bauelementeindustrie, Automatisierungstechnik, numerische Steuerungen und Kabelindustrie. Hierzu gehörte die Lieferung von Technologien und Ausrüstungen für die Produktion superweicher Ferritmaterialien und die wirtschaftliche und wissenschaftlich-technische Zusammenarbeit in der Kabelindustrie.

Das Lieferprogramm des DDR-Maschinenbaus sollte durch neue Exportlinien ausgeweitet werden. Immaterielle Leistungen inklusive.

Die DDR schlug vor, zur Sicherung des technischen Services und der Ersatzteilversorgung für Werkzeugmaschinen, Landmaschinen, Fahrzeuge und Schiffsdieselmotoren chinesische Vertragswerkstätten einzurichten, die auch Ersatzteile produzieren könnten.

Zur Steigerung des Warenaustausches war die DDR zur direkten Zusammenarbeit mit ausgewählten Provinzen und Städten bereit. Inzwischen hatten Studiendelegationen der DDR zu diesem Zweck die Innere Mongolei und Shanghai besucht. Es wurden Möglichkeiten des Bezugs von landwirtschaftlichen Produkten sowie Roh- und Grundstoffen aus der Inneren Mongolei und von Erzeugnissen der metallverarbeitenden Industrie und von Textilerzeugnissen aus Shanghai gesehen.

Für April/Mai 1987 war eine Ausstellung in Beijing vorgesehen (die allerdings erst 1988 zustandekam), um die geplante Exportentwicklung abzusichern.

Zur Realisierung der langfristigen Exportlieferungen, so der Wirtschaftsausschuss, wollte sich die DDR an folgenden Objekten der Rekonstruktion chinesischer Betriebe beteiligen:

▸ Stadtgaswerk Harbin
▸ Rekonstruktion und Erweiterung des Stahlwerks Taiyuan

- ▸ Feinstahlwalzwerk Shanghai
- ▸ Plattenwerk Shanghai
- ▸ Tagebauausrüstungen

Die Zusammenarbeit sollte nach Maßgabe des Wirtschaftsausschusses auf die Bereiche Bauwesen, Landwirtschaft und Verkehrswesen ausgedehnt werden.

Um NSW-Importe abzulösen, war die DDR sehr daran interessiert, Wolframerze und -produkte sowie Seltene Erden aus China zu beziehen. Im Gegenzug wollte sie mit immateriellen Leistungen und mit der Lieferung von Ausrüstungen zur Förderung, Aufbereitung und Verarbeitung vor Ort mit China zusammenarbeiten. Ein Vertrag über ein DDR-Verfahren zur Herstellung von Yttriumoxid sollte noch 1986 zum Abschluss gebracht werden. Dadurch wollte die DDR für die Dauer der Lizenzvereinbarung den Bezug von Yttriumkonzentrat sichern.

Die DDR war auch bereit, bei Erkundung, Erschließung, Förderung und Aufbereitung von Kalirohund Steinsalzen zu kooperieren. Ebenso bei Erkundung, Erschließung und Veredlung von Braunkohle in der Inneren Mongolei. Die DDR bot Ausbildungsleistungen des Hoch- und Fachschulwesens und der Berufsbildung auf kommerzieller Basis an.[258]

Auf dem Gebiet der wissenschaftlich-technischen Kooperation vereinbarte man die Ausarbeitung eines 15-Jahresabkommens bis 2001.

Von 42 Themen, die während der 12. Tagung der Ständigen WTZ-Kommission im April 1985 abgestimmt worden waren, fanden bereits Spezialistenkonsultationen zu 29 Themen statt. Auf dieser Tagung war auch der Minister für Wissenschaft und Technologie, Song Jian, anwesend. Entsprechend der Tagesordnung verabschiedete der Wirtschaftsausschuss ein Statut des Unterausschusses für wissenschaftlich-technische Zusammenarbeit.

Des weiteren beriet der Ausschuss über neue Gebiete und Formen der wirtschaftlichen und wissenschaftlich-technischen Zusammenarbeit, die den Export- und Importinteressen beider Länder und den perspektivischen Hauptentwicklungsrichtungen der Volkswirtschaften der DDR und Chinas entsprechen. Dazu gehörten die Zusammenarbeit im Rohstoffsektor, beim Ausbau des Transport- und Verkehrswesens sowie im Landmaschinenbau, in der Land- und Nahrungsgüterwirtschaft sowie in der Lebensmittelindustrie.

Während seiner Tagung führte der Wirtschaftsausschuss eine Beratung im VEB Mähdrescherwerk Singwitz des Kombinates Fortschritt Landmaschinen durch. Außerdem besuchte die chinesische Regierungsdelegation den VEB Kali-Betrieb Zielitz und machte sich mit hier eingesetzten Technologien der Kaligewinnung und -verarbeitung sowie Möglichkeiten der Zusammenarbeit auf diesem Gebiet vertraut. Mitglieder der chinesischen Regierungsdelegation trafen sich mit Vertretern verschiedener zentraler Staats- und Wirtschaftsorgane der DDR, um die Beziehungen auf ihrem jeweiligen Fachgebiet zu erörtern.[259]

Vom 2. bis 7. Mai 1987 folgte die III. Tagung des Wirtschaftsausschusses in Beijing. Es wurde der Stand der Realisierung der auf der II. Tagung beschlossenen Projekte diskutiert und die Aufnahme einer direkten Flugverbindung der Interflug von Berlin nach Beijing vereinbart.[260] Dadurch würde das Umsteigen in Moskau entfallen. Die DDR-Delegation war bereits auf diese Weise zur III. Tagung des Wirtschaftsausschusses angereist. Zugleich nahm die chinesische Fluggesellschaft Flüge zwischen Beijing und Berlin auf.[261]

Auf der Tagung wurden auch darüber diskutiert, dass die für 1986 vorgesehenen Ziele des DDR-Exports nicht erreicht worden waren:

▸ Verlagerung der Abnahme von 1.900 W 50 durch die chinesische Seite in das I. Quartal 1987

▸ Nicht marktgerechte Bereitstellung von Exportfonds des Kombinates Carl Zeiss

▸ Rückstände bei Mähdreschern durch Qualitätsprobleme, insbesondere bei der Farbgebung

Mit der Begründung einer veränderten wirtschaftlichen Situation in China und damit verbundener Investitionskürzungen und Importreduzierungen nahm die chinesische Seite Kürzungen der Importe auch aus der DDR vor. Sie erklärte, dass sie sich nicht mehr an die im Abkommen über den Warenaustausch und Zahlungen 1986 bis 1990 vereinbarten Kontingente in vollem Umfang gebunden fühle.

Die Reduzierungen bei Nutzkraftwagen W 50, Traktoren und wissenschaftlichen Geräten bedeuteten eine Reduzierung von ca. 330 Millionen VM.

Im Interesse der Sicherung der planmäßigen Versorgung der Volkswirtschaft und der Bevölkerung im Jahre

Erstflug der INTERFLUG Berlin-Beijing ohne Umstieg in Moskau, 30. April 1987

1987 wurde der chinesische Vorschlag akzeptiert, dass die DDR alle langfristig vereinbarten chinesischen Exportwaren erhalten sollte, obwohl die DDR-Waren, mit denen diese Waren bezahlt werden sollten, nicht in vollem Umfang abgenommen werden würden.

Auch beim Absatz von medizinischen Geräten, Erzeugnissen der Elektrotechnik, Erzeugnissen zur Datenverarbeitung, Zementanlagen, Baumaschinen und Baustoffmaschinen, Walzwerksausrüstungen, Kältetechnik, Landmaschinen, Multicar, Geflügelaufzuchtanlagen sowie Keramikmaschinen wurden nur ungenügende Fortschritte erzielt. Dadurch entstand ein Passivsaldo für die DDR, der bis 1990 wieder abgebaut werden sollte.

Auf der Tagung sollten Maßnahmen für weitere gegenseitige Warenlieferungen beraten werden. Um den hohen Anteil von Erzeugnissen des Maschinenbaus am DDR-Export zu sichern, drang die DDR-Seite darauf, für Importzusagen der chinesischen Seite Sicherheiten zu erhalten.

Auf der anderen Seite lehnte die DDR Wünsche nach Bildung eines Gemeinschaftsunternehmens und der Gewährung eines Kredits zur Finanzierung des karbochemischen Industriekomplex Wuhai ab.[262]

Ungeachtet der grundsätzlichen politischen Übereinstimmung der beiden Seiten und des gemeinsamen Willens, in den nächsten fünf Jahren den Handelsumsatz auf 250 Prozent zu steigern, erwies sich die chinesische Seite als harter Verhandler bei der Durchsetzung ihrer Interessen.

In einem Beschluss des DDR-Ministerrats der DDR zur Steigerung der Exporte nach China vom 2. Juli 1987 wurde festgelegt, anstelle der fünfzig Doppelstockwagen – bei denen es nicht zum Vertragsabschluss gekommen war – der chinesischen Seite fünfzig Reisezugwagen anzubieten. Weiterhin unterbreitete die DDR-Seite Vorschläge zur Lieferung von Tagebauausrüstungen, Walzwerksausrüstungen, Motorgradern sowie eines Frachtschiffes.

Für eine Reihe von Erzeugnissen, die in der Exportkonzeption enthalten waren (Schiffsdieselmotore, Eisfreezer, Kraftwerkausrüstungen, Kabel- und Verseilmaschinen, Gießereiausrüstungen, Chemieanlagen, Erzeugnisse Robotron und eine Kupferfolienanlage) musste der chinesische Markt erst erschlossen werden.[263]

Im Mai 1987 fand die 14. Tagung des Ausschusses für wissenschaftlich-technische Zusammenarbeit statt.

Am 14. Mai unterzeichneten die Vorsitzenden der Arbeitsgruppe der DDR und Chinas, Klaus Herrmann und Zhu Lilan, ein Protokoll mit Schwerpunkten der Zusammenarbeit für den Zeitraum 1986-1990. (*Details im Kapitel 11*)

Auf der Tagung des Wirtschaftsausschusses wurden weitere Schritte zur Vertiefung und zum Ausbau der Handelsbeziehungen und der industriellen Zusammenarbeit vereinbart. Das betraf den Schwermaschinenbau, die chemische Industrie, Elektronik, den Fahrzeug- und Landmaschinenbau sowie die Leicht- und Textilindustrie. Dazu fanden Gespräche von Mitgliedern der DDR-Delegation mit fünfzehn Ministerien und anderen zentralen Organen Chinas statt.[264] [265]

Anlässlich der IV. Tagung des Wirtschaftsausschusses DDR-VR China im Juni 1988 in Berlin besuchte Minister Qin Zhongda den Chemiebezirk Halle. Der Minister erklärte im Anschluss, er habe im Chemiebezirk Halle neue Anregungen für die weitere Gestaltung der Zusammenarbeit zwischen beiden Ländern erhalten.[266]

Im Förderanlagen- und Kranbau Köthen des Schwermaschinenbaukombinates TAKRAF und im Tagebau Gröbern des Braunkohlenkombinates Bitterfeld diskutierte die von Qin Zhongda geleitete Regierungsdelegation Vorschläge für den Ausbau des Handels und der Kooperation, insbesondere auf dem Gebiet von Tagebauausrüstungen und Förderanlagen.[267] [268]

Die Tagung stellte fest, dass nahezu alle zentralen Staatsorgane mit chinesischen Ministerien kooperierten.

In den Mittelpunkt der Exportanstrengungen der DDR wurden folgende Erzeugnisgruppen gestellt:

► Schienenfahrzeuge
► Hebe- und Transportausrüstungen
► Zementanlagen
► Werkzeug- und Verarbeitungsmaschinen
► Mähdrescher
► Traktoren und andere Erzeugnisse des Landmaschinen- und Fahrzeugbaus
► Chemieanlagen (beispielsweise Soda- und Luftzerlegungsanlagen)
► Erzeugnisse der Elektrotechnik und Elektronik

Um die wirtschaftliche Zusammenarbeit weiter auszubauen, diskutierten die Fachleute in Berlin neue Projekte. Die Tabelle verdeutlicht die Anstrengungen der DDR, um die wirtschaftlichen Beziehungen mit China weiter auszubauen.

Nr.	Objekt der Zusammenarbeit
1	Lieferung von Hauptausrüstungen für die Sodafabrik Kanton
2	Lieferung von Hauptausrüstungen für die Sodafabrik Silantai
3	Komplette Lieferung einer Luftzerlegungsanlage OK 500 K
4	Bündelstrahleinheit zur Duroplastbeschichtung von Apparaten
5	Zusammenarbeit auf dem Gebiet der industriellen Biotechnologie
6	Verlängerung des Grundlagenvertrags Informationsaufzeichnungsmaterialien
7	Industrielle Zusammenarbeit bei Bildverarbeitungssystemen
8	Austausch von Technologien und Lieferung von Spezialmaterialien auf dem Gebiet der Nicht-Eisen-Metalle für die Elektrotechnik/Elektronik
9	Lieferung von Technologien und Ausrüstungen für den Oberflächenschutz metallischer Halbleiterbauelemente
10	Rekonstruktion und Modernisierung von durch die DDR errichtete Zementanlagen
11	Lieferung von Technologien und Ausrüstungen zur Nähwirktechnik (Malimo)
12	Produktionszusammenarbeit bei Multicars (Montage-Lizenzproduktion)
13	Produktionszusammenarbeit bei Melktechnik (Lizenzproduktion)

Von der DDR auf der IV. Tagung des Wirtschaftsausschusses vorgeschlagene Objekte der Zusammenarbeit[269]

Im Rahmen der Tagung des Wirtschaftsausschusses des Jahres 1988 in Berlin empfing Gerhard Schürer Minister Qin Zhongda zu einem Gespräch. Schürer unterstrich das Interesse der DDR am Ausbau der Zusammenarbeit durch Verstärkung der industriellen Kooperation und Mitwirkung bei der Modernisierung, Rekonstruktion und der Errichtung von Industriebetrieben in China. Schürer hob die Bedeutung rechtzeitiger Absprachen für die weitere Entwicklung der Zusammenarbeit in Wirtschaft, Wissenschaft und Technik im Zeitraum 1991 bis 1995 hervor und verwies dabei auf die hohe Verantwortung der zentralen Planungsorgane der DDR und der VR China.[270]

Mit der Wendung »rechtzeitige Absprachen« übte Schürer diplomatisch Kritik an der chinesischen Praxis, sich nicht an Absprachen zu halten und vereinbarte Lieferungen der DDR empfindlich zu kürzen. So hatte man vertraglich festgelegt, dass China jährlich 10.000 LKW W 50 importieren sollte. 1987 nahm man nur 8.000, 1988 lediglich 6.000 und 1989 ganze 2.000 LKW ab. Interne Schwierigkeiten auf Seiten der DDR führten dazu, dass der chinesische Wunsch nach gemeinsamer Errichtung eines karbochemischen Komplexes in Wuhai, Innere Mongolei, mit einer Jahresproduktion von 360 kt Karbid, 200 kt Soda und 200 kt PVC hinhaltend von der DDR beantwortet wurde.[271]

Im Protokoll der IV. Tagung des Wirtschaftsausschusses schätzten die Delegationen ein, dass – trotz der angesprochenen Probleme – die wirtschaftliche und wissenschaftlich-technische Zusammenarbeit sowie der

Warenaustausch sich dynamisch entwickelten. Beide Seiten gingen – so die stereotype Formulierung im Protokoll – davon aus, die Zusammenarbeit durch die Nutzung der auf vielen Gebieten vorhandenen Möglichkeiten weiter zu vertiefen und ihr einen zunehmend langfristigen Charakter zu verleihen.

Der Wirtschaftsausschuss erörterte auch Maßnahmen zur Realisierung des Jahresprotokolls über den Warenaustausch im Jahre 1988 und des langfristigen Handelsabkommens für den Zeitraum 1986-1990. Er führte einen Meinungsaustausch über die weitere Vertiefung der Beziehungen im nächsten Fünfjahrplanzeitraum. Jenseits der platten Protokollformulierungen wurden auf den Tagungen des Wirtschaftsausschusses wirtschaftliche Interessen knallhart verhandelt.

Vereinbart wurden ebenfalls Schritte zur Erweiterung und zum Ausbau der Handelsbeziehungen und der industriellen Zusammenarbeit. Dazu fanden während der Tagung umfassende Beratungen der chinesischen Delegation mit den zuständigen Ministerien und anderen zentralen Organen der DDR statt.

Bei Betriebsbesuchen in den Bezirken Halle, Karl-Marx-Stadt, Potsdam und in Berlin studierten die chinesischen Gäste die Wirtschaft der DDR und die Möglichkeiten für den Ausbau der wirtschaftlichen und wissenschaftlich-technischen Zusammenarbeit.[272]

Im Verlaufe der bisherigen vier Tagungen hatte der Wirtschaftsausschuss DDR-China 38 Projekte der wirtschaftlich-technischen Zusammenarbeit beraten, zu 17 Projekten davon waren Verträge geschlossen worden.[273]

*Gerhard Tautenhahn, Minister für Allgemeinen, Land-
maschinen- und Fahrzeugbau (Zweiter von rechts) und
Landmaschinen aus der DDR*

Die V. Tagung des Wirtschaftsausschusses DDR-
China sollte vom 1. bis 5. Juni 1989 in Beijing stattfinden, aber wegen der Besetzung des Tiananmen-Platzes
durch Studenten und der gewaltsamen Räumung des
Platzes durch die Armee wurde die Tagung um einen
Monat verschoben. Sie fand vom 3. bis 7. Juli 1989
statt.[274]

Die Direktive für das Auftreten der DDR-Delegation auf dieser Tagung machte deutlich, dass das vereinbarte Jahresprotokoll bis zum 31. März 1989 nur zu
81 Prozent vertraglich gebunden war, weil auf der chinesischen Seite entsprechende Importfinanzierungen
und -genehmigungen nicht vorlagen. Besonders bei der
Lieferung von Rohbaumwolle, Tomatenmark und Reis
befürchtete die DDR Versorgungsprobleme.

Weiterhin war der Stand der Vorbereitung der Verträge für 1990 unbefriedigend. Die chinesische Seite hatte signalisiert, dass strukturelle Veränderungen im chinesischen Ex- und Import nicht auszuschließen seien.

Auch wollte China die Bedingungen für den Einsatz chinesischer Werktätiger in der DDR vor allem durch eine wesentliche Erhöhung des Lohnanteils in konvertierbaren Devisen verändert haben.

Dem wollte die DDR nicht stattgeben. Andererseits war die DDR daran interessiert, ein langfristiges verbindliches Abkommen über Warenaustausch und Zahlungen für den Zeitraum 1991-1995 abzuschließen.[275] Allerdings hatte die DDR, die auf eine gesellschaftliche und auf eine ökonomische Krise zusteuerte, bei den Verhandlungen schlechtere Karten als die Chinesen.

Zum Abschluss der Tagung des Wirtschaftausschusses empfing der Stellvertretende Ministerpräsident Tian Jiyun die Delegationen der beiden Ländersektionen. Tian bedankte sich bei der DDR-Delegation für die Solidarität der DDR mit den Maßnahmen der chinesischen Führung zur »Niederschlagung des konterrevolutionären Aufruhrs« auf dem Tiananmen-Platz, wie *Renmin Ribao* meldete.[276]

Von der Tätigkeit des Wirtschaftsausschusses künden auch die abgeschlossenen Vereinbarungen (*siehe Anlage 6*).

1984 stand auf der Geburtsurkunde des Wirtschaftsausschusses DDR-China, der sich mit den Gebieten Wirtschaft, Außenhandel und Wissenschaft und Technik beschäftigen sollte. Im nächsten Jahr folgten Vereinba-

Vizepremier Tian Jiyun (Mitte) empfing die DDR-Delegation zur V. Tagung des Wirtschaftsausschusses. Links neben Tian Jiyun die Vorsitzenden der DDR- und der China-Sektion Günther Wyschofsky und Qin Zhongda, sowie Botschafter Rolf Berthold. Ganz rechts der Sekretär der DDR-Sektion Lutz Salzmann. Vierter von rechts in der zweiten Reihe Günther Schwab, Leiter der wirtschaftspolitischen Abteilung an der DDR-Botschaft in der Volksrepublik, 8. Juli 1989

rungen über die Zusammenarbeit im Post- und Fernmeldewesen, in der Berufsbildung, der Plankommissionen beider Länder und auf dem Gebiet der Geologie. 1986 wurden die Grundlagen für die Beschäftigung chinesischer Werktätiger in der DDR gelegt und die Modalitäten in der wissenschaftlich-technischen Zusammenarbeit ausgehandelt. Die Vereinbarung über die Beschäftigung chinesischer Werktätiger wurde noch einmal für den Bereich des Schienenfahrzeugbaus konkretisiert. Eine Vereinbarung über die wissenschaftlich-technische Zusammenarbeit in der Schweißtechnik folgte. Auch verständigte man sich auf eine Zusammenarbeit im Binnenhandel. Von besonderer Bedeutung war das Abkommen zur Entwicklung der langfristigen wirtschaftlichen und wissenschaftlich-technischen Zusammenarbeit.

Das Jahr 1987 war mit neun Vereinbarungen besonders ergebnisreich. Die Vereinbarungen betrafen die Kooperation bei Warenzeichen und in der Metallurgie. Schwerpunkte der langfristigen wissenschaftlich-technischen Zusammenarbeit wurden gesetzt. Zur Erleichterung des Reiseverkehrs wurden Abkommen zur Befreiung von der Visapflicht und zur Vermeidung der Doppelbesteuerung geschlossen. Vereinbarungen auf den Gebieten des Bauwesens, der Landwirtschaft und der Elektroenergiewirtschaft konkretisierten die Zusammenarbeit.

1988 wurden noch einmal acht Vereinbarungen abgeschlossen. Sie betrafen die wissenschaftlich-technische Zusammenarbeit in der Landwirtschaft, im Handel, im Verkehrswesen und in der Metallurgie sowie die Zusammenarbeit in der Wasserwirtschaft, auf dem Gebiet der nuklearen Sicherheit und der Preise.

Wegen der angespannten Situation sowohl in China als auch in der DDR im Jahre 1989 wurde nur eine Vereinbarung über die Gestaltung der wissenschaftlich-technischen Zusammenarbeit in der Metallurgie geschlossen.

Zusammenfassung

Der auf Initiative der chinesischen Seite gebildete Gemeinsame Wirtschaftsausschuss DDR-China erwies sich als ein effektives Organ, um die in die Zusammenarbeit auf den Gebieten Handel, Wirtschaft sowie Wissenschaft und Technik involvierten Ministerien und andere leitende Institutionen beider Länder miteinander in Kontakt zu bringen, Entscheidungen herbeizuführen und die Aktivitäten zu koordinieren. Durch seine kontinuierliche Tätigkeit kontrollierte er den Fortschritt der vereinbarten Projekte und suchte nach neuen Wegen der Kooperation. Als die chinesische Seite sich nicht streng an die Festlegungen des langfristigen Handelsabkommens 1986 bis 1990 gebunden fühlte und speziell den Import technisch veralteter LKW aus der DDR drastisch reduzierte, wurden im Wirtschaftsausschuss neue Felder gesucht, um den Handel dennoch auszuweiten. Insbesondere wurde der Handel mit immateriellen Leistungen entwickelt, wozu Technologietransfer, Knowhow, Patente und Ausbildung gehörten.

Die chinesische Seite wollte die Zusammenarbeit in Richtung von Gemeinschaftsunternehmen, Kreditierung von Projekten durch die DDR und höhere Vergütung der Arbeitslöhne chinesischer Werktätiger in der DDR mit konvertierbarer Währung weiterentwickeln, was aber von der DDR-Seite aufgrund der finanziellen Risiken und des Devisenmangels abgelehnt wurde.

11. Zusammenarbeit beim Technologietransfer

Ein Unterausschuss des Wirtschaftsausschusses DDR – China befasste sich mit der wissenschaftlich-technischen Zusammenarbeit. Während der II. Tagung des Wirtschaftsausschusses DDR-China unterzeichneten der Minister für Wissenschaft und Technik, Herbert Weiz, und der Vorsitzende des Staatlichen Komitees für Wissenschaft und Technologie, Song Jian, am 22. Mai 1986 das Abkommen über die wissenschaftlich-technische Zusammenarbeit zwischen der VR China und der DDR. Es sah vor, dass beide Seiten auf der Grundlage der Prinzipien der Gleichberechtigung und des gegenseitigen Vorteils planmäßig zusammenarbeiten, um Wissenschaft und Technologie zu fördern und das Produktionsniveau zu erhöhen.

Als Formen der Zusammenarbeit waren der Austausch von Informationen über Forschungsergebnisse, Austausch von Proben sowie kurz- und langfristige Forschungsaufenthalte auf der Grundlage der valutafreien Finanzierung vorgesehen. Die Kooperation wurde in einem ständigen Komitee für wissenschaftlich-technische Zusammenarbeit entsprechend einem vereinbarten Statut koordiniert und vom Wirtschaftsausschuss DDR-China geleitet. Das Abkommen ersetzte das entsprechende Abkommen vom 30. Oktober 1953.[277]

1981 besuchte eine Delegation aus einem Forschungsinstitut für Maschinenbau in Chengdu, Provinz Sichuan, in der DDR verschiedene Betriebe des Werkzeugmaschinenbaus und des Kombinats Robotron sowie den VEB Forschung, Entwicklung und Rationalisierung des Schwermaschinen- und Anlagenbaus Magdeburg. Auch die TH Magdeburg suchten die Chinesen auf. Ziel der Visite war die Aufnahme eines Forschungsthemas zur rechnergestützten Automatisierung von Produktionsprozessen in den Plan der wissenschaftlichtechnischen Zusammenarbeit mit der DDR.[278]

Im November 1982 fand in Beijing ein viertägiges Symposium über die Gewinnung von Protein aus Sonnenblumenkernen statt, an dem auch ein Stellvertretender Direktor des Zentralinstituts für Ernährung in Potsdam-Rehbrücke teilnahm.[279]

Im Juli 1983 suchte der Botschafter der VR China in der DDR, Li Qiangfen, den Minister für Wissenschaft und Technik, Herbert Weiz, auf und äußerte die Bitte Chinas, Technologien für ein weites Spektrum – vom Schiffbau bis zum wissenschaftlichen Gerätebau – zu bekommen.[280]

Das offensichtliche Interesse Chinas an der wissenschaftlich-technischen Zusammenarbeit führte zu einer Initiative der DDR. Sie reaktivierte die Arbeit der Ständigen Kommission für technische und technisch-wissenschaftliche Zusammenarbeit DDR-China im Dezember 1983. Das im Jahre 1953 geschlossene Abkommen über wissenschaftlich-technische Zusammenarbeit existierte seit der Kulturrevolution nur noch auf dem Papier.

Jetzt war augenscheinlich die Zeit einer erneuten intensiven Zusammenarbeit angebrochen.

Um den Export von Erzeugnissen der metallverarbeitenden Industrie sowie der Land- und Nahrungsgüterwirtschaft zu unterstützen, schlug die DDR vor, jährlich 10 bis 12 Themen zu realisieren.[281]

Die in Berlin tagende Kommission besprach Maßnahmen zur weiteren Entwicklung der Zusammenarbeit in volkswirtschaftlich wichtigen Zweigen: Kohlegewinnung und -verarbeitung, Elektrotechnik und Elektronik, Schwermaschinen- und Verarbeitungsmaschinenbau sowie chemische Industrie.[282]

Das für die Jahre 1984 und 1985 geltende Abkommen wurde vom stellvertretenden Minister für Außenwirtschaft und Außenhandel, Wei Yuming, und dem stellvertretenden Minister für Wissenschaft und Technik, Klaus Herrmann, unterzeichnet.[283]

Im April 1984 fand in Beijing die 12. Tagung der ständigen Kommission DDR-China für wissenschaftlich-technische Zusammenarbeit statt. Das Protokoll unterzeichneten die Vorsitzenden der jeweiligen Ländersektionen, der stellvertretende Vorsitzende des Komitees für Wissenschaft und Technik, Zeng Xianlin, und Klaus Herrmann. Bei der Unterzeichnung des Abkommens waren auch die Vorsitzenden der Ländersektionen des Wirtschaftsausschusses DDR-China, Qin Zhongda und Günther Wyschofsky, zugegen.

Die Kommission beriet Maßnahmen der Zusammenarbeit im Maschinenbau, in der Landwirtschaft, der Metallurgie und anderen Bereichen, einschließlich der

Nutzung von Lizenzen und Knowhow. Auf dieser Tagung wurden auch die Arbeitspläne der wissenschaftlich-technischen Zusammenarbeit für die Jahre 1985 und 1986 ausgearbeitet.[284]

Der Vizepremier und Minister für Post- und Fernmeldewesen der DDR, Rudolph Schulze, und sein chinesischer Kollege Yang Taifeng vereinbarten in Beijing ein Programm der wissenschaftlich-technischen Zusammenarbeit im Nachrichtenwesen. So sollte die Kooperation unter anderem auf den Gebieten der Fernsprechvermittlungs- und -Übertragungstechnik, der Intensivierung der Nachrichtenverkehrsprozesse sowie der Fernsprech-Gemeinschaftsanschlusstechnik entwickelt werden.[285]

Einen Plan der wissenschaftlich-technischen Zusammenarbeit im Post- und Fernmeldewesen für den Zeitraum 1989-1990 unterzeichneten im April 1989 in Beijing die stellvertretenden Minister für Post- und Fernmeldewesen der DDR und der VR China, Werner Uhlig und Xie Gaojue.[286]

Im Oktober 1985 verständigten sich in Beijing der chinesische Minister für Geologie und mineralische Rohstoffe, Zhu Xun, und der DDR-Minister für Geologie, Dr. Manfred Bochmann, auf ein Abkommen über die wissenschaftlich-technische Zusammenarbeit in der Geologie und zu mineralischen Rohstoffen.[287] Die Zusammenarbeit der beiden Ministerien wurde mit weiteren Gesprächen im September 1987 in Berlin untersetzt. Zugleich unterzeichneten die Ministerien für Post und Telekommunikation beider Länder ein Abkommen über die Zusammenarbeit in den Jahren 1987 und 1988.[288]

Die 13. Tagung des WTZ-Komitees DDR-China fand im Mai 1986 vor der II. Tagung des Wirtschaftsausschusses während des Besuches des Vorsitzenden des Staatlichen Komitees für Wissenschaft und Technik, Prof. Song Jian, in der DDR statt. Auf ihr wurde das Regierungsabkommen über die wissenschaftlich-technische Zusammenarbeit unterzeichnet. Es regelte die Formen der Zusammenarbeit, zu denen gehörten:

- Entsendung von Spezialisten
- Gemeinsame Lösung wissenschaftlich-technischer Aufgaben
- Übergabe von Informationsmaterialien
- Gegenseitige Information
- Gegenseitige Übergabe von Lizenzen
- Durchführung der direkten wissenschaftlich-technischen Zusammenarbeit

Das WTZ-Komitee wurde vom Wirtschaftsausschuss DDR-China angeleitet und die Zusammenarbeit nach dem Prinzip des devisenlosen äquivalenten Austausches organisiert.

Unter Verantwortung des Zentralinstituts für Schweißtechnik wurde die erste Ministervereinbarung über wissenschaftlich-technische Zusammenarbeit vorbereitet. Vorgesehen war die Zusammenarbeit auf ausgewählten Gebieten der Schweißtechnologie, der Schweißanlagen, der Werkstoffe und Prüfmethoden des Schweißens, Schneidens und Lötens von Metallen durch Austausch wissenschaftlicher Erkenntnisse, Dokumentationen u. ä. auf vertraglicher Grundlage gegen Entgelt; Entsendung von Spezialisten, gegenseitige Konsultationen sowie wissenschaftliche Veranstaltungen.

Der Wirtschaftsauschuss unterstützte die direkte wissenschaftlich-technische Zusammenarbeit zwischen den zuständigen Ministerien auf ausgewählten Gebieten der Kohlegewinnung und -verarbeitung, der chemischen Industrie, der Metallurgie, der elektrotechnischen und elektronisdchen Industrie, des Maschinenbaus, der Leichtindustrie, der Geologie, der Land- und Nahrungsgüterwirtschaft und des Bauwesens.

Die DDR-Seite schlug vor, dass das Ministerium für Land-, Forst- und Nahrungsgüterwirtschaft der DDR und das Ministerium für Landwirtschaft, Viehzucht und Fischereiwesen Chinas und die Landwirtschaftsakademien beider Länder die direkte Zusammenarbeit auf den Gebieten der Pflanzen- und Tierzüchtung, des Austausches von Saat- und Pflanzengut sowie Genfonds, der Veterinärmedizin, Forstwirtschaft, Binnenfischerei und Nahrungsgüterwirtschaft aufnehmen.

Weiterhin bot sie eine wissenschaftlich-technische Zusammenarbeit in der Metallurgie, der Biotechnologie, der pharmazeutischen Industrie, im Bauwesen und in der porzellanherstellenden Industrie an.[289]

Zeitgleich mit der III. Tagung des Wirtschaftsausschusses im Jahre 1987 fand die 14. Tagung des Ständigen Komitees DDR-China für wissenschaftlich-technische Zusammenarbeit in Beijing statt. Am 14. Mai 1987 unterzeichneten die Vorsitzende der chinesischen Arbeitsgruppe, Zhu Lilan, und der Vorsitzende der DDR-Arbeitsgruppe, Klaus Herrmann, als Regierungsvertreter das Protokoll über die Schwerpunkte der langfristigen Zusammenarbeit auf dem Gebiet der Wissenschaft und Technik für die Jahre 1986 bis 1990.[290]

Das Protokoll führte 33 Projekte auf, die sich auf elf Gebiete verteilten. Sie reichten von Kernenergie und Metallurgie über Maschinenbau bis zur Leichtindustrie (*siehe Anlage 4*). Die Projekte widerspiegeln vor allem das Interesse Chinas. Einerseits wollte China von den Erfahrungen der DDR auf solchen Gebieten wie der Kohlechemie, der Aufbereitung von Kalisalzen, der Schweißtechnik, Verfahren der Textilindustrie, der Forschung in Land- und Forstwirtschaft u. a. profitieren. Die DDR wiederum war am chinesischen Forschungsstand in Mikroelektronik/Rechentechnik, in der Biotechnologie und der Gewinnung Seltener Erden besonders interessiert.

Bei den meisten Projekten lag die Initiative bei der chinesischen Seite, die in den 1980er Jahren die bis dahin geübte Geheimniskrämerei aufgab und sogar im militärischen Bereich auf eine relativ offene internationale Zusammenarbeit setzte. Beijing hatte erkannt, dass nur so ein bedeutender Fortschritt in der Forschung erzielt werden konnte.

Seitens der DDR schränkten finanzielle Erwägungen zu den Kosten der wissenschaftlich-technischen Zusammenarbeit ihren Umfang wieder ein, wenngleich andererseits diese Zusammenarbeit auch als Türöffner für die wirtschaftlichen Beziehungen fungierte.

Obwohl es schon in den 1950er Jahren eine wissen-schaftlich-technische Zusammenarbeit gegeben hatte, wurde bis dato noch nie ein so umfangreiches und umfassendes Programm dieser Zusammenarbeit verein-bart. Die Zählung der Tagungen begann mit der Ta-gung anlässlich der Gründung des Ausschusses im Jahre 1953.

Zu den ersten Wissenschaftlern aus der DDR, die seit der Normalisierung der Beziehungen zu Beginn der 1980er Jahre nach China eingeladen wurden, zählte Prof. Ludwig Luckner. Der Fachmann für Grundwas-serwissenschaften von der TU Dresden hielt 1983 am Forschungsinstitut für Wasserwirtschaft in Nanjing sechs Vorträge. Anschließend hielt er noch einen Vor-trag über die »Entwicklung des Wasserwesens sickernder Strömungen«, zu dem mehr als fünfzig Fachleute aus dem ganzen Land gekommen waren.[291]

Luckner war durch zwei Lehrbücher über Geohy-draulik und die Simulation der Geofiltration als Experte auf dem Gebiet der Grundwasserhydraulik in China bekannt. Seine Lehrbücher waren auch in der Bundes-republik und in der Sowjetunion verlegt worden. Um die durch die Kulturrevolution verursachten Knowhow-Defizite zu überwinden – zehn Jahre lang war keine ordentliche Ausbildung an den Universitäten und Hochschulen erfolgt –, gab es ein Programm, um chi-nesische Fachleute wieder auf einen internationalen Wissensstand zu bringen. Vor diesem Hintergrund war auch Prof. Luckner nach China eingeladen worden. Unter den weiterzubildenden Fachleuten befanden sich auch einige Chinesen, die in osteuropäischen Ländern studiert hatten.[292]

Im Mai/Juni 1984 hielt sich eine dreiköpfige Studiengruppe der Chinesischen Akademie der Wissenschaften in der DDR auf, um sich über die Forschungsrichtungen der Geobotanik und der ökologischen Systeme sowie die Pflanzenökologie und die bestehenden einschlägigen Organe zu informieren. Die Gruppe besuchte Berlin, Halle, Quedlinburg, den Harz, den Brocken, Bad Frankenhausen, Zerbst, Aken, Dessau und Eberswalde. Sie studierte die Pflanzenwelt in Naturschutzgebieten bei diesen Städten und die ökologischen Veränderungen.[293]

Im Juli 1984 studierte eine Expertengruppe des chinesischen Verkehrsministeriums das in der DDR angewandte Prüfverfahren für die Tragkraft von Autobahnbrücken. Diese Aktivität ging auf einen Beschluss der 11. Tagung der Ständigen Kommission für technische und wissenschaftliche Zusammenarbeit zurück. Hintergrund war der in China anlaufende Autobahnbau. Die Expertengruppe nahm die statischen und dynamischen Prüfverfahren (einschließlich der Standards) und die eingesetzten Messmittel in Augenschein und befand, dass sie auch in China eingesetzt werden könnten und es darum zweckmäßig ist, die Zusammenarbeit fortzusetzen.[294]

Im November/Dezember 1984 besuchte eine Expertengruppe für die Kontrolle und die Behandlung der Umweltverschmutzung in der Chinesischen Akademie der Wissenschaften in der DDR das Forschungsinstitut für Geographie und geologische Ökologie, das Forschungsinstitut für die Behandlung chemischer Gifte, das Forschungsinstitut für Meereswissenschaften und das Trinkwasserlabor in Berlin. Die Expertengruppe interessierte sich für die Renaturierung aufgelassener Tagebaue, den Schutz der Wasserressourcen und die Städteplanung unter ökologischen Aspekten. Sie stellte fest, dass die Struktur der Organe für Wissenschaft und Technik im Umweltschutz mit staatlichen Einrichtungen, der Akademie der Wissenschaften, den Universitäten und Hochschulen und in der Industrie derjenigen Chinas ähnelt. Die Ausstattung der besuchten Labore wurde als durchschnittlich und relativ einfach eingeschätzt. Der Besuchsbericht hob hervor, dass die DDR an einer Zusammenarbeit mit China auf dem Gebiet des Umweltschutzes interessiert sei.[295]

Als im Mai 1986 zwischen den Regierungen der DDR und Chinas in Berlin ein Abkommen über die wissenschaftlich-technische Zusammenarbeit geschlossen wurde, empfing der Vorsitzende des Ministerrats, Willi Stoph, den Repräsentanten der chinesischen Seite, Prof. Song Jian, Staatskommissar und Vorsitzender des Staatlichen Komitees für Wissenschaft und Technik. In dem Gespräch erklärte Song, es sei vorgesehen, eine langfristig angelegte Zusammenarbeit in Wissenschaft und Technik zur Förderung der ökonomischen Beziehungen zu entwickeln. Das betreffe zum Beispiel die Gewinnung und Verarbeitung von Kohle, die chemische Industrie, die Elektrotechnik, die Elektronik, den Maschinenbau und die Landwirtschaft.[296]

Die 13. Tagung der Ständigen Kommission für wissenschaftlich-technische Zusammenarbeit vereinbarte konkrete Maßnahmen zur Abstimmung der Schwerpunkte für die Zusammenarbeit im Zeitraum 1986 bis 1990 und zum Ausbau der Direktbeziehungen zwischen Ministerien und Wirtschaftsorganisationen beider Länder auf vertraglicher Grundlage. Der Vorsitzende der DDR-Sektion, Klaus Herrmann, und der amtierende Vorsitzende der Sektion der VR China, Ma Xusheng, Botschafter der VR China in der DDR, bestätigten das Statut der Kommission sowie das Protokoll über die Ergebnisse der Tagung.[297]

Am 22. Mai 1986 wurde das Statut des ständigen Komitees für wissenschaftlich-technische Zusammenarbeit verabschiedet. Es sah für beide Seiten je einen Vorsitzenden und drei bis vier Komiteemitglieder vor. Außerdem konnten zu den Sitzungen Experten eingeladen werden. Die Vorsitzenden waren auf chinesischer Seite ein Stellvertretender Vorsitzender des Staatlichen Komitees für Wissenschaft und Technologie und auf der Seite der DDR ein Stellvertretender Minister für Wissenschaft und Technik.[298]

Im Mai 1986 unterzeichneten die Akademiepräsidenten der DDR und Chinas, Werner Scheler und Lu Jiaxi, ein Abkommen über die Zusammenarbeit in den Natur- und Technikwissenschaften und Pläne für die wissenschaftliche Zusammenarbeit für die Jahre 1986 bis 1988.[299] Damit erfuhr das seit 1959 bestehende Abkommen zwischen den Akademien beider Länder eine neue Ausrichtung.

Im September 1986 reiste eine fünfköpfige Delegation der Agrowissenschaften, die sich aus Vertretern des Ministeriums für Landwirtschaft, Viehzucht und Fischereiwesen, dem Methan-Forschungsinstitut in Chengdu und dem Forschungsinstitut für Züchtung und Anbau landwirtschaftlicher Kulturen der Landwirtschaftsakademie der Provinz Gansu zusammensetzte, in die DDR. Der 1. Vizepräsident der Landwirtschaftsakademie der DDR, Dieter Spaar, empfing die Delegation, die dann Forschungsstätten in Rostock, Quedlinburg, Aschersleben, Dresden und Potsdam besuchte. In einem in Berlin unterzeichneten Protokoll wurde eine Zusammenarbeit bei der Züchtung von Kartoffeln, der Produktion von Methangas und der Analyse von Farbstoffen vereinbart.[300]

Während seines Besuchs im Mai 1987 in Beijing führte Klaus Herrmann Gespräche mit Premierminister Zhao Ziyang und dem Vorsitzenden des Staatlichen Komitees für Wissenschaft und Technik, Song Jian. Nach dem Treffen mit Song Jian unterzeichneten Klaus Herrmann und Zhu Lilan ein Protokoll über die Schwerpunkte der langfristigen wissenschaftlich-technischen Zusammenarbeit von 1986 bis 1990 und eine Vereinbarung über allgemeine Bedingungen für die wissenschaftlich-technische Zusammenarbeit.[301]

Der Stellvertreter des Vorsitzenden des Ministerrates der DDR und Minister für Wissenschaft und Technik, Dr. Herbert Weiz, traf im Mai 1987 in Beijing mit dem Staatskommissar und Vorsitzenden des Staatlichen Komitees für Wissenschaft und Technik der Volksrepublik China, Prof. Song Jian, zu einer Beratung über die weitere Entwicklung der gegenseitig vorteilhaften wissenschaftlich-technischen Zusammenarbeit zwischen beiden Ländern zusammen.

Beide Seiten werden den Aufgaben zur Entwicklung und Anwendung der Schlüsseltechnologien Mikroelektronik, Rechentechnik, Biotechnologie, Lasertechnik sowie neue Werkstoffe besondere Aufmerksamkeit schenken.

Sie beauftragten die Ständige Kommission für wissenschaftlich-technische Zusammenarbeit, alle Maßnahmen zu treffen, um die koordinierte Verwirklichung der langfristigen Aufgaben durch die zuständigen Ministerlen zu gewährleisten und das Programm entsprechend den entstehenden Erfordernissen zu erweitern.

Am selben Tag besuchte Herbert Weiz in Begleitung von Song Jian die chinesische Akademie für Weltraumtechnik. Weiz führte dort Gespräche mit dem Minister für Raumfahrtindustrie Chinas, Li Xue, und dem Präsidenten der Akademie, Min Guirong, und informierte sich über die Ergebnisse des chinesischen Weltraumprogramms.[302]

Im Juni 1987 besuchte eine sechsköpfige Delegation des Handelsministeriums auf Einladung des Ministeriums für Handel und Verbraucher die DDR, um Möglichkeiten der Zusammenarbeit zu erkunden. Die Delegation besuchte vier Forschungsinstitute und Ausbildungszentren, zwei Rechenzentren, zwei internationale Hotels, ein Verteilzentrum und Lager für Waren des täglichen Bedarfs, vier Einzelhandelsgeschäfte, fünf Verteilzentren und Lager für Gemüse und Obst und vier Fabriken für die Verarbeitung von Gemüse- und Obsterzeugnissen. Dadurch erhielt die Delegation einen recht umfassenden Überblick über die Arbeitsweise vom Ministerium bis zu den Geschäften. Die chinesische Seite war interessiert, auf mehreren Gebieten von den Erfahrungen der DDR zu lernen. Dabei verständigten sich beide Seiten auf folgende Aktivitäten der Zusammenarbeit:

1) Studium der Informationstechnologien im Handel durch die chinesische Seite in der DDR,

2) Austausch über Organisation und Verwaltung des Forschungssystems für den Umschlag im Handel. Auch hieran war vor allem die chinesische Seite interessiert.

3) Bereitstellung technologischer Unterlagen für die Produktion von Babynahrung durch die DDR-Seite an China.[303]

Im Jahre 1987 vereinbarte das Ministerium für Hoch- und Fachschulwesen der DDR mit der chinesischen Seite einen Austausch von Studenten und Aspiranten. Die Auswahl der Fachrichtungen erfolgte von der DDR-Seite unter Beachtung der Schwerpunkte der wirtschaftlichen und wissenschaftlich-technischen Zusammenarbeit. Darüber hinaus wurden die Chinawissenschaften gefördert. China war besonders an Deutsch-Lektoren interessiert. Die DDR entsandte jährlich zehn Studenten und China fünfzehn Studenten. Es bestanden auch direkte Beziehungen zwischen Universitäten und Hochschulen der DDR und Chinas.[304] In diesem Zusammenhang kamen chinesische Aspiranten von der

Tongji-Universität in Shanghai auch an die TU Dresden.[305]

Im November dieses Jahres reisten vier Experten aus dem Werk für medizinisches Glas des Pharmawerks Nordchina, der Staatlichen Verwaltung für Medizin und dem Beijinger Forschungsinstitut für medizinische Geräte und Einrichtungen zu einem Studienaufenthalt in die DDR. Das Werk für medizinisches Glas in Shijiazhuang, Provinz Hebei, wurde in den 1950er Jahren mit Hilfe der DDR aufgebaut. Die Gruppe besuchte Hersteller für Phiolen, Sicherheitsfläschchen und Glasröhren. Sie bescheinigte den besuchten Betrieben eine hohe Qualität der Glasprodukte, die höher als diejenige in China ist, aber dass die Ausrüstungen veraltet waren.[306]

Im Mai 1988 weilte eine Delegation des Amts für Lebensmittel im Handelsministerium der DDR, um sich über das Niveau der Fleischverarbeitungsindustrie der DDR zu informieren. Das Ziel der Studienreise bestand darin, Möglichkeiten der wissenschaftlich-technischen und Produktionszusammenarbeit zu beiderseitig interessierenden Fragen zu eruieren. Die Delegation kam zum Ergebnis, dass die Fleischverarbeitungsindustrie der DDR ein etwas höheres Niveau als die chinesische hatte, aber hinter den westlichen Ländern herhinkte. Dementsprechend wurde ein Thema »Rationalisierung der Fleischverarbeitung« in den Plan der langfristigen wissenschaftlich-technischen Zusammenarbeit beider Länder aufgenommen.[307]

Im Juni 1988 fand die 15. Tagung der Ständigen Kommission für wissenschaftlich-technische Zusammenarbeit DDR-China statt. Das Protokoll wurde von den Vorsitzenden der Sektionen beider Länder, Klaus Herrmann und Zhu Lilan, unterzeichnet.

Sie kamen überein, das langfristige Programm für die Zusammenarbeit in Wissenschaft und Technik durch Themen auf Gebieten der Schlüsseltechnologien, darunter der Mikroelektronik, Rechentechnik, Biotechnologie und des wissenschaftlichen Gerätebaus, zu ergänzen. In Fortsetzung der auf der Exportausstellung der DDR in Beijing geknüpften Kontakte wurden die nächsten Schritte für die Vertiefung der Kooperation bei der Verwirklichung des langfristigen Programms Chinas für die Entwicklung der ländlichen Gebiete (Programm »Funke«) vereinbart.[308]

Im Juli 1988 traf der Minister für Eisenbahnwesen, Li Senmao, mit dem Minister für Verkehrswesen, Otto Arndt, zusammen. Im Verlauf des Aufenthalts des chinesischen Gastes in der DDR unterzeichneten Otto Arndt und Li Senmao eine Vereinbarung über die Aufnahme der direkten wissenschaftlich-technischen Zusammenarbeit zwischen den beiden Ministerien. Minister Li Senmao traf ferner mit dem Minister für Schwermaschinen- und Anlagenbau der DDR, Dr. Hans-Joachim Lauck, zusammen.[309]

Prof. Dr. Dieter Spaar, inzwischen Präsident der Akademie der Landwirtschaftswissenschaften der DDR, und der Vizepräsident der Akademie der Landwirtschaftswissenschäften Chinas, Prof. Dr. Liu Zengling, unterzeichneten im September 1988 in Berlin eine Vereinbarung über die wissenschaftlich-technische Zusammenarbeit zwischen den Akademien beider Länder. Gemeinsame Arbeiten wurden in der Bodenfruchtbarkeitsforschung, zur Erzeugung virusfreien Pflanzgutes bei Obst und Kartoffeln, in der Zuckerrübenzüchtung und der Biotechnologie vereinbart. Die Wissenschaftskooperation sah auch die Weiterbildung von Spezialisten, langfristige Studien und Arbeitsaufenthalte sowie den Austausch von Ausgangsmaterialien für die Züchtung vor.[310]

Schon im Jahr zuvor stellten chinesische Wissenschaftler Kontakte zu ihren Fachkollegen in der DDR auf dem Gebiet der Landwirtschaftswissenschaften her. So weilte im September 1987 eine Gruppe von drei Experten aus dem Beijinger Amt für Pharmakologie und der Chinesischen Universität für Pharmakologie in der DDR und besuchte vier landwirtschaftliche Produktionsgenossenschaften, die sich mit der Züchtung von Heilpflanzen beschäftigen, sowie die betreffenden Universitäten. Die Expertengruppe interessierte sich für die laufenden Forschungsthemen und die geplanten Forschungsrichtungen. Sie konstatierte, dass die Forschung auf dem Gebiet der Entzündung hemmenden, der den Kreislauf anregenden und der das Herz stärkenden Heilpflanzen das Niveau der Molekularbiologie erreicht hat, und hob insbesondere die wertvollen, langzeitigen Erfahrungen auf diesem Gebiet in der DDR hervor.[311]

Ebenfalls im September 1987 hielt sich eine Gruppe von drei Experten aus dem Kreis Dingxi der Provinz Gansu in der DDR auf, um den Stand der Verarbeitung und Nutzung von Kartoffeln zu studieren. Dabei standen die Herstellungstechnologien von Kartoffelpulver im Mittelpunkt. Die Gruppe besuchte das Kartoffelverarbeitungskombinat in Hagenow, das Stärkewerk Kyritz und acht weitere Fabriken sowie ein Forschungszentrum.[312]

Im Jahre 1988 besuchte der Leiter der Turfan-Forschungsgruppe des Zentralinstituts für Altertumskunde und Archäologie der Akademie der Wissenschaften der DDR die Höhlen von Mogao und die Forscher von Dunhuang, Provinz Gansu. Das Forschungsinstitut von Dunhuang vereinbarte mit dem genannten Institut in der DDR einen Austausch der Publikationen.[313]

Eine von Klaus Herrmann geleitete DDR-Delegation besuchte Anfang Juli 1989 Beijing. Dies war nach den Ereignissen am 4. Juni 1989 auf dem Tiananmen-Platz der erste Besuch einer ausländischen Regierungsdelegation in der VR China. Vom 4. bis 7. Juli 1989 fand die 16. Tagung des Ausschusses über die wissenschaftlich-technische Zusammenarbeit in Beijing statt, in der die auf der 15. Tagung abgeschlossenen Projekte überprüft wurden und über neue Projekte auf den Gebieten der Computer-Technik, mikroelektronischen Technik, Biotechnik, Materialwissenschaft und Werkstofftechnik (technische Keramikwerkstoffe) sowie Herstellung von wissenschaftlichen Instrumenten beraten wurde.[314]

Der chinesische Partner bei den Verhandlungen war der Stellvertretende Vorsitzende des Staatlichen Komitees für Wissenschaft und Technik, Li Xue.[315]

Eine Delegation des Komitees für Wissenschaft und Technik der Stadtregierung von Beijing unter Leitung

Unterzeichnung des Protokolls der 16. Tagung des WTZ-Ausschusses – links Staatssekretär Klaus Herrmann, ganz links der Sekretär der DDR-Seite des Ausschusses, Peter Tichauer. In der hinteren Reihe: Zweiter von links Günther Schwab, Leiter der wirtschaftspolitischen Abteilung, daneben DDR-Botschafter Rolf Berthold und der Minister für Wissenschaft und Technik, Song Jian, Juli 1989

des Stellvertretenden Vorsitzenden Wang Shixiong beendete im August 1989 ihren einwöchigen Besuch der DDR. Zum Abschluss wurde die Abordnung von Klaus Herrmann, Vorsitzender der DDR-Sektion der Ständigen Kommission für wissenschaftlich-technische Zusammenarbeit DDR-China, empfangen. In dem Gespräch wurden Möglichkeiten diskutiert, das technologische Potential der DDR noch stärker in die Zusammenarbeit einzubringen und den Warenaustausch in großer Breite mit der Industriekooperation, der Lieferung von Knowhow aus der DDR sowie der produktionstechnischen Ausbildung zu verbinden.

Während des Aufenthalts fanden auch Beratungen über den Ausbau der wissenschaftlich-technischen Zusammenarbeit in Elektrotechnik/Elektronik, Maschinenbau sowie Land- und Nahrungsgüterwirtschaft und auf dem Gebiet von Städteplanung, Stadtentwicklung und Stadttechnik statt. Die Delegation hatte Gelegenheit, Betriebe und Forschungseinrichtungen zu besuchen.[316]

Die Akademien der Wissenschaften der DDR und der VR China vereinbarten eine Zusammenarbeit auf dem Gebiet der Natur- und der Technikwissenschaften für die Jahre 1989 und 1990, speziell in:

▶ Physik
▶ Mathematik, Informatik, Rechentechnik, Mechanik
▶ Wissenschaftlichem Gerätebau
▶ Chemie
▶ Biowissenschaften

In diesem Rahmen begann das Institut für Geographie und Geoökologie Leipzig mit dem Institut für Geographie der Akademie der Wissenschaften Chinas in Beijing eine Zusammenarbeit zu einer vergleichenden Analyse der territorialen Infrastruktur, der räumlichen Stadtstrukturen, der Stadt-Umland-Beziehungen und der Siedlungssysteme in Stadtregionen von Industriegebieten der Provinz Liaoning und der südlichen DDR. Schon Ende 1987 nahm das Leipziger Institut Kontakt mit dem Nanjing Institute of Geography auf. Beide Institute vereinbarten, auf dem Gebiet der Binnengewässer zusammenzuarbeiten. Insbesondere sollten der See Taihu, Prov. Jiangsu, und der Müggelsee in Berlin zur Versorgung von Shanghai und Berlin mit Trinkwasser vergleichsweise untersucht werden.[317]

Von Juli bis September 1989 weilte ein Mitarbeiter aus dem Forschungsinstitut für Düngemethoden der Akademie der Landwirtschaftswissenschaften in der DDR, um die Forschung zu Düngemethoden in den entsprechenden Forschungseinrichtungen zu studieren. Er kam zum Ergebnis, dass viele Arbeiten wert sind, studiert zu werden und dass man sie sich zum Vorbild nehmen sollte. Er verwies darauf, dass diese Forschungen schon im 19. Jahrhundert begonnen hatten und viele langfristige Erfahrungen gesammelt wurden.[318]

Ausgehend von dem Ende der 1980er Jahre stark zunehmenden Bierkonsum in China befasste man sich mit der Sortenauswahl von Gerste für das Bierbrauen. Die Landwirtschaftsakademie der Provinz Gansu, in der ein trockenes Klima und im Winter tiefe Temperaturen vorherrschen, untersuchte die Eignung von Gerstensorten aus vielen Ländern, darunter der DDR, für das Brauen von Bier. Man fand heraus, dass bestimmte europäische Gerstensorten gut geeignet sind.[319]

Zusammenfassung

Die wissenschaftlich-technische Zusammenarbeit zwischen der DDR und China war in den 1980er Jahren vor allem durch chinesische Initiative inhaltlich sehr breit angelegt. Mit der Kommission für wissenschaftlich-technische Zusammenarbeit existierte ein Organ, das die notwendigen Abstimmungen effektiv ausführen und die Arbeiten koordinieren konnte.

Da diese Zusammenarbeit erst relativ spät anlief, konnten nicht sehr viele gemeinsame Forschungsergebnisse erzielt werden. Es dauert eine bestimmte Zeit, bis eine vertrauensvolle Zusammenarbeit hergestellt ist. Auf den Gebieten, auf denen die gemeinsame Forschung eng mit der wirtschaftlichen Zusammenarbeit verbunden war, zum Beispiel im Schienenfahrzeugbau und im Chemieanlagenbau, gab es kaum finanzielle Einschränkungen, wenn sich rasch ein wirtschaftlicher Nutzen einstellte. Auf Gebieten, in denen das nicht der Fall war, wirkten die finanziellen Regelungen ungeachtet der generell devisenfreien Finanzierung der Zusammenarbeit durchaus beschränkend.

Von nicht zu unterschätzendem Wert waren die in der Zusammenarbeit entstandenen persönlichen Beziehungen zwischen Wissenschaftlern beider Länder, die auch noch nach der Vereinigung der beiden deutschen Staaten nachwirkten.

12. Exkurs: Zusammenarbeit in der Metrologie

Aufgrund vorhandener detaillierter Informationen über die wissenschaftlich-technische Zusammenarbeit auf dem Gebiet der Metrologie – der Wissenschaft des Messens – wird hier die Bedeutung persönlicher Kontakte und des Aufbaus eines Vertrauensverhältnisses zwischen den Partnern der Zusammenarbeit besonders deutlich. Diese Faktoren wirkten noch über die Vereinigung der beiden deutschen Staaten hinaus weiter, als die Zusammenarbeit in einem neuen Rahmen stattfand.

Auf dem Gebiet der Metrologie wurden im Programm der langfristigen Zusammenarbeit in Wissenschaft und Technik für den Zeitraum 1986 bis 1990 Vergleichsmessungen und ein Informationsaustausch zu Grundlagendokumenten vereinbart.

Ein erster Kontakt zwischen den metrologischen Instituten ergab sich im Juni 1985, als der Vizepräsident des Amtes für Standardisierung, Messwesen und Warenprüfung (ASMW), Dr. Klaus Möbius, zusammen mit dem Fachgebietsleiter Längennormale, Dieter Hantke, in Beijing weilte. Die Einladung zu diesem Besuch hatte das Staatliche Büro für technische Überwachung (SBTS) an den Präsidenten des ASMW, Prof. Helmut Lilie, gerichtet. Dieser hatte die Einladung nach längerer Beratung mit den übergeordneten Organen an seinen Vizepräsidenten für Metrologie – auch aus politischer Vorsicht, weil viele Leiter die sowjetischen Warnungen vor Kontakten mit China verinnerlicht hatten – weitergegeben. Die Idee zu dieser Einladung ging wahrscheinlich vom Direktor des Nationalen Instituts für Metrologie (NIM), Zhao Kegong, aus, der im Jahre 1985 zum Präsidenten gewählt worden war und in dieser Eigenschaft derartige Vorschläge unterbreiten konnte. Er hatte von 1956 bis 1962 Optik und Feinmesstechnik an der TH Ilmenau studiert und unterhielt persönliche Kontakte zu seinen damaligen Lehrern und Kommilitonen. Zusammen mit dem Leiter der wirtschaftspolitischen Abteilung Rolf Richter wurden die Gäste aus der DDR vom NIM-Präsidenten Zhao Kegong herzlich empfangen.

Aus der DDR war schon Anfang der 1980er Jahre ein Vorstoß erfolgt, indem chinesische Vertreter der Metrologie zu einer Sitzung der Sektion Metrologie der Ständigen Kommission für Standardisierung (SKS) des RGW eingeladen werden sollten. Der damalige Vizepräsident für das Messwesen im Deutschen Amt für Messwesen und Warenprüfung (DAMW), Prof. Jahnke, erörterte diesen Gedanken mit Prof. Isajew, dem Vorsitzenden der Sektion Metrologie der SKS, fand aber in Moskau keine Zustimmung. Nach Auffassung der sowjetischen Organe sollten solche Kontakte erst hergestellt werden, wenn die Sowjetunion ihre politischen Beziehungen zu China normalisiert habe.

Die Reise von Dr. Klaus Möbius und Dieter Hantke führte nach Beijing und Shanghai. Die beiden wurden

1985. 06. 原 德国大使馆 科技参赞 D.. Richter

Zhao Kegong, Direktor des Nationalen Instituts für Metrologie, begrüßt den Leiter der wirtschaftspolitischen Abteilung an der DDR-Botschaft, Rolf Richter. Mitte: Dr. Klaus Möbius, Vizepräsident des Amtes für Standardisierung, Messwesen und Warenprüfung, halb verdeckt: Fachgebietsleiter Dieter Hantke, Juni 1985

auch vom Vorsitzenden des Staatlichen Komitees für Wissenschaft und Technik, Song Jian, empfangen. Dabei wurde die Fortsetzung der Kontakte besprochen.[320]

Der Präsident des NIM, Zhao Kegong, sprach mit Rolf Richter und Dr. Klaus Möbius über Möglichkeiten einer Zusammenarbeit und berichtete darüber seiner vorgesetzten Behörde, dem Staatlichen Hauptamt für Metrologie.[321]

Zhao hob auch hervor, dass das NIM bei seiner Gründung im Jahre 1955 die Hilfe der DDR erfahren

Dr. Klaus Möbius, Dr. Lu Shaozeng und Dieter Hantke (v.l.n.r.) bei einer Exkursion zur Großen Mauer, Juni 1985

habe, indem der VEB Carl Zeiss Jena eine Reihe von Feinmessgeräten und Normalgeräten sowie die Klimaanlage für das Institut geliefert hatte. Bei der älteren Generation der Mitarbeiter war diese Hilfe noch in guter Erinnerung, auch wenn darüber besonders während der Kulturrevolution nicht gesprochen werden durfte.[322]

Zhao Kegongs Information führte zu einer Reise von zwei chinesischen Vertretern in die DDR. Durch sie kamen die Kontakte zwischen Metrologen der DDR und Chinas während der 1980er Jahre in eine entscheidende Phase. So besuchten im Oktober 1986 die beiden Metrologen Lu Shaozeng, Leiter der Abteilung Standardisierung im Hauptamt für Metrologie, und Yang

Ziben, Wissenschaftler aus der Längenabteilung des NIM, das ASMW. Yang Ziben hatte den Einsatz der Laserinterferometrie in seinem Institut wesentlich vorangetrieben.

Der Anlass ihrer Reise in die DDR war die Teilnahme an einer IMEKO-Tagung in Berlin, aber der Hauptzweck war es, den Stand der Metrologie in der DDR kennenzulernen, um Vorschläge für eine künftige Zusammenarbeit abzuleiten.

Die beiden Gäste wurden auf dem Flughafen Berlin-Schönefeld von einer Gruppe des ASMW und vom Wissenschaftssekretär der chinesischen Botschaft in Berlin, Wang Xueyi, willkommen geheißen, was die Bedeutung dieses Besuches noch einmal unterstrich.

Das ASMW hatte für die chinesischen Kollegen ein umfangreiches Besichtigungsprogramm im ASMW Berlin, in der ASMW-Zweigstelle Ilmenau und in der TH Ilmenau vorbereitet.

Yang Ziben hielt einen beeindruckenden Vortrag über die Laseranwendungen im NIM. Zhao Kegong hatte mehrere Laserstrahlungen mit einer sehr hohen Frequenzstabilität gefunden, aber Yang Ziben hatte diese Erfindung für die Metrologie technisch nutzbar gemacht.

Bei einem Gespräch, als das ASMW die beiden chinesischen Gäste in das Restaurant des Palasts der Republik eingeladen hatte, tauten die sonst recht verschlossenen Kollegen auf und berichteten, wie sie die Kulturrevolution erlebt hatten. Als Intellektuelle, von vornherein verdächtig, weil nicht vertrauenswürdig, waren sie beide längere Zeit aufs Land verbannt worden, um von den »armen Bauern« umerzogen zu werden. Lu Shaozeng hatte in einem Schweinestall zu arbeiten. Wegen des Gestanks wurde er nur selten kontrolliert, so dass er hier heimlich Englisch lernte, was natürlich verboten war.

Yang Ziben hatte das Pech, dass seine Eltern einen kleinen Laden besessen hatten, so dass er als »Kapitalist« eingestuft wurde. Die Funktionäre im Dorf sorgten

Exkursion mit Dr. Lu Shaozeng nach Sanssouci, Oktober 1986. Von links nach rechts: Fachgebietsleiter Längennormale Dieter Hantke, Vizepräsident Dr. Klaus Möbius, Dr. Lu Shaozeng, Konrad Herrmann

dafür, dass er ständig schikaniert wurde. Aber zum Ende der Kulturrevolution erlahmte der Eifer der Funktionäre, und Yang Ziben wurde von den Bauern plötzlich als Held gefeiert, weil er zum Neujahrsfest Raketen gebastelt hatte, die in den Himmel flogen. Mit feiner Ironie sagte er: »Wir waren ja Intellektuelle«, wobei das Wort Intellektuelle (zhishi fenzi = wissende Elemente) im Chinesischen einen zweideutigen Klang hat, weil fenzi (Elemente) wie auch im Deutschen einen negativen Beigeschmack hat.

»Intellektuelle waren die stinkende Nummer Neun.« Angefangen von Konterrevolutionären und Gutsbesitzern waren die Intellektuellen die neunte Kategorie von Volksfeinden und ›schlechten Elementen‹.«

Die beiden Chinesen planten, auf der Rückreise auch zu sowjetischen Metrologie-Kollegen Kontakt aufzunehmen. Ob dies gelang, wurde nicht bekannt.

Im November 1986 besuchte eine Delegation der Chinesischen Hauptamts für Metrologie das Amt für Standardisierung, Messwesen und Warenprüfung zum Zweck des gegenseitigen Kennenlernens der metrologischen Aufgaben.

Die chinesische Seite war besonders an der Struktur und der Arbeitsweise des ASMW interessiert, weil sie bestimmte erfolgreiche Methoden übernehmen wollte. Die Delegation wünschte ausführliche Informationen über die Verbindung zwischen einer durch den Staat gelenkten Qualitätssicherung und der Metrologie. Die Struktur des ASMW wurde entsprechend den erhaltenen Erläuterungen von der chinesischen Delegation so interpretiert, dass die Standardisierung die Grundlagen der Vereinheitlichung und die Metrologie die Methoden liefert, während die Qualitätssicherung das Ziel darstellt.[323] Man kam überein, Vergleichsmessungen durchzuführen und Referenznormale und Referenzmaterialien auszutauschen.

Die chinesische Seite schlug vor, im Jahr 1987 Vergleichsmessungen mit Strichmaßstäben, Evolventenverkörperungen und Endmaßen durchzuführen. Die DDR erklärte sich einverstanden. 1987 wollte die chinesische Seite einen Experten für Laseranwendungen zum ASMW entsenden. Der Leiter der Abteilung Mechanik, Dr. Klaus Hasche, der die DDR auch in der Internationalen Organisation für gesetzliche Metrologie (OIML) vertrat, wurde zu einem Besuch in China eingeladen, um über die Metrologie der mechanischen Größen, die Arbeit der OIML und die Verbindung der Metrologie mit der Warenprüfung und der Standardisierung zu berichten.

Die chinesische Seite schenkte dem ASMW vier Ampullen mit Caesium. (Caesium wird zum Betrieb des Zeitnormals benötigt.) Das ASMW übergab der chinesischen Delegation ein in Zusammenarbeit mit der Industrie entwickeltes Verzahnungsnormal.[324]

Im Dezember 1987 weilte eine vierköpfige Delegation aus dem Hauptamt für Metrologie Chinas im ASMW, um an der Feier zu »100 Jahre staatliche Metrologie« teilzunehmen. Die Delegation besichtigte mehrere Einrichtungen des ASMW sowie Betriebe und die TH Ilmenau. Entsprechend den Bedürfnissen der chinesischen Seite vereinbarte man Vergleichsmessungen der Platin-Widerstandsthermometer. Ab Januar 1988 tauschten beide Seiten monatlich einmal die Frequenzen der Zeitnormale aus. Die chinesische Seite schlug vor, die Abmessungen der Quanten-Hall-Elemente auszutauschen, um sie künftig vergleichen zu können. Im Jahre 1988 sollte die ASMW-Delegation, die China besuchte, die Arbeitspläne für 1989 und 1990 ausarbeiten. Weiter wurde vereinbart, dass ein Experte des ASMW im September oder Oktober 1988 das NIM besuchen sollte, um die Laseranwendungen zu studieren.

Der Leiter der Abteilung Mechanik, Dr. K. Hasche, soll im Mai 1988 nach China reisen.

Eine vierköpfige Delegation des ASMW sollte im September 1988 China besuchen, um den Stand der metrologischen Arbeiten zu studieren. Entsprechend den Finanzierungsgrundsätzen der wissenschaftlich-technischen Zusammenarbeit kam die chinesische Seite für die Aufenthaltskosten in China auf, während die deutsche Seite die Reisekosten trug.

Ernsthafte Probleme bereitete der DDR-Seite die Bereitstellung der Tagegelder für den Aufenthalt in China, die in US-Dollar zu zahlen waren. Die chinesische Seite akzeptierte nur konvertierbare Währungen, obwohl ihr Yuan ebenso wie die DDR-Mark eine Binnenwährung war.

Diese Tatsache wirkte sich hemmend auf die Entwicklung der Zusammenarbeit aus.

1990 sollte ein Abkommen der Zusammenarbeit in der Metrologie abgeschlossen werden, das durch jährliche Arbeitspläne untersetzt werden würde. Diese Ab-

ASMW 局长··· ·· buss

Der Präsident des NIM, Zhao Kegong, bei seinem Besuch im ASMW, mit Dr. Klaus Möbius, Vizepräsident Messwesen, 31. August 1987

sicht konnte angesichts der »Wende« in der DDR nicht mehr verwirklicht werden.

Zum 100. Jahrestag der staatlichen Metrologie im Jahre 1987 schenkte die chinesische Delegation dem ASMW eine Replik eines 2000 Jahre alten Messschiebers.[325] Sie befindet sich heute in der Sammlung der Physikalisch-Technischen Bundesanstalt (PTB.) Zuvor hatte Ende August/September 1987 der Präsident des NIM, Zhao Kegong, das ASMW besucht, um die Bedürfnisse seines Instituts in der Zusammenarbeit mit dem ASMW zu ermitteln.

Im Jahre 1988 stellte der Physiker Dr. Manfred Sommer den von ihm entwickelten Messlaser – ein Lasergerät, das Messungen mit Subnanometergenauigkeit ermöglichte – im NIM vor.

Anfang Mai 1989 nahm ich selbst an einer IMEKO-Tagung in Beijing teil und berichtete im NIM über die Verzahnungsnormale des ASMW und deren Einsatz für die Qualitätssicherung in der zahnradherstellenden Industrie der DDR. Die Qualitätssicherung von Zahnrädern war während der 1980er Jahre in China ein aktuelles Thema im Maschinenbau. Bei dieser Gelegenheit wurde eine der sehr wertvollen Caesium-Ampullen, die im ASMW für die Atomuhrentwicklung nicht mehr benötigt wurden, an das NIM für die dortigen Arbeiten auf diesem Gebiet zurückgegeben.

Das ASMW konnte hinsichtlich Breite und Finanzierung der Zusammenarbeit in der Metrologie durch die Physikalisch-Technischen Bundesanstalt (PTB) und das Bundesministeriums für Wirtschaft nicht mithalten. Dennoch war es durch Spitzenleistungen, wie die 2-Meganewton-Kraftnormalmesseinrichtung, den automatischen Interferenzkomparator und aufgrund der engen Zusammenarbeit mit dem VEB Carl Zeiss Jena ein attraktiver Partner. Nicht zuletzt wollte China auch von der Mitgliedschaft der DDR in der OIML profitieren. Da die Zusammenarbeit relativ spät begann, blieb zu wenig Zeit, um ein Abkommen abzuschließen.

Als der automatische Interferenzkomparator, der nach der Vereinigung der beiden deutschen Staaten in den Besitz der Physikalisch-Technischen Bundesanstalt übergegangen war, zugunsten eines neu entwickelten Nanometer-Komparators außer Dienst gestellt wurde, bat Zhao Kegong die Leitung der PTB darum, den automatischen Interferenzkomparator zum NIM zu überführen. Der Komparator wurde im Jahr 2000 demontiert, nach Beijing transportiert und in der neuen Basis des NIM installiert. Inzwischen wurde er modernisiert und für neue Messaufgaben modifiziert. So führte der automatische Interferenzkomparator die seinerzeit begonnene Zusammenarbeit zwischen ASMW und NIM fort.

Zusammenfassung

Bei der Zusammenarbeit auf dem Gebiet der Metrologie spielte eine große Rolle, dass ihr Initiator, Zhao Kegong, in den 1950er und 1960er Jahren an der TH Ilmenau studiert hatte und so eine geistige Bindung zur DDR existierte. Zhao war der DDR dankbar, dass sie ihm das Studium ermöglicht hatte. Aber auch in der übergeordneten chinesischen Behörde, die die Zusammenarbeit administrativ leitete, war die Kooperation von Sympathie begleitet.

Eine Initiative von Seiten der DDR zur Zusammenarbeit mit China wurde von sowjetischen Vertretern gebremst. In recht unkomplizierter Weise wurden erste Aktivitäten der Zusammenarbeit zwischen der DDR und China beschlossen und auch realisiert. Der Abschluss eines langfristigen Abkommens scheiterte am Ende der DDR. Die Zusammenarbeit mit den früheren DDR-Partnern wurde aber nach der Vereinigung im Rahmen des deutsch-chinesischen Abkommens auf dem Gebiet der Metrologie von 1979 fortgesetzt.

13. Schwerpunktvorhaben der Zusammenarbeit

Im Folgenden soll der Verlauf von zwei Schwerpunktvorhaben aus der Zusammenarbeit DDR-China dargestellt werden. Die Dokumentation fußt auf den relativ ausführlich erhaltenen Akten und anderweitigen Informationen.

Sie zeigt, dass und auf welche Weise China intensiv und letztlich erfolgreich einige gravierende Transportprobleme löste, so dass das Land auf dem Gebiet des Schienenfahrzeugbaus schrittweise unabhängig von Importen wurde. Die DDR leistete dabei bedeutende Unterstützung und realisierte über Jahrzehnte umfangreiche Lieferungen.

Die Durchführung des Technologietransfers bei den Kühlzügen im VEB Waggonbau Dessau erfolgte vorbildlich und liefert auch noch für gegenwärtige Vorhaben eines Technologietransfers eine Blaupause.

Bei dem Stadtgaswerk in Harbin setzte China auf die Erfahrungen der DDR mit der Staubdruckvergasung von Braunkohle, nur dass China Steinkohle einsetzen wollte. Die Anpassung der Technologie erwies sich komplizierter als ursprünglich gedacht.

Die Zulieferprobleme in der DDR in den 1980er Jahren offenbaren, dass im Allgemeinen wenig Platz für kreative Lösungen vorhanden war, um spezielle Kundenwünsche bei den Erzeugnissen zu erfüllen. Dabei gelangte die Kombinatsstruktur in der DDR an ihre Grenzen. Ein Kombinatsdirektor hatte nur innerhalb seines Kombinats idealerweise einen vollen Durchgriff. Sobald Zulieferungen aus anderen Kombinaten erforderlich waren, setzte ein schwerfälliger, bürokratischer Prozess ein, in den erforderlichenfalls auch die übergeordneten Ministerien eingeschaltet werden mussten. Die zuliefernden Betriebe wollten möglichst wenig an ihrer Produktion ändern, weil sie die vorgegebenen Produktionsauflagen ohnehin nur mit großen Anstrengungen erfüllen konnten. Neue Anforderungen aus Kundenwünschen etwa aus China waren höchst kompliziert zu realisieren.

Besonders schwierig waren Anforderungen an notwendig einzubeziehende Erzeugnisse der Rechen-, Mess- und Steuertechnik zu verwirklichen, um diese zu integrieren und zu beschaffen. Wenn diese Technik aus anderen RGW-Ländern bezogen werden musste, kamen in vielen Fällen erhebliche Qualitätsprobleme hinzu, die den Wert einer komplexen Anlage drastisch senken konnten und den Verkauf infrage stellten.

Ein weiteres Problem war die mangelnde Flexibilität bei der Erfüllung von Lieferterminen, durch die im Außenhandel immer wieder Aufträge verlorengingen.

Vom 5. bis 11. September 1984 empfing der Minister für Kohle und Energie, Wolfgang Mitzinger, in Berlin den Minister für Kohleindustrie Chinas, Gao Yangwen. Dieser schlug vor, ein Gaswerk für die Stadt Harbin auf Steinkohlebasis zu errichten. Dabei ließ er sich von den Erfahrungen der DDR mit der Vergasung von Braunkohle im Kombinat Schwarze Pumpe leiten.

Mitzinger erwiderte vollmundig, dass in der DDR reiche Erfahrungen und Traditionen mit der Kohlevergasung bestünden.

Gao Yangwen fuhr fort, dass in China zu diesem Vorhaben eine Machbarkeitsstudie angefertigt worden sei. Mitzinger sagte ihm zu, diese Studie begutachten zu lassen, und bekundete das Interesse der DDR an dem Projekt.

Außer dem Vorhaben Gaswerk in Harbin wurden weitere Projekte besprochen:

- ► Aufschluss des Braunkohlen-Tagebaus Yuanbaoshan, Innere Mongolei
- ► Konsultation im Kohleinstitut Fushun, Provinz Liaoning
- ► Aus- und Weiterbildung chinesischer Spezialisten auf den Gebieten der Kohlegewinnung im Tagebau und der Veredlung von Kohle
- ► Modernisierung und Rekonstruktion der Braunkohlenwachsanlage der Grube Shulan zur Erhöhung der Leistungsfähigkeit und Qualität des Wachses[326]

Nach diesem Besuch gab Minister Mitzinger (wahrscheinlich über seinen Kollegen, den Minister für chemische Industrie) die Machbarkeitsstudie der chinesischen Seite an die Kombinate VEB Projektierungs-, Konstruktions- und Montagebüro (PKM) Chemieanlagenbau Leipzig und VEB Chemieanlagenbau Leipzig-Grimma (CLG) zur Begutachtung weiter.

Mit einem Schreiben des Generaldirektors des Gaskombinats Schwarze Pumpe, Dr. Herbert Richter, vom 25. Oktober 1984 an den Vize-Generaldirektor der chinesischen Gesellschaft für Kohleimport und -export, Wang Guang'en, sicherte dieser einen Baubeginn des Gaswerks am 1. Oktober 1986 zu.

Dr. Richter wies darauf hin, dass die vorgesehenen 500 Kilogramm Steinkohle für einen großtechnischen Versuch zur Kohledruckvergasung zu große Streuungen liefern würden. Deshalb sollten nach den Erfahrungen des Kombinats 5.000 bis 15.000 Tonnen Steinkohle zur Verfügung gestellt werden. Diese Versuche sollen im Gaskombinat Schwarze Pumpe an den 4,0 m-Druckgasgeneratoren durchgeführt werden.

Entsprechend dem Angebot des Ministers für Kohleindustrie Chinas, Gao Yangwen, sollten unter Leitung von DDR-Spezialisten Versuche auch an 1,6 m-Druckgasgeneratoren in China durchgeführt werden.[327]

Im November 1984 informierte die handelspolitische Abteilung der Botschaft der DDR in Beijing darüber, dass sich das chinesische Ministerium für Kohle über den zu hohen Preisvorschlag für die Begutachtung der chinesischen Machbarkeitsstudie beschwerte. Sie riet zu einem günstigeren Preis, um das Hauptgeschäft nicht zu gefährden.[328]

Vom 2. bis 18. Dezember 1984 fand im Ferienobjekt Knappensee[329] eine Beratung von DDR-Spezialisten unter Leitung des Außenhandelsbetriebs Chemieanlagen Export/Import mit einer Delegation der chinesischen Gesellschaft für Kohleimport und -export zur Vorbereitung der Begutachtung der Durchführbarkeitsstudie für das Gaswerk Harbin statt. Die chinesische Seite nannte folgende Ecktermine für die Realisierung des Vorhabens:

- ▶ 1. Halbjahr 1985
  Abschluss der Entwurfsarbeiten
- ▶ 2. Halbjahr 1986
  Baubeginn
- ▶ 1987/1988
  Montagearbeiten
- ▶ Ende 1988
  Beginn des Probebetriebs
- ▶ 1990
  Abschluss der Gesamtinvestition

Die Begutachtung der Durchführbarkeitsstudie wurde auf der Grundlage der übergebenen Probe von 50 (!) kg Steinkohle aus der Grube Yilan durchgeführt.

Eine Probe von 500 kg Steinkohle war auf dem Transport in die DDR verlorengegangen.

Die chinesische Seite hatte die Probe von 50 kg als repräsentativ erklärt und gesagt, für einen Großversuch im Juni/Juli 1985 rund 3.000 bis 4.000 Tonnen Steinkohle zu liefern. Versuche in China wurden als unzweckmäßig betrachtet, da der in Frage kommende Gasgenerator kein Rührwerk besaß.

Das geplante Gaswerk sollte eine Kapazität von 1,6 Millionen m³/Tag Stadtgas und Synthesegas und von 40.000 t/Jahr Methanol haben.

Der Vorschlag der DDR-Seite zur Aufteilung der Lieferung von Ausrüstungen wurde von der chinesischen Seite angenommen:

▶ Lieferung von Hauptausrüstungen, wie Generatoren komplett, Kohleschleusen, Ascheschleusen, Waschkühler, Abhitzekessel, Spezialpumpen, Spezialarmaturen, spezielle Ausrüstungen der MSR-Technik, Belüftungseinrichtungen für die biologische Abwasserreinigung sowie ggf. Ausrüstungen für die CO-Konvertierung, Drehscheibenextraktoren für die Entphenolung und Hydraulikantriebe für den Generator durch die DDR

▶ Lieferung von Rohrleitungen, Armaturen, Behältern und anderen Apparaten sowie Bereitstellung der Hydrauliksysteme durch die VR China

▶ Zwischen der Bereitstellung der Technologie für einzelne Objekte und der kompletten Lieferung der Anlage sind Lieferaufteilungen möglich.[330]

Diese Beratung wurde sehr gründlich vorbereitet, um die chinesischen Gäste positiv für den DDR-Partner einzunehmen und den Abschluss des Begutachtungsvertrages atmosphärisch zu unterstützen. Die Unterbringung der Gäste erfolgte in Bungalows mit alkoholfreien Getränken auf den Zimmern. Weinbrand und Wodka waren aber auf Weisung des Generaldirektors bereitzuhalten. Für die Verpflegung (einschließlich Obst und Kaffee) stand die Objektgaststätte zur Verfügung.

Mehrere Verhandlungsräume wurden für Gespräche in Gruppen vorbereitet. Dabei wurden auch Fahnen der VR China und der DDR nicht vergessen. »In beiden Objekten ist ein dezenter Tischschmuck zu gewährleisten. Für saubere Sanitäranlagen (männlich, weiblich) ist Sorge zu tragen«, vermerkte die Aktennotiz.

Für die Wochenenden war eine Rundumbetreuung nach Wahl in Cottbus, Dresden, Bautzen und Senftenberg vorgesehen, einschließlich Einkaufstag in Hoyerswerda, Cottbus oder Dresden. Schließlich wurden die Porzellanmanufaktur in Meißen, die Moritzburg und die Galerie Alter Meister in Dresden besucht.

Die chinesischen Gäste erhielten fünfzehn Mark Tagegeld pro Person. Probleme bereitete ein separater Telefonanschluss, für den noch eine Freileitung gelegt werden musste. Weiterhin musste ein 45-Personen-Bus mit ausreichendem Treibstoffvorrat und eine Sekretärin mit Schreibmaschine zur Verfügung gehalten werden. Für die Lösung dieser Probleme wurde der Generaldirektor des Kombinats eingeschaltet.[331]

Solche an sich nebensächliche Details zeigen, dass angesichts des Sparsamkeitsregimes die materielle Sicherstellung solcher Veranstaltungen Anstrengungen bis hin zu den höchsten Leitern erforderten.

Am 14. Dezember 1984 wurde nach einer Beratung zwischen der China National Coal Development Corporation und dem Außenhandelsbetrieb Chemieanlagen Export/Import in Knappensee ein »Vertrag über die

Begutachtung der Durchführbarkeitsstudie des Gaswerkes in Harbin« abgeschlossen. Für die Begutachtung wurden 257.530 Schweizer Franken vereinbart. Die Begutachtung hatte das Ziel, Voraussetzungen für den Aufbau eines Gaswerks mit Druckgasgeneratoren von PKM bei Einsatz von Steinkohle aus der Grube Yilan zu schaffen.

Die Durchführbarkeitsstudie war wie folgt gegliedert:

▶ Allgemeines
▶ Über die Wahl der Technologien
▶ Technologieplan des Gaswerkes
▶ Bauplan der öffentlichen Anlagen[332]

Der Preis für die Begutachtung wurde zwischen dem VEB Projektierungs-, Konstruktions- und Montagebüro (PKM) und dem VEB Chemieanlagenbau Leipzig-Grimma (CLG) entsprechend dem Aufwand im Verhältnis 75 zu 25 Prozent aufgeteilt.[333]

Die Arbeiten für die Begutachtung der Durchführbarkeitsstudie waren wie folgt aufgeteilt[334]:

CLG-Anteil	PKM-Anteil
CO-Konvertierung	Druckvergasung
Entphenolung und NH_3-Abtrieb	Gaskühlung
Technologie Methanolerzeugung	Gasreinigung
Technologie Nebenobjekte (Zuarbeit)	Flüssigproduktentrennung
Empfehlungen und Vorschläge zur Vorhabensrealisierung	Biologische Abwasserreinigung
	Technologie Nebenobjekte
	Empfehlungen und Vorschläge zur Vorhabensrealisierung (Zuarbeit)
	Empfehlungen und Vorschläge zu Nebenprodukten, Elektrotechnik, Nachrichtentechnik BMSR-Technik, Bautechnik und Laboruntersuchungen
	Übersicht einschlägiger DDR-Standards
	Gesamt-Stoff- und -Mengenfließschema
	Koordinierung der Arbeiten am Gutachten
	Übersetzung des gesamten Gutachtens

Die chinesische Seite erhielt die Begutachtungsergebnisse im II. Quartal 1985.

In der Zeit vom 4. bis 20. Juni 1985 fand die Verteidigung der Begutachtungsergebnisse in Beijing auf einer gemeinsamen Beratung der China National Coal Development Corporation und des Außenhandelsbetriebs Chemieanlagen Export/Import statt. In diesem Zusammenhang besichtigte man auch die Steinkohlengrube Yilan und den künftigen Bauplatz des Gaswerks.

Die chinesische Seite forderte, dass die Technologien, die sich in der DDR noch im Stadium von Forschung und Entwicklung befinden (Druckspülentaschung, Rührwerk, drehbarer Kohleverteiler und Teerrückführung bei Steinkohleeinsatz) so schnell wie möglich industriell erprobt werden. Weiterhin wünschte die chinesische Seite ausführlichere Informationen zu folgenden Technologien: Methanolwäsche bei tiefen Temperaturen, Entphenolung und Ammoniak-Produktion hoher Konzentration.[335]

Das Projekt des Stadtgaswerks Harbin erfuhr eine erste Verzögerung, weil, wie erwähnt, eine Probe von 500 kg Steinkohle aus der bei Harbin gelegenen Grube auf dem Transportweg in die DDR verlorengegangen war. Schließlich wurde im Brennstoffinstitut Freiberg eine wesentliche kleinere Probe von 50 kg Steinkohle auf ihre Eignung für die Kohlevergasung untersucht.[336]

Auf dieser Grundlage wurde eine thermodynamische Vorausberechnung des Vergasungsprozesses vorgenommen, um die spezifische Ausbeute zu ermitteln. Die chinesische Seite beteiligte sich an den Druckvergasungsversuchen mit einem 4 m-Druckvergasungsgenerator von PKM in der Schwarzen Pumpe schließlich mittels einer Probe von 153 kg Steinkohle aus Yilan, die ersatzweise für die verloren gegangenen 500 kg Steinkohle bereitgestellt wurde.

Die Versuche fanden von November bis Dezember 1985 statt. Dabei zeigte sich, dass der Druckvergasungsgenerator von PKM brauchbar war.

Die chinesische Seite äußerte mehrere Kritikpunkte. Da die Messdaten unter stabilen Bedingungen gewonnen worden waren, konnte man sie für die konstruktive Optimierung des Generators nutzen. Es zeigte sich, dass die Korngröße des Steinkohlenmehls nicht kleiner als 6,3 mm betragen durfte, da die Anlage sonst verstopfen könnte. Mit der eingesetzten Mikrocomputersteuerung ließ sich nur eine Programmsteuerung, aber keine Optimierung der Steuerung realisieren.

Das erzeugte Gas war mit Wasser gemischt; es trat kein Emulgieren auf, so dass sich die Komponenten relativ leicht trennen ließen.

Der abgeschiedene Teer sollte wieder in den Generator zurückgeführt werden. Da der 4 m-Druckvergasungsgenerator von PKM für die Braunkohle in der Schwarzen Pumpe konstruiert worden war, gab es beim Einsatz mit der Steinkohle von Yilan einige Probleme. Zum Beispiel erwies sich die Höhe des Generators als unzureichend, so dass die Temperatur an der Oberseite des Generators zu hoch war. Beim Auswaschen der Phenolfraktion wurde zuviel Energie verbraucht. Die Drehzahl des Ascherosts war zu klein, so dass die Asche zu langsam ausgestoßen wurde. Der Verteiler der Steinkohle für den Druckgasgenerator musste ebenfalls verändert werden.

Die Daten des Versuchs wurden durch den Ist-Stand der Ausrüstung in der Schwarzen Pumpe und die Menge der zur Verfügung stehenden Steinkohle beschränkt. Die chinesische Seite äußerte dennoch die Erwartung, dass die Ausrüstung für das Stadtgaswerk Harbin weiter verbessert und optimiert werde.[337]

Im Angebot für die Lieferung des Gaswerkes Harbin bemühte sich die DDR-Seite um eine Leistungsabgrenzung bei der Mess-, Steuer- und Reglungstechnik und der Computertechnik. Die Chinesen als Käufer stellten folgende Bedingungen:

Vom Verkäufer ist zu übernehmen:

▶ Spezielle Messtechnik pro Generator und Abhitzeanlage:

12 Hochdruckthermoelemente

9 radiometrische Messeinrichtungen

1 Teerdosierpumpe mit Zusatzeinrichtung

7 Eckventile mit Hydraulikantrieb

2 Gasentnahme- und Aufbereitungsgeräte für Analysen des Rohgases

▶ Für die SCS-Anlage müssen vom Verkäufer je Anlagestrang geliefert werden:

2x Heizwertmessgeräte für Reingas

2x Dichtemessgerät

1x Wobbezahlmessung[338]

▶ Für die Computersteuerung soll der Verkäufer die Software ausarbeiten und installieren.[339]

Am 1. Februar 1986 wurde DDR-seitig eine Objektleitung für das Exportvorhaben Druckgaswerk Harbin gegründet. Die Aufteilung der Arbeiten der beiden beteiligten Kombinate VEB PKM Chemieanlagenbau Leipzig und VEB Chemieanlagenbau Leipzig-Grimma wurde vertraglich geregelt. Mit dem VEB Schwermaschinenbau »Karl Liebknecht« (SKL) Magdeburg wurde die Zulieferung einer Absorptionskälteanlage vereinbart.

Im September/Oktober 1986 fanden in Harbin die technischen Verhandlungen zum Angebot der DDR-Seite für das Druckgaswerk statt. Neben dem ursprünglichen Angebot wurde über Zusatzforderungen der chinesischen Seite nach Lieferung von Ventilen, Flanschen und anderen Baugruppen für das Druckgaswerk verhandelt. Außerdem sollte der Einsatz von Chefmonteuren, den die chinesische Seite zu bezahlen hatte, reduziert werden.

Im Ergebnis der Verhandlungen wurde folgende Realisierungskonzeption abgestimmt, die gegenüber dem ursprünglichen Zeitplan modifiziert war:

- ▸ Lieferung der ersten Hauptausrüstungen
  Nov. 1986
- ▸ Montagebeginn
  1. Juli 1989
- ▸ Abschluss der Montage
  Oktober 1990
- ▸ Beginn der Inbetriebnahme
  April 1991
- ▸ Ende der Inbetriebnahme
  Sept. 1991

Die Montage musste in jedem Fall im Jahre 1990 beendet werden, weil in jenem Jahr in China der Fünfjahrplan auslief und nur so die Finanzierungsgrundlage für das Projekt gegeben war.

Vom 14. bis 22. August 1986 weilte Minister Mitzinger auf Einladung des Ministers für Kohleindustrie, Yu Hongen, in China. Im Protokoll dieses Besuches ist als erster Punkt aufgeführt, dass am 15. August 1986 das kommerzielle Angebot zur Errichtung des Stadtgaswerkes Harbin an den zuständigen chinesischen Außenhandelsbetrieb übergeben worden ist.

Weiter erwähnt das Protokoll, dass am 18. August 1986 der Vertrag über den Technologietransfer des Montanwachs-Extraktionsverfahrens »Montanwachsfabrik Shulan« unterzeichnet wurde. Ferner wurden weitere Schritte bei der Einführung der kontinuierlichen Tagebautechnologie abgestimmt. Diese betrafen den Tagebauaufschluss Yuanbaoshan und die Entwicklung des Tagebaus Yiminhe Nr. 1. (Beide Tagebaue lagen in der Inneren Mongolei.) Bis Oktober 1986 sollte die DDR vier Spezialisten nach Yuanbaoshan für Vorplanungen des Tagebaus entsenden und sich danach an einer internationalen Tenderausschreibung beteiligen.

Die chinesische Seite sicherte zu, bei gleichen Tenderergebnissen der Zusammenarbeit mit der DDR den Vorzug zu geben. Die chinesische Seite würde der DDR den Auftrag zur Ausarbeitung einer Durchführbarkeitsstudie für den Tagebau Yiminhe erteilen.

Die DDR-Seite erklärte sich bereit, die Ausbildung von 500 Arbeitskräften für den Tagebau Yuanbaoshan, von 500 Arbeitskräften für das Gaswerk Harbin und von 100 Arbeitskräften für die Montanwachsfabrik Shulan in Betrieben der DDR zu übernehmen.

Im Jahre 1991 wurde schließlich der Vertrag über die Lieferung von Ausrüstungen für den Tagebau Yuanbao-shan mit der inzwischen privatisierten TAKRAF GmbH abgeschlossen. Der chinesische Partner steuerte einen bedeutenden Kooperationsanteil bei, um die Kosten des Vorhabens zu senken.[340]

Das Vorhaben der Ausbildung von Fachkräften für die Tagebaue wurde durch die Forderung der chinesischen Seite gebremst, weil die chinesischen Arbeiter einen Teil ihres Lohns in Schweizer Franken erhalten sollten. Die Fremdwährung plante China zu übernehmen und seinen Staatsangehörigen den Lohn in Yuan auszuzahlen.

Erst 1992 kamen siebzig chinesische Werktätige zur TAKRAF GmbH.[341]

Während seines einwöchigen Aufenthalts in China hatte Minister Mitzinger mit dem Minister für Kohleindustrie, Yu Hongen, Schritte für das Zusammenwirken beider Länder bei der Einführung effektiver kontinuierlicher Tagebautechnologien in China vereinbart. Diese Technologien wurden, so hieß es, in der DDR seit Jahrzehnten erfolgreich angewendet. Beide Seiten stimmten Maßnahmen für die weitere intensivere Zusammenarbeit bei der Kohlevergasung ab.

In einer Anlage zum Protokoll des Ministerbesuchs wurde konstatiert, dass das Tempo bei der Vorbereitung des Stadtgaswerks Harbin wesentlich beschleunigt werden müsste. Bei den Verhandlungen auf der Ebene der Ausführenden beider Seiten über das technische und das kommerzielle Angebot übte die chinesische Seite harsche Kritik an der schleppenden Bearbeitung dieser Unterlagen. Eine wesentliche Ursache für den Zeitverzug waren die Schwierigkeiten bei der Absicherung der Zulieferungen, eigene Kapazitätsprobleme und die verloren gegangene Steinkohlenprobe.

Die chinesische Seite ließ erkennen, dass sie über das Vorhaben auch mit dem Konkurrenzunternehmen Lurgi verhandelt, um den Druck auf die DDR-Seite zu erhöhen.

Allerdings war die chinesische Seite wiederum an der Auftragsvergabe an die DDR interessiert, weil im Rahmen des Handels- und Zahlungsabkommens bei ausgeglichenem Handel keine Valutazahlungen erfolgen mussten. In diesem Fall waren die vereinbarten Preise in Schweizer Franken nur Werte auf dem Papier.

Auf der Ebene der Minister wurde festgelegt, dass für das am 1. Juli 1986 übergebene technische Angebot alle technischen Beilagen bis 30. September 1986 fertigzustellen sind.

Von den Forderungen der chinesischen Seite übernahm die DDR-Seite die Zentralfackel, die Siebanlage für Kohle und die Hydraulik für die Generatorenanlage.

Der Komplex BMSR-Technik einschließlich Computersteuerung für die Generatorenanlage wurde von der DDR-Seite als realisierbar eingeschätzt. Die DDR-Seite wollte hierzu ihre Entscheidung bis zum 30. September 1986 treffen. Bei positiver Entscheidung verpflichtete sich die DDR zur Übergabe des kompletten Angebots bis November 1986. Die DDR sollte die chinesische Seite bei der Eigenfertigung eines fünften Generators unterstützen und dafür einen Ablaufplan ausarbeiten.[342]

Als nicht weniger schwierig erwies sich die Zusammenstellung und Überprüfung der notwendigen in China einzusetzenden Fachkräfte. Denn die kadermäßigen Anforderungen waren so hoch wie für das Nichtsozialistische Wirtschaftssystem (NSW), obwohl China als zum sozialistischen Weltsystem zugehörig geführt wurde. Die Baustelle des Druckgaswerks erforderte bei der Montage den Einsatz von etwa 40 Fachkräften.[343]

Am Rande der Beratungen mit der chinesischen Seite zum technischen und kommerziellen Angebot für das Druckgaswerk Harbin trug die chinesische Seite auch Wünsche an die DDR vor, in der Inneren Mongolei ein Stadtgaswerk für die Stadt Chifeng und eine Brikettierungsanlage für Braunkohle aus dem Tagebau Yu'nan zu liefern.

Weiterhin bot die Sowjetunion der DDR Mitwirkung bei der Modernisierung von Düngemittelfabriken an, die die Sowjetunion in den 1950er Jahren in Taiyuan, Lanzhou und Yilin errichtet hatte. Die benötigte Energie sollte mit einer DDR-Anlage für Kohlevergasung gewonnen werden.[344]

In der Zeit vom 28. August bis 3. Oktober 1986 fand in Beijing und Harbin die Verhandlung zum Angebot des PKM vom 20. Juni 1986 über die Lieferung des Gaswerks statt. Zu den wesentlichen Änderungen gegenüber dem vorgelegten Angebot zählen:

▶ Herausgenommenes Angebot Hydraulikanlage

▶ Herausgenommenes Angebot MSR-Technik einschließlich Computersteuerung (der Käufer will die BMSR-Steuerung selbst projektieren)

▶ Zusätzliche Lieferumfänge: Auf-Zu-Ventile, zentrales Spülentaschungssystem, kaltgehende Rohrleitungen und Armaturen, Mehrmedienwärmetauscher (Import aus der ČSSR)

Die Technologie wurden in einigen Punkten abgeändert.

Weiter wurden zusätzliche Käuferwünsche nach Sicherheitsventilen und Kränen abgelehnt.

Auch einige gewünschte technologische Veränderungen lehnte die DDR-Seite ab.

Nach dieser Beratung vereinbarten beide Seiten, einen Monat Pause einzulegen, um den Vertrag Ende Oktober/Anfang November 1986 abzuschließen, so dass der von den Ministern der DDR und der VR China vorgegebene Schlusstermin 30. November 1986 eingehalten werden konnte.[345]

Für die Jahre 1986 bis 1989 liegen monatliche Produktionsberichte von PKM vor, die den Fortgang des Vorhabens Druckgaswerk Harbin und die internen Probleme bei seiner Realisierung detailreich widerspiegeln.

Januar/Februar 1986

Am 1. Februar 1986 wurde die Objektleitung Exportvorhaben gebildet. Zuvor schlossen die Kombinate

Gaskombinat Schwarze Pumpe (GSP) und CLG am 22. Januar 1986 eine Globalvereinbarung ab. Sie war notwendig, weil die beiden Kombinate unterschiedlichen Ministerien unterstanden (GSP: Ministerium für Kohle und Energie, CLG: Ministerium für chemische Industrie). Darin war vorgesehen, dass PKM Hauptauftragnehmer für die Objekte der Gaserzeugung, Gaskühlung, Gasreinigung und Flüssigproduktentrennung ist. PKM erhielt einen Teilauftrag für seine eigenen Leistungen bei Projektierung, Inbetriebnahme und Chefmontage.

Am 28. Januar 1986 fand mit SKL eine Anlaufberatung über die Absorptionskälteanlage statt.[346]

<u>September/Oktober 1986</u>

Die technischen Verhandlungen zum Angebot fanden vom 28. August bis 3. Oktober 1986 in Harbin statt. Die technischen Beilagen, die keinen Einfluss auf den Vertragspreis hatten, wurden abgestimmt und paraphiert. Die technischen Verhandlungen zu den Zusatzangeboten (Hydraulikanlage, MSR-Anlage einschließlich Computersteuerung) wurden für den Zeitraum 3. bis 30. November 1986 vorgesehen.

Weiterhin waren Zusatzforderungen des chinesischen Käufers zu klären, die die Lieferung von Auf-Zu-Ventilen im Steuersystem der Generatorenanlage, von Gegenflanschen bei Rohrleitungen und Behältern, von kaltgehenden Rohrleitungen und Armaturen, von Mehrmedien-Wärmetauschern und des erforderlichen technologischen Stahlbaus bei Behältern und Kolonnen betrafen.

Im Ergebnis der Verhandlungen wurde unter Berücksichtigung des eingetretenen Verzugs folgende Realisierungskonzeption abgestimmt[347]:

- Lieferung der ersten Hauptausrüstungen
  November 1988
- Montagebeginn
  1.7.1989
- Montageende
  Oktober 1990
- Inbetriebnahmebeginn
  April 1991
- Inbetriebnahmeende
  September 1991

Oktober/November 1986

Seit dem 10. November 1986 fand in Beijing die zweite Etappe der Vertragsverhandlungen statt. Die Vertragsunterzeichnung war für den 3. oder 10. Dezember 1986 vorgesehen. Zur Lieferung der MSR-Technik und der Computersteuerung für die Generatorenanlage lag noch keine Information und Entscheidung des Ministeriums für Kohle und Energie an die chinesische Seite vor.[348]

Dezember 1986/Januar 1987

Derzeitige Probleme: Fehlende Lieferbereitschaft von SKL für die Absorptionskälteanlage und eine zu geringe Bearbeitungskapazität auf verfahrenstechnischem Gebiet im PKM.[349]

Januar/Februar 1987

Am 20. Januar 1987 wurde der Exportvertrag über die Lieferung des Stadtgaswerks Harbin in Beijing unterzeichnet. Die chinesische Seite bestand auf einer Koproduktion beim fünften Generator und bei der zweiten Mehrzweckkolonne. Die Verhandlungen hierzu sollten im Februar 1987 zwischen VEB Germania Karl-Marx-Stadt und dem chinesischen Herstellerbetrieb durchgeführt werden. Für den Einsatz chinesischer Spezialisten bei der Projektierung mussten erst noch die materiellen Voraussetzungen (Reißbretter, Blechschränke, Mobiliar) geschaffen und Betreuer bestimmt werden.

Ein Fahrzeug B1000 für die Beförderung der chinesischen Spezialisten konnte angesichts des damaligen Sparregimes bei Treibstoffen nicht bereitgestellt werden. Eine Entscheidung hierzu sollte noch gefällt werden.

Aktuell wurde das kick-off-meeting (Anlaufberatung) in Taiyuan vorbereitet. SKL übernahm für die vorgesehenen Leistungen die Rolle als Hauptauftragnehmer. Bei PKM war die zu geringe Bearbeiterkapazität nach wie vor ein ernsthaftes Problem.[350]

Auf der Grundlage des abgeschlossenen Exportvertrags wurde das Leitungsdokument von PKM präzisiert.

<u>März/April 1987</u>

Am 31. März 1987 wurde der Exportvertrag für das Stadtgaswerk Harbin ratifiziert. Vom 22. April bis 10. Mai 1987 fand in Taiyuan ein kick-off-meeting (erstes Treffen des Projektteams mit dem Kunden des Projekts) statt, zu dem die Fachprojektanten von PKM in zwei Gruppen anreisten.[351]

<u>April/Mai 1987</u>

Im April und Mai 1987 wurde die Lieferbereitschaft der Zulieferbetriebe protokolliert. Hauptsächliche Zulieferbetriebe waren: VEB Germania Karl-Marx-Stadt, Betriebsteil Apparate- und Kompensatorenbau (AK) Crimmitschau und CLG in Grimma. Auch mit den Lieferbetrieben Chemie- und Tankanlagenbau Fürstenwalde (CTA) und Chemieanlagenbau Erfurt-Rudisleben (CAER) wurde Klarheit bezüglich der zu übernehmenden Aufgaben geschaffen. Mit den ausgewählten Fachkräften fanden für den Baustelleneinsatz in Harbin Gespräche statt.

Das kick-off-meeting in Taiyuan vom 22. April bis 10. Mai 1987 wurde am 13. Mai 87 ausgewertet. Insbesondere zusätzliche Käuferwünsche (zusätzliche Behälter) führten zu Änderungen der Projektierung.[352]

<u>Mai/Juni 1987</u>

Die gemäß Exportvertrag vereinbarten ersten Lieferungen von Dokumentationen, wie Standards für die Qualitätskontrolle und Werksabnahme der Ausrüstungen, Transportskizzen für übergroße und überschwere Ausrüstungen sowie Lager- und Transporthinweise für spezielle und gefährliche Güter übergab der Objektleiter zur Weiterleitung an die chinesische Seite. Den Kooperationspartnern wurden die technischen Änderungen, die sich aus dem kick-off-meeting ergaben, mitgeteilt.

Der chinesischen Forderung nach Einhausung des Generatorgebäudes wurde – entgegen den gesetzlichen Bestimmungen der DDR – aufgrund der klimatischen Bedingungen in Harbin entsprochen. Hinsichtlich der sich daraus ergebenden Konsequenzen waren noch Beratungen mit den zuständigen staatlichen Organen zu führen. Weiterhin bestand noch der Wunsch der

chinesischen Seite nach Aufnahme einer Azeotropko-
lonne. In einer wissenschaftlichen Diskussion sollte der
Käufer zum Verzicht auf diese Kolonne bewegt werden.

Die wichtigsten Lieferbetriebe wurden nochmals auf-
gesucht, um die Lieferbereitschaft zu den veränderten
Lieferterminen entsprechend dem kick-off meeting zu
protokollieren. Dabei traten insbesondere Schwierigkeiten mit dem Pumpenwerk Halle zutage, das die Lieferung
der benötigten Pumpen ablehnte, da es die technischen
Parameter der Wellenabdichtung nicht einhalten
konnte.[353]

Juni/Juli 1987

Die Ausarbeitung des *basic engineering* (Entwurfsplanung) begann am 1. Juni 1987. Am 15. Juni 1987 traf
eine chinesische Gruppe von 27 Spezialisten ein, davon
waren 15 Spezialisten in der Berliner Projektierungsein-
richtung tätig. Die chinesischen Spezialisten sollten bei
der Klärung technischer Probleme und, soweit möglich,
an der Projektierung teilnehmen. Die Gespräche und
Festlegungen wurden protokolliert und im 14-tägigen
Turnus mit der chinesischen Delegationsleitung abgestimmt und beschlossen. Mit den Lieferbetrieben, die
zu CLG gehören, sind die entsprechenden Lieferungen
von Ausrüstungen vereinbart. Probleme bestanden noch
mit den Lieferungen vom Pumpenwerk Halle und bei
den Ausrüstungen für die Entaschung. PKM und CLG
präzisierten die Aufteilung der Valutapreise.[354]

Juli/August 1987

Im Juli 1987 wurde die Entwurfsplanung mit Termin der Fertigstellung bis 30. November 1987 ausgear-

beitet. Die chinesische Seite wünschte sich die Übergabe eines Exemplars in deutscher Sprache vorab bis zum 15. November zur Vorlage bei der chinesischen Staatsbank, da dies Voraussetzung für die Finanzierung im Jahre 1988 war.

Die chinesischen Spezialisten nahmen weniger an der Projektierung teil, sondern studierten intensiv die vorgeschlagenen Technologien und die Ausrüstungen. Die hierzu geführten ausführlichen Konsultationen und Diskussionen erforderten einen erhöhten Aufwand. Eine Entlastung bei der Projektierung durch die chinesischen Spezialisten trat somit nicht ein. Mit dem Fortschritt der Projektierungsarbeiten wurden Aufträge an die Lieferanten erteilt.

Der VEB Pumpenwerk Halle sah sich weiterhin außerstande, Pumpen für die Phenolwasserumwälzung zu liefern. Das Problem war nach wie vor die Abdichtung der Pumpen mit Gleitringdichtungen.[355]

<u>August/September 1987</u>

Die Phenolwasserumwälzpumpen für die Generatorenanlage können vom VEB Pumpenwerk Halle geliefert werden. Allerdings stellte der Betrieb die Bedingung, dass PKM aus dem NSW benötigte Zulieferungen aus eigenen Valutamitteln finanziert. Das wurde von PKM abgelehnt.[356]

Dieses Detail verdeutlicht die prekäre Situation bei Valutamitteln, die unter anderem zu Erpressungen im Verkehr der Wirtschaftseinheiten untereinander führte. Die chinesische Seite wird den Schlackebrecher für die Entaschung in der Generatorenanlage liefern.

Der VEB Pumpenwerk Halle lieferte die Pumpen anstelle der geforderten mit einfachen Gleitringdichtungen. PKM hatte dieses Problem in eigener Regie gelöst und musste nun das Garantieproblem mit dem Pumpenwerk Halle lösen.[357]

Eine Delegation des Ministeriums für Chemie-Industrie der VR China, die im September 1987 sechs Betriebe der Chemieindustrie der DDR zu Studienzwecken besuchte, traf im VEB Chemieanlagenbau Leipzig-Grimma mit den chinesischen Projektanten zusammen, die am Projekt des Stadtgaswerks Harbin arbeiteten.[358]

Oktober/November 1987

Die chinesische Seite äußerte den Wunsch, einen dritten Antrieb für die Drehroste des Druckgasgenerators einzusparen. CLG nahm daraufhin entsprechende konstruktive Änderungen vor. Weiter wurde vereinbart, die Ausbildung chinesischer Fachkräfte im Jahre 1990 durchzuführen.[359]

November/Dezember 1987

Im November 1987 fand in Leipzig die Verteidigung der *basic engineering*-Dokumentation für das Gaswerk Harbin statt. Hierfür war eine chinesische Delegation unter Leitung des stellvertretenden Oberbürgermeisters der Stadt Harbin angereist. Im Ergebnis der Verteidigung bestätigte die chinesische Seite alle technisch-technologischen Lösungen. Allerdings gab es Veränderungen im Lieferumfang – einzelne Ausrüstungen entfielen, andere Ausrüstungen mussten in die Lieferung zusätzlich aufgenommen werden. Es wurde vereinbart, keine Änderungen am Gesamtpreis vorzunehmen.[360]

Dezember 1987/Januar 1988

Der chinesische Käufer bestätigte die erfolgreiche Verteidigung des basic engineering mit dem Protokoll vom 2. Dezember 1987. Das basic engineering konnte dann als Exportleistung 1987 abgerechnet werden. Die Objektleitung überprüfte alle erteilten Aufträge mit den endgültigen Spezifikationen der basic engineering-Dokumentation. Schwerpunkt war die Erarbeitung des Montage- und Instandhaltungs-Handbuches.

Ein gewünschter Vorlauf im Jahre 1987 konnte nicht geschaffen werden, da die Fachkräfte mit anderen Aufgaben einschließlich der Umrüstung des Generators Nr. 2 ausgelastet waren.[361]

Januar/Februar 1988

Entsprechend dem Maßnahmeplan vom 10. Dezember 1987 wurden die aus der basic engineering-Verteidigung noch offenen Punkte abgearbeitet und die Arbeiten für das *detail engineering* (Genehmigungs- und Ausführungsplanung) vorbereitet. Für das Problem der Staub-Dickteer-Rückführung in den Generator bzw. für Ersatzlösungen organisierte die Kammer der Technik (KdT) einen Ideenwettbewerb. Die Zulieferung der Einbauteile in die Generatoren von Germania durch den VEB Chemieanlagenbau Staßfurt war nicht gesichert. CLG wurde verpflichtet, Maßnahmen zur Lösung des Problems zu ergreifen.[362]

Februar/März 1988

Im Februar 1988 wurde ein Kooperationsvertrag mit dem VEB Germania Karl-Marx-Stadt über die Lieferung von fünf Generatoren und der Kolonnen abgeschlossen. Probleme ergaben sich, weil Germania gegenüber dem ersten Angebot einen erheblich höheren vorläufigen Preis forderte, so dass sich eine Preisprüfung erforderlich machte.

Die Lieferung des dritten Generators erfolgte nicht nach dem Schiffsbeladungsplan und gefährdete dadurch die Montagearbeiten auf der Baustelle.[363]

März/April 1988

Lieferschwerpunkte im März 1988 waren der dritte Druckgasgenerator, der zweite Extrakteur, der von der zweiten in die erste Baustufe vorgezogen wurde, und die Kolonnen. Das Pumpenwerk Halle sah sich außerstande, die benötigten Phenolwasserkreiselpumpen zu liefern. Deshalb mussten Angebote ausländischer Produzenten eingeholt werden.

Über die Lieferungen des VEB Orsta Hydraulik wurde noch verhandelt, da man bei den technischen Parametern noch nicht einig wurde. PKM arbeitete weiter am Instandhaltungsbuch. Ein Problem entstand, weil der dafür neu eingestellte Kollege inzwischen gekündigt hatte. Zur Vorbereitung des *detail engineering* wurden die noch offenen Punkte im *basic engineering* abgearbeitet. Noch ungelöste Probleme bestanden bei der MSR-Technik, der Anfahrtechnologie und der Verankerung der Mehrzweckkolonnen.[364]

April/Mai 1988

Der Auftrag für die Getriebezahnräder der beiden Rostantriebe wurde im April 1988 an die Firma Voith in der BRD vergeben. Die Gussrohlinge wurden Anfang Mai zur Verzahnung versandt. Eine Produktionskontrolle beim VEB Germania Karl-Marx-Stadt ergab, dass die vorgesehenen Lieferungen für das zweite Schiff nicht garantiert waren. Das würde den Montageablauf gefährden. Angebote für vier Phenolwasserpumpen aus dem NSW wurden geprüft (280.000 DM).

Mit VEB Orsta Hydraulik wurde das Vertragsangebot inhaltlich abgestimmt. Gegenwärtig liefen Vorbereitungen für die Ausarbeitung des detail engineering im Konsultationszentrum Taiyuan.[365]

Mai/Juni 1988

Gemäß dem Exportvertrag über das Druckgaswerk Harbin eröffnete man am 9. Mai 1988 ein Konsultationsbüro beim Käufer in Taiyuan. Schwerpunkte der Realisierung des Exportvorhabens waren die Ausarbeitung des Montagehandbuchs zum 15. Juni 1988 und einer Liefergrafik über die zu liefernden Materialien und Ausrüstungen zum 30. Juni 1988.

Diese Termine waren gefährdet, weil die jeweiligen Auftragnehmer noch nicht über alle benötigten Parameter und Angaben verfügten.

Weiter musste überprüft werden, ob das für die Eröffnung der Baustelle benötigte Inventar vollständig vorhanden war bzw. was noch zu beschaffen war. Probleme bestanden bei der Zulieferung von Kreiselpumpen für die Förderung der Teerölfeststoffprodukte. Der Pumpenlieferant in Salzwedel bot als Liefertermin 1992 (!) an. Dieses Problem musste kurzfristig gelöst werden.[366]

August/September 1988

PKM übernahm im August 1988 die Projektierung der Isolierung und Beirohrbeheizung für die Hydraulikanlage, da der vorgesehene Lieferbetrieb dies abgelehnt hatte. Germania Karl-Marx-Stadt hatte die Lieferung von zwei Positionen für den zweiten Generator vom zweiten auf das dritte Schiff verschoben. Damit wurde der gesamte Montageablauf im Jahre 1989 infrage gestellt. Außerdem würden dann für die DDR-Seite 70.000 Schweizer Franken Vertragsstrafe anfallen.

Aufgrund des Einspruchs von PKM zog Germania seinen Terminänderungsantrag schließlich zurück.

Entsprechend einer Beratung mit dem Konsultationsbüro in Taiyuan wurde die Zusammenarbeit mit den chinesischen Kollegen als gut eingeschätzt. Einige schwierige Probleme hatten sich durch Änderungen an der Abhitzanlage aufgrund von Forderungen des Käufers gegenüber der basic engineering-Dokumentation ergeben. Auf chinesischen Wunsch sollte die Arbeit im Konsultationsbüro Taiyuan ab Ende Dezember 1988 für ca. sechs Wochen ruhen. Die DDR-Seite stimmte dem zu mit dem Hinweis, dass die Verantwortung für die daraus entstehenden Konsequenzen bei der chinesischen Seite liegt.[367]

September/Oktober 1988

Im September 1988 fand bei Germania ein Probelauf des ersten Drehrostes statt. Im Ergebnis waren noch einige Nacharbeiten notwendig, um die erforderliche Leichtgängigkeit unter Betriebsbedingungen zu gewährleisten. Der Versand des ersten Generatorgehäuses sollte ab 15. November 1988 zum Überseehafen Rostock erfolgen. Ein Vorlauf für den zweiten Generator war nicht gegeben.

Seit dem 29. September weilte eine chinesische Delegation des Investors und des Außenhandelsbetriebes CNIIC in der DDR, um die Ausrüstungen für das erste Schiff abzunehmen. Diese Delegation wird im November Abnahmen der Ausrüstungen für das zweite Schiff vornehmen.[368]

Oktober/November 1988

Der Oktober-Bericht 1988 vermeldet, dass PKM als Hauptauftragnehmer zusätzliche Messtechnik einschließlich Konstruktion und Fertigung von Steuerschränken für die Hydraulikzentrale, deren Lieferung von einem anderen Betrieb abgelehnt worden war, übernommen hatte. Dies belastete natürlich die eigenen Kapazitäten.

Die von CLG zu liefernden Kolonnen und der zweite Generator verzögerten sich und mussten für den Transport mit dem zweiten Schiff eingeordnet werden. Sie sollten als neuer Termin mit dem Schwerlasttransport am 15. Januar 1989 nach Rostock abgehen.

Das Generatorgehäuse des ersten Generators wurde abgenommen und ging am 1. November 1988 mit Schwerlasttransport nach Rostock. Germania lieferte Fußringschablonen und Ankerschrauben zum Versand mit dem ersten Schiff (Versand am 31. Oktober 1988).[369]

November/Dezember 1988

Im Zeitraum 15. bis 27. November 1988 fanden eine Befahrung der Baustelle in Dalian He und Verhandlungen mit der Aufbauleitung in Harbin statt. Die Straße, die für die Schwerlasttransporte vom Seehafen

Dalian zur Baustelle zu benutzen ist, wurde befahren. Die Harbiner Transportfirma verfügte nicht über Tieflader bzw. Sattelauflieger. Die befestigten Lagerflächen waren fertig vorbereitet. Überdachte und geschlossene Lager werden bis Juli 1989 fertiggestellt.

Außer Lagerhallen, Baustrom- und Bauwasserversorgung waren noch keine Bauleistungen erfolgt, die witterungsbedingt im Dezember eingestellt wurden. Um den Bauverzug aufzuholen, will die chinesische Seite bis zu 3.000 Armeeangehörige einsetzen. Im März/April 1989 soll eine weitere Beratung zwischen Käufer und Verkäufer stattfinden.

Da die chinesische Seite das erste Schiff nicht stellen konnte, wird die deutsche Seite bei der Deutschen Seereederei (DSR) ein Schiff binden. Das gleiche gilt auch für das zweite Schiff. Da die Ausrüstungen in Rostock nicht zwischengelagert werden können, bis das Schiff der DSR zur Verfügung steht, mussten sie bei PKM zwischengelagert werden. Diese Probleme des Seetransports führten zur Verzögerung in der Realisierung des Projekts.[370]

Januar/Februar 1989

Die Beladung des zweiten Schiffes wurde vorbereitet. Schwerpunkte: Bereitstellung der Materialien und Ausrüstungen, Abnahmen in den Lieferwerken, offizielle Versandmeldung an den Käufer für das dritte Schiff, Bereitstellung der Versand- und Ausrüstungsdokumentation in Deutsch und Englisch, Verpackung, Versand und Dokumentation einschließlich der Zollabfertigung der Materialien, die über das PKM-Lager laufen.

Verschiffung von Chemieanlagen im Hafen von Rostock nach China, Februar 1989

Besondere Schwerpunkte bildeten Rohrverschraubungen und Präzisionsstahlrohr für die Zentralschmieranlage der Generatoren sowie diverse Gegenflansche, Schrauben und Dichtungen. Diese Positionen mussten per LKW nach Rostock transportiert werden, da der Stückgutversand per Bahn die Termine nicht garantieren konnte. Wesentliche Lieferbetriebe: VEB Germania Karl-Marx-Stadt, VEB Chemieanlagenbau Staßfurt, VEB Chemie- und Tankanlagenbau Fürstenwalde und der Stammbetrieb Grimma.

SKL hatte die Lieferung der beiden Rohgaskühler zum 28. Februar 1989 fest zugesagt. Dann wird die im März 1989 bereitgestellte MS »Sangerhausen« voll ausgenutzt. Für den Import der Phenolwasserpumpen fehlten noch immer die notwendigen Valutamittel.[371]

März/April 1989

Das zweite Schiff »Friedrich Engels« hatte am 17. März 1989 den Hafen Rostock verlassen. Alle vorgesehenen Ausrüstungen konnten bis auf den technologischen Stahlbau für die Generatoren 1 und 2 und die Kolonnen aus der Zuladung von Germania verladen werden. Diese Positionen sollten mit dem dritten Schiff nachgeliefert werden.[372]

April/Mai 1989

Das dritte Schiff, die MS »Radebeul« war etwas verspätet in den Hafen eingelaufen. Die Verladung fand vom 7. bis 14. Mai 1989 statt. Alle Ausrüstungen befanden sich im Hafen Rostock. Die Qualitätsprobleme mit Formsandrückständen in den Kühlrippenaufsätzen der Stellventile konnten gelöst werden. Zwei Positionen aus dem Pumpenwerk Halle konnten wegen Ausschuss beim Abguss der Laufräder und wegen verspäteter Lieferung der Importmotoren nicht mehr bereitgestellt werden. Die Anlieferung soll nun für das vierte Schiff erfolgen.

Für das vierte Schiff bildete das Ausmauerungsmaterial für die Generatoren und die Abhitzekessel noch einen Schwerpunkt. In allen vier Lieferwerken konnte wegen grundsätzlicher Mängel der Verpackung und der Beschriftungen keine Versandfreigabe erteilt werden. Völlige Neuverpackungen wurden notwendig. Die festgelegten Liefer- und Leistungsbedingungen waren überhaupt nicht beachtet worden. Ähnliche Probleme traten im VEB Getriebewerk Böhlitz-Ehrenberg bei den Planetenradgetrieben auf.

Im Ergebnis der Baustellenbefahrung durch die Chefingenieure von PKM und CLG ergaben sich folgende Schwerpunkte:

- ▸ Vorbereitung der detail engineering-Verteidigung im Juni 1989 in Taiyuan
- ▸ Verschiebung des Montagebeginns vom Juli 1989 um mehrere Quartale (also auf 1990)
- ▸ Vorbereitung der daraus resultierenden Vertragsverhandlungen im Juni 1989
- ▸ Präzisierung des Bau- und Montageablaufplans
- ▸ Nachweis der Übereinstimmung zwischen Packliste, Inhalt der Kollis und Schiffslisten[373]

Mai/Juni 1989

Das dritte Schiff, die MS »Radebeul«, verließ am 20. Mai 1989 den Hafen Rostock. Bis auf zwei Kollis (ein Kollo ist eine Verpackungseinheit) Montageausrüstungen und zwei Pumpen hatte man alle vorgesehenen Positionen für dieses Schiff zugeladen. Notwendige Nachbesserungen an den Verpackungen und Beschriftungen wurden vorgenommen. Die ausstehenden Pumpen standen nun im PKM zur Abnahme bereit, so dass sie mit dem vierten Schiff geliefert werden konnten.

Elektromotoren aus NSW-Import konnten erst im August 1989 geliefert werden, so dass die Lieferung mit dem fünften Schiff nicht gesichert war. Der Importeur Kombinat Elektromaschinenbau Dresden wurde aufgefordert, für eine Vorziehung des Liefertermins zu sorgen. Die planmäßige Anlieferung der Ausrüstungen für das vierte Schiff war gesichert. Die Fertigung für die Lieferungen zum fünften Schiff mit Abgang September

1989 lief grundsätzlich planmäßig. Schwierigkeiten bestanden bei der Bereitstellung von Vormaterialien im PKM und bei der Lieferung der Hochdruckthermoelemente und der Messgasentnahmeeinrichtungen.

Zum chinesischen Grobablaufplan für den Bau- und Montageablauf wurde eine ausführliche Stellungnahme erarbeitet, die Investor und Käufer verhandelten. Schwerpunkt der Stellungnahme war, die Terminverschiebung auf zwölf Monate zu begrenzen. Eine Inbetriebnahme in der Winterperiode ist unbedingt zu vermeiden.

Die Verteidigung des detail engineering in Taiyuan ist für Mai/Juni 1989 geplant.[374]

Juni/Juli 1989

Das vierte Schiff, die MS »Suhl«, hatte am 17. Juni 1989 den Hafen Rostock verlassen. Für die weiteren Schiffe zeichneten sich folgende Probleme ab: Die Rührwerke kommen wahrscheinlich erst mit dem sechsten Schiff zur Verladung, da Vormaterialien fehlen.

Für die Fertigung der Dosierpumpen fehlten entsprechende Wälzlager.

Wegen des Transports der radioaktiven Strahlungsquellen waren noch Verhandlungen mit Iso Commerz und dem Staatlichen Amt für Atomsicherheit und Strahlenschutz (SAAS) im Gange.

Die Lieferung der Hochdruckthermoelemente musste vom sechsten auf das siebte Schiff umdisponiert werden, da das Vormaterial erst im September 1989 zur Verfügung stehen wird. Bei der Lieferung der Hydraulikausrüstungen gab es erhebliche Rückstände, so dass die Lieferung zum sechsten Schiff noch nicht gesichert war.

In Auswertung der Baustellenbefahrung im Mai/Juni 1989 wird an einem Vertragsnachtrag gearbeitet, in dem alle Konsequenzen aus dem um ca. zwölf Monate verschobenen Montagebeginn festgehalten werden. Außerdem wurden Hinweise für die Lagerung und den Korrosionsschutz wegen der zwölf Monate längeren Lagerung erarbeitet.[375]

August/September 1989

Im August 1989 wurden die Ausrüstungen: Teeröl-Mittelölabscheider, Sicherheitsstauchung, Kolonne und Injektor für das fünfte Schiff geliefert. Die Rührwerke vom VEB Chemieanlagen Erfurt-Rudisleben waren nicht gesichert, da für die Getriebe Material fehlte. Die DSR übernahm den Transport der radiometrischen Messeinrichtungen einschließlich der radioaktiven Isotope.

Die sich aus der vom Käufer geforderten Montageverschiebung ergebenden Auswirkungen auf die Pläne 1989 und 1990 wurden mit dem Ministerium für Kohle und Energie abgestimmt.[376]

September/Oktober 1989

Die Ausrüstungen für das fünfte Schiff wurden im September 1989 in Rostock angeliefert. Nicht angeliefert wurden u. a. Pumpen (Produktionsschwierigkeiten im VEB Pumpenwerk Halle) und Rührwerke vom VEB Chemieanlagen Erfurt-Rudisleben. Sie sollten mit dem sechsten Schiff abgehen.

Die Lieferungen für das sechste Schiff (Abgang nicht vor dem 20. November 1989) befanden sich im Endstadium der Fertigung. Die radiometrischen Messeinrichtungen waren bereits im Seehafen Rostock angeliefert. Die Drehzahlmesseinrichtung für den Drehrostantrieb wird in Magdeburg bis zum 27. Oktober 1989 fertiggestellt.

Für die Beladung des siebten Schiffes bestanden folgende Probleme:

▸ Der VEB Schraubenhandel Magdeburg hatte die vertraglich gebundene Lieferung 1989 aufgekündigt.

▸ Die Umrüstung auf die neuen Endschalter war noch nicht gesichert.

▸ Für die Fertigung der Windkessel für die Staubdickteerpumpen in PKM war die Materialbereitstellung nicht gesichert.[377]

Oktober/November 1989

Das fünfte Schiff MS »Karl Marx« hatte am 18. Oktober 1989 den Seehafen Rostock verlassen. Das sechste Schiff MS »Radebeul« ist mit dem voraussichtlichen Abgangstermin Mitte Dezember eingeordnet. Drei Restpositionen (u. a. Pumpen und Rührwerke) vom fünften Schiff kommen mit dem sechsten Schiff zum Versand. Die Schwerpunktpositionen: Hochdruckthermoelemente, Gasentnahmen und Kratzband-Entaschungseinrichtungen wurden im Ergebnis großer Anstrengungen zum Versand gebracht. Die noch im PKM befindlichen Positionen Hydraulikmessschrank, Drehzahlmessung für Drehroste, Primärmesstechnik Hydraulik und Tauchpumpe waren verpackt. Ihr Abtransport war für die Woche vom 13. bis 19. November 1989 vorgesehen.

Für die Lieferungen für das siebte Schiff waren Schraubenbolzen nachgeliefert worden. Sämtliche

Schraubenbolzen müssen bis 31. Dezember 1989 zum Transport nach Rostock bereitstehen. Die Endschalterbefestigungen für Stellventile müssen zur Absicherung der Beladung des siebten Schiffes bis 31. Januar 1990 geliefert werden.

Die radiometrischen Messeinrichtungen einschließlich der radioaktiven Isotope wurden mit einem zusätzlichen Schiff, der MS »Suhl«, am 18. November 1989 als gefährliche Güter zum Versand gebracht. (In Berlin war die Mauer schon gefallen.) Das SAAS hatte der Errichtung und dem Betrieb der radiometrischen Messeinrichtungen im Rahmen der DDR-Chefmontage in der VR China zugestimmt. Die Hinweise des SAAS erhält die chinesische Seite als Empfehlung für die Einholung der Genehmigung durch die chinesischen Behörden. Die chinesischen Behörden hatten die Einfuhr der radioaktiven Strahler genehmigt.

Mit dem gleichen Schiff wurden Halbzeuge von Germania Karl-Marx-Stadt für die Fertigung des fünften Generators und der zweiten Mehrzweckkolonne in China geliefert.

In der Zeit vom 1. bis 17. November 1989 befanden sich die Chefingenieure von PKM und CLG auf der Baustelle in Dalian He, um den Eingang und die Lagerung der Schiffsladungen zu kontrollieren. Die Vollständigkeit des Inhalts der Kisten wird erst im Mai 1990 überprüft.[378]

Diese Chronologie des Fortschritts beim Projekt Stadtgaswerk Harbin offenbart die internen Schwierigkeiten der Industrie in der DDR, die Forderungen der chinesischen Seite nach Lieferung einer modernen Anlage zu erfüllen.

Dabei ist zu berücksichtigen, dass es sich hier nicht um ein simples Stadtgaswerk, sondern um eine angeschlossene Kohlechemieanlage zur Herstellung verschiedener chemischer Produkte aus der Steinkohle handelt. Es war gelungen, dass die DDR-Seite nur einen kleinen Teil der erforderlichen BMSR-Technik liefern musste, die einen empfindlichen Engpass darstellte. PKM versuchte die Probleme bei einzelnen Zulieferbetrieben, deren Erzeugnisse die gestellten Forderungen nicht vollständig erfüllten, durch Eigenfertigung zu lösen.

Das belastete natürlich die Kapazitäten von PKM, und Verzögerungen im Gesamtablauf waren nicht zu vermeiden, was bei den Beladungen der einzelnen Schiffe nach China sichtbar wurde.

Die zahlreichen Zusatzwünsche der chinesischen Seite erforderten immer wieder Umprojektierungen und Veränderungen im Fertigungsprozess, die den Aufwand für die DDR-Seite erhöhten. Hinzu kamen auch Einschränkungen auf chinesischer Seite bei den Transportmöglichkeiten.

Aufgrund des relativ niedrigen Automatisierungsgrades der Fertigungsvorbereitung und -durchführung war die Arbeitsproduktivität in diesen Bereichen niedrig und die Kosten entsprechend hoch.

Es war symptomatisch für die mangelnde Kooperation sowjetischer Organe, dass Lieferungen (zum Beispiel die 500 Kilogramm Steinkohle) per Bahn nicht nachverfolgbar waren und verloren gingen (es ist aber ungewiss, wo die Lieferung verschwand).

Typisch war, dass Zahnradgetriebe aus der BRD importiert werden mussten, obwohl das Kombinat Getriebe und Kupplungen, das zum Bereich des Ministeriums für Schwermaschinen- und Anlagenbau, aber nicht zum Ministerium für chemische Industrie gehörte, technisch dazu in der Lage gewesen wäre. Die Zusammenarbeit zwischen Kombinaten, die zu verschiedenen Ministerien gehörten, stieß oft an Grenzen.

Zum Zeitpunkt des Auslaufens des Clearing-Abkommens zwischen der DDR und der VR China bei der Vereinigung der beiden deutschen Staaten war das Vorhaben Druckgaswerk Harbin weit vorgeschritten. Entsprechend dem Vertrag des ehemaligen Außenhandelsbetriebs Chemieanlagen Export/Import wurden von der Kreditanstalt für Wiederaufbau (KfW) die noch zu erbringenden Leistungen finanziert. Es handelte sich um zwei Gasgeneratoren und eine Gasreinigungslinie als Teile der zweiten Bauphase der Vergasungsanlage, Fachkräfteleistungen und Ersatzteillieferungen sowie die Schlusszahlungen für beide Phasen des Liefervertrages mit der Ingenieur- und Anlagenbau GmbH Leipzig (als Nachfolger des VEB PKM Chemieanlagenbau Leipzig).

Die Gesamtkosten des Vorhabens beliefen sich auf 153,4 Millionen Euro. Die KfW ermöglichte eine Restfinanzierung in Höhe von 12,015 Millionen Euro.

Das Stadtgaswerk Harbin wurde Ende 1992 in Betrieb genommen.

Die KfW schätzte die Effektivität der Anlage als unbefriedigend ein, weil sie nur etwa zwei Drittel der Anlagekapazität ausnutzte. Der Verbrauch von Stadtgas in Harbin war bis zum Jahre 2000 zugunsten anderer Energieträger deutlich zurückgegangen.

Als positiv bewertete die KfW, dass das alte Stadtgaswerk abgeschaltet wurde, wodurch eine bedeutende Staubquelle fortfiel.[379]

Zusammenarbeit im Schienenfahrzeugbau

Im Jahre 1952 wurde der seit 1949 der Sowjetischen Aktiengesellschaft (SAG) für Transportmittelbau zugehörige Betrieb dem Ministerium für Maschinenbau, Hauptverwaltung Fahrzeugbau, unterstellt und hieß fortan VEB Waggonbau Dessau. 1974 wurde das Volkseigene (VE) Kombinat Schienenfahrzeugbau gegründet, welches den gesamten Schienenfahrzeugbau der DDR umfasste. Der Waggonbau Dessau gehörte ab 1979 dem VEB Kombinat Schienenfahrzeugbau an.

Anfang der 1970er Jahre beteiligte sich der Dessauer Waggonbau an einer Ausschreibung des Schweizer-belgischen Unternehmens »Interfrigo« und lieferte den besten Kühlzug. Daraufhin kam es zum Liefervertrag mit Interfrigo. Die Verträge wurden jedoch nicht verlängert, so dass einzige Abnehmer die Sowjetunion und China wurden.

Für China waren seit 1956 spezielle Kühlzüge entwickelt worden. China ließ insgesamt 600 Arbeiter im Waggonbau Dessau ausbilden und baute in Wuhan ein eigenes Waggonwerk nach Dessauer Vorbild auf.

In den Exportangeboten der DDR spielte der Export von Schienenfahrzeugen, angefangen von Lokomotiven für verschiedene Einsatzzwecke über Doppelstockwagen, Liegewagen bis zu Güterwagen und Kühlzügen eine wichtige Rolle. Das gilt insbesondere für den Wertumfang des Exports.

China war nach der Sowjetunion der zweitgrößte Handelspartner im Schienenfahrzeugbau.

Diese stabilen Lieferungen machten es erforderlich, dass der Außenhandelsbetrieb Schienenfahrzeugbau und die einbezogenen Betriebe immer ein eigenes Büro bei der HPA in der Botschaft der DDR in Beijing unterhielten.

Von den 1950er Jahren bis 1989 lieferte der VEB Waggonbau Dessau folgende Kühlwagen in die Volksrepublik China.[380]

- ▶ 200 vierachsige Eiskühlwagen
- ▶ 180 vierachsige Maschinenkühlwagen
- ▶ 262 vierachsige Maschinenkühlwagen (nur für Zugbetrieb)
- ▶ 60 vierachsige Dieselelektroaggregatewagen
- ▶ 230 23-Wagen-Kühlzüge (10 Züge)
- ▶ 360 12-Wagen-Kühlzüge (30 Züge)
- ▶ 1.020 5-Wagen-Kühlzüge (204 Züge)

Insgesamt: 2.312 Kühlwagen

Allein von 1951 bis Ende 1955 lieferte der VEB Waggonbau Dessau 60 Kühlzüge nach China.[381]

Bis 1985 exportierte er insgesamt 1.300 Kühlwagen nach China.[382]

Die Überführung der Kühlzüge war mit einem großen logistischen Aufwand verbunden. Jede Überführung musste von den Eisenbahnverwaltungen Polens, der Sowjetunion und Chinas genehmigt werden. Der Transport der Kühlwagen nach China erfolgte auf dem Schienenweg durch die Sowjetunion. In der DDR wurden Schraubenkupplungen verwendet, in der Sowjetunion und China aber eine Mittelpufferkupplung. Für den Transport bis zur Grenze zur Sowjetunion in Brest war ein Adapter erforderlich, um die Waggons an die Lokomotive zu koppeln, der damals scherzhaft »Freundschaftsglied« hieß.

Die Fahrzeuge wurden mit Originaldrehgestellen für Spurweite 1435 mm ab Dessau bis Brest gefahren. In Brest wurden die Drehgestelle gewechselt, das heißt, die Wagenkästen wurden auf Überführungsdrehgestelle für die Breitspur in der Sowjetunion von 1524 mm gesetzt. Dieser Wechsel wurde von sowjetischen Eisenbahnern vorgenommen und von Dessauer Monteuren überwacht. Die Originaldrehgestelle wurden auf Waggons verladen und dann zusammen mit den Kühlwagen weiter befördert. Dabei handelte es sich um Sonderüberführungen, je nachdem wie viel Kühlwaggons ausgeliefert wurden.

An der Grenze Sowjetunion/China an den Eisenbahnstationen Zabaikalsk/Manzhouli erfolgte dann wieder der Wechsel der Drehgestelle. Die Monteure aus Dessau waren immer auf den Fahrzeugen und übergaben die Kühlwaggons in den jeweiligen Depots an die chinesische Seite.

Die Breitspur-Überführungsdrehgestelle gingen wieder zurück nach Brest und wurden dort bis zur nächsten Überführung gelagert. Dies regelte ein Regierungsabkommen zwischen der DDR und der Sowjetunion.

Ein 5-Wagen-Kühlzugverband plus die Tiefladerwaggons für den Transport der Drehgestelle war etwa 150 bis 200 m lang. Da jährlich 40 bis 50 Kühlzüge zu liefern waren, ergaben sich in Abhängigkeit von der Lieferkapazität des VEB Waggonbau Dessau monatlich drei bis vier Überführungen.

Weil die Überführungen von Dessauer Fachpersonal begleitet werden mussten, bestand ein weiteres Problem darin, die notwendigen Reisekader zu finden.[383]

Eine kurze Notiz in der Fachzeitschrift *Tiedao cheliang* (Eisenbahnwagen) erwähnt, dass von den 922 Kühlwagen, die China im siebten Fünfjahrplan (1986-1990) aus der DDR beziehen sollte, 200 Wagen des Typs B22 im Jahre 1987 zu liefern waren. Vom 22. September 1987 bis 5. Februar 1988 trafen sie in der Grenzstation Manzhouli ein.

Dort wurden sie auf die chinesische Spurweite umgerüstet und zum Depot Fengtai bei Beijing befördert. Um die Umrüstung der Radsätze zu modernisieren, wurde in Manzhouli eine neue Anlage errichtet.

1988 kaufte China aus Polen offene Güterwagen, aus der DDR Reisezugwagen und aus der Sowjetunion gedeckte und offene Güterwagen.[384]

Im Zeitraum 1955 bis 1959 exportierten der VEB Waggonbau Ammendorf neun Reisezugwagen und der VEB Waggonbau Görlitz etwa 142 Reisezugwagen nach China.[385]

Im Jahre 1979 lieferte der VEB Waggonbau Ammendorf eine größere Zahl (19) von klimatisierten Schlafwagen der »harten Klasse«. Sie waren für einen Bereich der Außentemperaturen von minus 50 bis plus 50 °C ausgelegt.

Der Bericht in einer chinesischen Fachzeitschrift enthält auch die erfolgreiche Erprobung der Schlafwagen.

Im Jahre 1980 wurden noch einmal neunzehn Schlafwagen vom VEB Waggonbau Ammendorf nach China exportiert.[387]

Im Lokomotiven- und Schienenfahrzeugwerk Tangshan wurden die seit 1958 aus der DDR importierten Personenwagen gewartet und repariert. Als man feststellte, dass die ursprünglichen dreiachsigen Drehgestelle trotz Reparatur bei Fahrgeschwindigkeiten ab 80 km/h zu große Schwingungen verursachten, entwickelte man ein neues Drehgestell, das die Normwerte der zulässigen Schwingungen einhielt.[388] (Hier wird auch deutlich, dass China frühzeitig begann, sich von Importen unabhängig zu machen und das Problem der Ersatzteilbeschaffung durch Eigenfertigung zu lösen.)

Eine chinesische Fachzeitschrift berichtete 1983, dass die DDR in jenem Jahr 110 Reisezugwagen und 212 Kühlwagen nach China exportierte. Sie hob hervor, dass die DDR in den vergangenen dreißig Jahren 120.000 Schienenfahrzeuge produziert habe, von denen 90.000 exportiert worden seien. Der Löwenanteil ging in die Sowjetunion. Die Zeitschrift gab an, dass der Anteil der DDR am weltweiten Export von Reisezugwagen 75 Prozent ausmache.[389]

Im November und Dezember 1983 reiste eine fünfköpfige Expertendelegation mit Vertretern des Amts für Eisenbahnwaggons des Eisenbahmministeriums, des Amts für internationale Beziehungen, des Amts für Verkehr der staatlichen Plankommission und des Amts für Verkehr der staatlichen Wirtschaftskommission nach Polen, in die DDR, die Tschechoslowakei und nach

Rumänien. Das Ziel bestand darin, die Qualität der Konstruktion und Produktion von Güterwagen, die Produktionskapazitäten, Lieferfristen und Preise zu untersuchen. Die Delegation kam zum Schluss, dass die DDR und die Tschechoslowakei hinsichtlich der technischen Bedingungen der Warenlieferung die Bedürfnisse Chinas relativ gut erfüllen. Die DDR hatte zugesagt, 1984 zweihundert Güterwagen und 1985 achthundert Güterwagen zu liefern.[390]

Im Abkommen über die wirtschaftliche Zusammenarbeit DDR-China war für die Jahre 1986 bis 1990 die Lieferung von eintausend Kühlwaggons, eintausend gedeckten Güterwaggons, dreihundert Reisezugwagen und fünfzig Doppelstockwagen vorgesehen.[391]

Zu den dreihundert Reisezugwagen gehörten zweihundertfünfzig klimatisierte Liegewagen und fünfzig klimatisierte Personenwagen, die der VEB Waggonbau Bautzen produzierte. Sie wurden 1988 und 1989 nach China exportiert. Die Klimatisierung war für Außentemperaturen von ±45 °C ausgelegt.[392] Allerdings kam es nicht zum Vertragsabschluss über die Lieferung der Doppelstockwagen. Möglicherweise war das Streckenprofil nicht für die Doppelstockwagen geeignet.

Über die 1000 gedeckten Güterwagen ist lange verhandelt worden, aber ein Abschluss scheiterte möglicherweise an gegensätzlichen Preisvorstellungen.

Die Güterwagen hätte der VEB Waggonbau Niesky liefern sollen, dessen Produktionskapazität aber begrenzt war.[393] Wahrscheinlich hatte das Werk einen lukrativeren Exportauftrag ins NSW erhalten.[394]

Insgesamt belief sich der Export von Schienenfahrzeugen nach China im Zeitraum von 1949 bis 1990 auf:

- 489 Reisezugwagen
- 2392 Kühlfahrzeuge
- 474 Güterwagen[395]

Die folgende Statistik belegt, dass der allergrößte Teil der Schienenfahrzeuge in die Sowjetunion exportiert wurde.[396] Dementsprechend stand die Absicherung des Exports in die Sowjetunion an erster Stelle.

Land	Reisezugwagen	Kühlfahrzeuge	Güterwagen	Gesamtlieferung
Bedarf der DDR	2956	868	27531	31355
Sowjetunion	32720	42260	1911	76891
Tschechoslowakei	4727	1607	1273	7607
China	489	2392	474	3355

Export von Schienenfahrzeugen aus der DDR im Zeitraum 1949-1990

Der Export von 1000 Kühlwaggons nach China war die Aufgabe des VEB Waggonbau Dessau. Entsprechend eines im April 1986 abgeschlossenen Regierungsabkommens zwischen der DDR und China sollte das Werk seine Technologie der Fertigung von Kühlwaggons für ein in Wuhan aufzubauendes Werk transferieren und etwa vierhundert chinesische Facharbeiter ausbilden. Dieses Vorhaben wurde bis 1990 realisiert.

Zum Projekt »Kühlfahrzeuge und Technologietransfer« führten Ende des Jahres 1983 der Außenhandelsbetrieb Schienenfahrzeuge Export/Import und die National Machinery Import and Export Corporation Gespräche.[397]

Offiziell wurde das Projekt durch Vereinbarungen auf Ministerebene beschlossen. Im April 1984 verhandelte der Stellvertretende Vorsitzende der Staatlichen Plankommission, Dr. Dieter Albrecht, mit dem Stellvertretenden Vorsitzenden der Staatlichen Wirtschaftskommission, Prof. Zhu Rongji, über dieses Projekt. Die chinesische Seite legte die Strategie dar, dass eine Ausweitung des Handels zwischen der VR China und der DDR nur möglich ist, wenn gleichzeitig auch Vereinbarungen zur Rekonstruktion von Betrieben in China einschließlich Technologietransfer abgeschlossen werden.

In die Rekonstruktion von chinesischen Betrieben war auch die Qualifizierung chinesischer Werktätiger in der DDR einbezogen. Entsprechend einer Objektvereinbarung zwischen dem Ministerium für Schwermaschinen- und Anlagenbau der DDR und dem Ministerium für Eisenbahnwesen der VR China vom 9. September 1986 war ab 1987 der Einsatz chinesischer Werktätiger in Betrieben der DDR in folgendem Umfang abgestimmt worden.

VEB Waggonbau Dessau	388
VEB Waggonbau Bautzen	450
VEB Federnwerk Zittau	80

Das bedeutet, dass allein im Bereich des Kombinats Schienenfahrzeugbau 918 chinesische Werktätige eingesetzt werden sollten. Der Waggonbau Bautzen stellte Reisezugwagen und das Federnwerk Zittau die Federn für die Drehgestelle her. Da letzteres Werk auf ergiebigen Kohlelagerstätten stand, die auch abgebaut werden sollten, wurde jahrelang nichts mehr in das Werk investiert. Dementsprechend war es technologisch veraltet, und die Arbeitsbedingungen ließen zu wünschen übrig.

Damals kursierte der Witz, warum die Chinesen nicht auch in Berlin eingesetzt wurden: Weil sie es gewohnt waren, auf der Mauer spazieren zu gehen.[398]

Überwiegend war eine Einsatzzeit von vier Jahren vorgesehen, nach zwei Jahren wurde Heimaturlaub gewährt.[399]

Durch den Einsatz der chinesischen Arbeiter war abgesichert, dass neben den umfangreichen Lieferungen von Schienenfahrzeugen in die Sowjetunion, die anderen RGW-Länder und das NSW die vereinbarten Stückzahlen nach China geliefert werden konnten.

Die in den späten 1980er Jahren importierten Kühlwagen des Typs B22 wurden auf die Eisenbahndirektionen Fengtai, Shanghai, Guangzhou und Zhengzhou verteilt. Davon erhielt die Direktion Zhengzhou 320 Kühlwagen, das heißt 64 Kühlzüge, die aus je fünf Wagen bestehen.

Im Jahre 1995 wurden an diesen Kühlwagen 43 Notreparaturen vorgenommen, das heißt an jedem Kühlzug durchschnittlich 0,67 Notreparaturen. Siebzehn Reparaturen betrafen das Dieselaggregat, zwanzig den Elektromotor, zwei die Kälteerzeugung und drei die Wagen. Den Kühlwagen wurde insgesamt eine recht gute Qualität bescheinigt. Probleme traten vor allem mit Bauteilen auf, die nach chinesischen Vorschriften produziert worden waren. Die Analyse der aufgetretenen Schäden erwies, dass die Systeme der Qualitätssicherung, insbesondere die eingesetzte Messtechnik unzureichend waren.[400]

Während der gesamten Zeit der Existenz der DDR war der Export von Schienenfahrzeugen nach China eine umfangreiche und stabile Position in den Handelsbeziehungen zwischen der DDR und China.

In den letzten Jahren der DDR bildete der Schienenfahrzeugbau im Export nach China einen der wenigen Industriezweige, die stabile Lieferungen nach China erzielen konnten. Für 1987 wurde die staatliche Auflage von 69,6 Millionen CHF zu 102,4 Prozent erfüllt. Durch langfristige Vertragsabschlüsse konnte der Schienenfahrzeugbau einen guten Vertragsvorlauf erreichen:

1988:	180 Liegewagen weiche Klasse
	40 5-Wagenkühlzüge
1989:	70 Liegewagen weiche Klasse
	50 Großraumsitzwagen
	47 5-Wagenkühlzüge
1990:	57 5-Wagenkühlzüge

Im September 1987 nahm der Kundendienststützpunkt im Eisenbahndepot Fengtai seine Arbeit auf, der mit sieben Personen besetzt war. Sie sollten die chinesischen Kühlwagenbesatzungen in die Technik und den Betrieb der Kühlzüge einweisen. Sie führten auch den Garantie- und Kundendienst über zwölf Monate durch. Ein zweiter Kundendienststützpunkt war ab 1988 in Shanghai geplant.[401]

Technologietransfer

Im Jahre 1984 verhandelte der Minister für Schwermaschinen- und Anlagenbau, Rolf Kersten, in Beijing mit dem stellvertretenden Minister für Eisenbahnwesen der VR China, Li Kefei, über das Vorhaben der Lieferung von 1.000 Kühlwagen und des Technologietransfers.

Die Bedeutung dieses Vorhabens auch für die chinesische Seite ließ sich daran ermessen, dass Minister Kersten von Zhang Jingfu, Staatskommissar und Mitglied der Wirtschaftskommission, empfangen wurde.[402]

Im Mai und Juli 1984 hatte das Kombinat Schienenfahrzeugbau den Entwurf einer Vereinbarung zur produktionstechnischen Zusammenarbeit bei der Rekonstruktion der Waggonfabrik Wuhan (eigentlich Waggonfabrik Wuchang; Wuchang ist ein Stadtteil von Wuhan) und der Lieferung von Kühlfahrzeugen aus der DDR an die VR China vom 26. September 1984 ausgearbeitet. Diese Vereinbarung sah folgendes vor:

- ▸ Lieferung von 5-Wagenkühlzügen und Kupferkälteanlagen in den Jahren 1986 bis 1990
- ▸ Die DDR-Seite erarbeitet bei Auftragserteilung eine technisch-ökonomische Studie zur Vorbereitung der Rekonstruktion der Waggonfabrik Wuhan
- ▸ Die DDR-Seite stellt der Waggonfabrik Wuhan technische und technologische Unterlagen für die Fertigung von 5-Wagenkühlzügen in Sandwichausführung sowie für die Rekonstruktion der Waggonfabrik Wuhan zur Verfügung. Dabei handelt es sich insbesondere um

- die Technologie und die Anlagen für das Schweißen und Sicken der Außenhautbleche der Kühlfahrzeuge
- die Technologie und die Ausrüstungen für die Entzunderung, Trocknung und Farbbehandlung des Materials
- die Konstruktion und Technologie des kompletten Sandwichwagens
- Konstruktion und Technologie der Kupferkälteanlagen sowie die Ausrüstungen für deren Produktion
- Die chinesische Seite liefert für die Kühlfahrzeuge die benötigten Kupplungen.
- Die DDR-Seite ist bereit, entsprechend den Erfordernissen jeweils 3 bis 5 Monate chinesische Techniker im VEB Waggonbau Dessau und den wichtigsten Zulieferbetrieben auszubilden.[403]

Diese Vorstellungen wurden anlässlich des Besuchs einer chinesischen Expertendelegation im VEB Waggonbau Dessau vom 27. November bis 6. Dezember 1984 beraten. Der grundlegende Gedanke des Objekts »Lieferung von Kühlfahrzeugen und Technologietransfer« war, dass die Lieferung von 1.000 Kühlfahrzeugen und der Technologietransfer eine Einheit bilden. Der Technologietransfer sollte in drei Etappen erfolgen:

1) Aufbereitung und Übergabe konstruktiver und technologischer Unterlagen
2) Herstellung und Montage von Kühlwagen in Sandwichbauweise in Wuchang mit Lieferung von Großsektionen in Sandwichbauweise durch den VEB Waggonbau Dessau

3) Fertigung von kompletten Kühlwagen in Sandwichbauweise in der Waggonfabrik Wuchang

Der Streitpunkt bei den Verhandlungen mit der chinesischen Seite bestand in der Frage, inwieweit der
Technologietransfer zu bezahlen ist. Während die
DDR-Seite sich die Technologie bezahlen lassen wollte,
ging die chinesische Seite davon aus, dass die Technologie mit der Abnahme der 1.000 Kühlfahrzeuge
bezahlt sei.

Letztlich einigte man sich darauf, dass die chinesische Seite die Aufbereitung der zu übergebenden technologischen Dokumentationen bezahlte. Sie finanzierte
auch den Einsatz von DDR-Spezialisten in China und
insbesondere eine Reihe von Spezialmaschinen für die
Fertigung der Kühlfahrzeuge. Den Technologietransfer
der Kälteanlagen vereinbarte die chinesische Seite mit
dem Kombinat Luft- und Kältetechnik, zu dem der
ausführende Betrieb VEB Maschinen- und Apparatebau Schkeuditz gehörte.[404]

In einem Schreiben des Kombinats Schienenfahrzeugbau an den Vorsitzenden der Staatlichen Plankommission, Gerhard Schürer, wurden die Investitionen aufgeführt, um die Lieferung von 1.000 Kühlfahrzeugen nach
China in den Jahren 1986 bis 1990 abzusichern.[405]
Dabei durften an den Lieferungen von Schienenfahrzeugen in die Sowjetunion keine Abstriche gemacht werden.
Zu den Investitionsmaßnahmen gehörten:

▸ Aufnahme der Drehgestellproduktion in Gussaus-
  führung für die Thermoswagen im VEB Waggonbau Dessau

▸ Schaffung der erforderlichen Montagekapazitäten für den Ausbau der Dieselmannschaftswagen

▸ Zuführung von Arbeitskräften aus dem territorialen Aufkommen

▸ Einordnung der Investitionen für die Lieferungen in die Sowjetunion

▸ Keine Erweiterung der Konsumgüterproduktion

In der Zeit vom 11. März bis 4. April1985 besuchte eine Delegation des Kombinats Schienenfahrzeugbau in China den Waggonbau Wuchang, den Waggonbau Shijiazhuang, Provinz Hebei, und das Kälteanlagen-hauptwerk Yueyang, Provinz Hunan, um Verhandlungen über den Technologietransfer zu führen.

Das Prinzip des abzuschließenden Abkommens beinhaltete, wie bereits im Jahre 1984 verabredet, dass im Kauf von 1.000 Kühlwagen die komplette Technologie ihrer Herstellung enthalten ist. Die Technologie betraf das Kühlfahrzeug MN B21/81 des VEB Waggonbau Dessau und den Kältesatz FAL 056/3 des VEB MAB Schkeuditz.

Im Jahre 1985 erwarben die chinesischen Eisenbahnen der Direktion Guangzhou 100 Kühlfahrzeuge des Typs B21 und erprobten erfolgreich einen Kühlzug (vier Kühlfahrzeuge und einen Mannschaftswagen mit Dieselstromaggregat) auf einer Strecke, die vom Hochgebirge nach Turfan (autonomes Gebiet Xinjiang) führte. In der Wüstenstadt Turfan herrschte dabei eine maximale Außentemperatur von 45 °C.[406]

Die physikalische Grundlage für den hohen Grad der thermischen Isolation der Kühlwagen war ein sehr nied-

riger Wärmeausbreitungskoeffizient von 0,85 W/m².
Der Technologietransfer sollte entsprechend dem
inzwischen erzielten Verhandlungsstand in drei Etappen ablaufen:

1. Übergabe der gesamten technischen Dokumentation
2. Die DDR-Seite liefert Montageteile und entsendet Spezialisten zur Anleitung nach China, wo eine Montageproduktion erfolgt.
3. Die chinesische Seite produziert auf der Basis der von der DDR-Seite übergebenen Konstruktion und Technologie das Kühlfahrzeug MN B21/84 unter zeitweiliger Anleitung durch DDR-Spezialisten.

Uneinigkeit bestand noch in der Frage des inhaltlichen Umfangs des Technologietransfers. Die DDR-Seite war nicht bereit, die Technologien für die Gummidichtungen, den Leichtmetallguss, die Mischung des Tränklacks der Gussteile des Verdichters und der Mischung des Teflons zu übergeben, weil sie nach ihrer Ansicht nicht mehr zur Technologie der Kühlfahrzeuge gehören. Das gleiche galt für Sondereinrichtungen, die für die Produktion von Sandwichwagen nicht zwingend erforderlich sind.

Der Technologietransfer umfasste erzeugnisseitig den Laderaumwagen und den Dieselmannschaftswagen des Kühlzuges B21/84. Hierzu übergab der VEB Waggonbau Dessau Unterlagen, die von den Konstruktionszeichnungen über Bedienanleitungen und Konstruktionsberechnungen bis zu den Prüfvorschriften und Prüfprotokollen reichten.

Die zu übergebende technologische Dokumentation enthielt die kompletten technologischen Arbeitsaufstellungen, angefangen von Materialnormen, technologischen Vorschriften über Qualitätskontrollkarten bis zu den Abnahmestandards.

Der VEB Waggonbau Dessau übergab weiterhin die Zeichnungen der eingesetzten großen und mittleren Fertigungsmittel, Vorrichtungen zum Montieren und Schweißen, Drehvorrichtungen und Kontrollvorrichtungen. Für kleinere Vorrichtungen, für die keine Zeichnungen vorlagen, konnten unter Anleitung von Spezialisten Zeichnungen im Umfang von fünf Arbeitskräften à sechs Monate angefertigt werden.

Für die technische Rekonstruktion des Waggonbau Wuchang bat die chinesische Seite um technische Consultingeinschätzungen. Ebenso fanden beim Einsatz von Grundmaterial chinesischer Spezifikation Consultingeinschätzungen durch den VEB Waggonbau Dessau statt. Vertragsrechtlich bezog sich der Technologietransfer aber auf die Festlegungen in Technischen Normen, Gütevorschriften und Lieferbedingungen (TGL) als nationalen Standards der DDR.

Die DDR-Seite war zur Lieferung folgender Spezialausrüstungen gemäß Angebot bereit:

- ▸ Profil- und Blechentzunderungsanlage
- ▸ Folienschweißmaschine
- ▸ Schweißportal für die Seitenwände

Zu weiteren Spezialausrüstungen übergab die DDR-Seite die technischen Daten für:

- ▸ 4 m-Feinblechschere

- Verschäummaschinen
- 10 m-Sickenpresse

Die Kältesätze vom Typ FAL 056/3 sollten im Waggonbau Shijiazhuang nach der Technologie des VEB MAB Schkeuditz produziert werden. Die Baugruppen des Kältesatzes waren exakt definiert.

In den Technologietransfer der Kältesätze wurden einbezogen: Konstruktions- und Berechnungsdokumentation, dazugehörige Standards und Vorschriften, technische Dokumentation über Erprobung und Prüfungen, technische Dokumentation über Sondermaschinen und Fertigungsmittel sowie Prüfmittel für die Fertigung des Kältesatzes (einschließlich Formwerkzeug, Bandvorrichtungen und Sonderschnittwerkzeuge).

Das Ziel des Technologietransfers bestand darin, den Waggonbau Shijiazhuang bis Ende 1988 in die Lage zu versetzen, 800 Kältesätze zu fertigen. Hierfür schlug die DDR-Seite einen technologischen Raumplan vor. Auf dieser Grundlage arbeitete die chinesische Seite unter Berücksichtigung ihrer Gegebenheiten ein technologisches Projekt aus, das von der DDR-Seite beurteilt wurde.

Die chinesische Seite erhielt Unterlagen und Abläufe für die Produktionsorganisation und die Qualitätssicherung im Produktionsprozess. Die Endmontagetechnologie wurde in den einzelnen Arbeitschritten dargestellt. Ferner die Reinigungs- und Trocknungstechnologie und die Rezeptur der Reinigungsmittel. Hinsichtlich der technologischen Dokumentation der Warmbearbeitung, Kältebearbeitung und Warmbehandlung bei der Oberflächenbehandlung wurden Unterlagen über das Verzinken, Verzinnen und Eloxieren übergeben, weiterhin zur Bearbeitungstechnologie der bewegten Teile, Federn, Ventile und Dichtungsringe.

Die chinesische Seite wünschte von allen Fertigungsmitteln Zeichnungen. Wenn diese nicht existierten, entsandte die chinesische Seite Spezialisten, damit sie im VEB MAB Schkeuditz die Zeichnungen anfertigen konnten.

Zum Software-Transfer gehörten: Konstruktionsberechnungen, Berechnungen für die Hauptbaugruppen, kompletter Satz von Fertigungszeichnungen des Kältesatzes einschließlich Gesamtzusammenstellungszeichnung, technische Dokumentation für die Erzeugniseignungsprüfung, Stücklisten, Bedien- und Wartungsvorschriften, Ersatzteilaufstellung, Reparaturfristen und technische Standards (einschließlich Werkstandards).

Die chinesische Seite erhielt ausführliche Unterlagen über die Hauptbaugruppen Verdichter, Wärmetauscher und andere. Für die Mess- und Prüfmittel wurden die Genauigkeitsklassen angegeben, ferner die Toleranzbereiche an den Baugruppen. Hierzu gehörten auch Unterlagen über die Methoden der Beseitigung von Fehlern, insbesondere von Gussfehlern.

Der chinesischen Seite wurden folgende Ausrüstungen und Fertigungsmittel angeboten:

▶ Reinigungseinrichtung für das Kurbelwellengehäuse

- Automatische Aufkelchanlage für Wärmetauscher-rohre
- Automatisches Lamellenwerkzeug
- Rohrbogenautomat
- Entgratungsvorrichtung für die Kurbelwellenboh-rungen
- Vorrichtungen für die Verdichtermontagelinie
- Fertigungsmittel für die Bearbeitung des Kurbel-wellengehäuses
- Fertigungsmittel für die Bearbeitung der Pleuel, der Kurbelwellen und der Hauptlager
- Ausrüstungen für das Läppen der Dichtflächen von Teilen
- Sonderprüfmittel
- Ausrüstungen für die Teil- und die Endprüfung des Kältesatzes

Diese umfangreiche Liste zeigt, dass die chinesische Seite daran interessiert war, die Technologie der Herstellung der Kühlwagen und der Kältesätze möglichst vollständig zu übernehmen. Dies betraf sowohl die eingesetzten Fertigungsmittel als auch das Knowhow. Weil das Knowhow außer den technologischen Dokumentationen auch viele über lange Jahre erworbene Erfahrungswerte umfasst, erhielt die chinesische Seite vieles davon durch die Ausbildung chinesischer Fachkräfte in der DDR.

Im Jahre 1989 hielt sich eine Gruppe chinesischer Technologen im VEB Waggonbau Dessau auf, die insbesondere den technologischen Fluss bei der Herstellung der Wände der Kühlwaggons und die wichtigsten

Abnahmeprüfungen studierte. Zu diesen Prüfungen gehörten die Dichtheit der Kühlwaggons, die Bestimmung des Wärmeausbreitungsfaktors K der Kühlwaggons und die Eigenschaften des Kältesatzes.[407]

Der Technologietransfer bei der Herstellung von Kühlzügen war seitens der DDR vorbildlich geplant und organisiert. Natürlich war die Konsequenz, dass die chinesische Seite künftig von Importen der Kühlzüge unabhängig wurde, was ja auch das Ziel der Vereinbarung insgesamt war.

Im heutigen deutsch-chinesischen Handel vermeiden die deutschen Firmen nach Möglichkeit die Preisgabe des technologischen Vorsprungs, was aber nicht immer zu verhindern ist, besonders wenn die chinesische Seite auf Technologietransfer drängt. Nachteile und Verluste im Handel lassen sich nur durch ständige Weiterentwicklung der Erzeugnisse vermeiden.

Die Grenzen des Technologietransfers waren zwischen beiden Seiten exakt definiert und andererseits war dieser Transfer so umfangreich, dass die chinesische Seite schließlich die Kühlzüge nach DDR-Technologie eigenständig herstellen konnte.

Die Umstellung der Grundlagen der Fertigung in China von TGL-Standards auf chinesische Normen wurde mit Konsultationen der DDR-Spezialisten unterstützt, geschah aber in eigener Verantwortung der chinesischen Partner.

Ausbildung chinesischer Fachkräfte

Zur Ausbildung des chinesischen Fachpersonals fanden, angefangen mit den Direktoren der einbezogenen Werke und dann weitergehend mit Konstrukteuren und Technologen, Schulungen über Technologie und Konstruktion statt.

In der Zeit vom 19. September bis 4. Oktober 1986 wurde in der DDR die 1. Verbindungskonferenz der Direktoren der chinesischen und der DDR-Seite des Technologietransferprojekts durchgeführt. Sie behandelte folgende Themen:

▸ Kontrolle des Bearbeitungsstandes der zu liefernden technischen Dokumente

▸ Planung der Zusammenarbeit zwischen den Betrieben des Schienenfahrzeugbaus in der DDR und China

▸ Information der chinesischen Teilnehmer über die Organisation der Produktion und die Fertigungstechnik in den Betrieben des Kombinats Schienenfahrzeugbau und seiner Zulieferbetriebe zur Herstellung von Laderaumwagen in Sandwichbauweise, Kältesätzen, Alu-Guss von Elektroeinbaumotoren und Fußbodenrosten durch Betriebsbesichtigungen

Für den Zeitraum vom 3. bis 28. November 1986 war die 1. Verbindungskonferenz der Konstrukteure und Technologen vorgesehen.

Als Arbeitsschwerpunkte für 1987 wurden festgelegt: Schulungen in China, Projekt der Verschäumungshalle,

Verhandlungen über von China einzuführenden Ausrüstungen und Anlagen, Einleitung der Fertigung von Großfertigungsmitteln in der DDR.

Im Waggonbau Dessau werden im Jahre 1987 zwei Schulungen von CMC-Fachpersonal veranstaltet: siebzehn Personen vom 15. Mai bis 30. Juni 1987 und fünfzehn Personen vom 1. September bis 15. Oktober 1987.

Insbesondere wurden die Anforderungen an den Arbeitsschutz bei der Fertigung der Kühlwagen besprochen.[408]

Die Überprüfung der zu übergebenden technologischen Dokumente erwies eine recht unterschiedliche Qualität von sehr gut bis unbrauchbar, so dass die Dokumente insgesamt überarbeitet werden mussten, wodurch auch eine Qualitätsverbesserung für den eigenen Betrieb entstand.

Vom 17. September bis 3. Oktober 1987 fand in Beijing, Wuhan und Shijiazhuang die 2. Verbindungskonferenz der Direktoren statt.[409]

Sie diskutierte den künftigen Bedarf der chinesischen Seite an Schienenfahrzeugen aus der DDR. Die chinesische Seite war nicht bereit, den Bedarf für die Jahre 1991 bis 1995 zu nennen. Der Hintergrund für dieses Verhalten war höchstwahrscheinlich, dass die chinesische Seite nach dem erfolgten Technologietransfer unabhängig von Importen sein wollte und entgegen ihren Zusagen keine Kühlwagen mehr einführen wird.

Bis dato schickte man elf chinesische Arbeitskräfte von insgesamt 388 wegen Disziplin- und anderen Problemen nach China zurück. Die chinesische Seite konnte Ersatz nicht wie vertraglich vereinbart, in acht Wochen, sondern nur in zwölf Wochen stellen.

Als unbefriedigend wurde die Teilnahme der chinesischen Werktätigen am Deutschunterricht eingeschätzt, der Krankenstand war relativ hoch. Die Qualifikation der Schweißer war ungenügend, es mussten Schweißerlehrgänge organisiert werden, um eine im ganzen Betrieb einheitliche Qualifikation gemäß ZIS-Normen zu erreichen (ZIS = Zentralinstitut für Schweißtechnik in Halle).

Ferner wurde die Übergabe eines Kühlzuges (der den 1600. Kühlwagen enthielt) während der DDR-Exportausstellung in Beijing im April 1988 besprochen. Möglicher Ort der Übergabe war das Depot Fengtai. Im Mai und September 1988 sollten Schulungen für Fertigungsmittelbauer stattfinden. Die 3. Direktorenkonferenz war für November 1988 in der DDR geplant.

Für das zu liefernde Punktschweißportal bildete man drei chinesische Arbeitskräfte aus, um die Bedienung und Wartung zu gewährleisten. Weiterhin wurde die Entsendung chinesischer Arbeitskräfte nach Dessau, Bautzen und Zittau besprochen. Um Übernachtungskosten in Moskau einzusparen, falls wegen Verspätung der Anschlusszug nicht erreicht wird, soll ab 1988 ein Kurswagen für die chinesischen Arbeitskräfte eingesetzt werden, sofern die sowjetischen Staatsbahnen darauf eingehen.

Eine gewisse Anzahl chinesischer Arbeiter entschied, nach dem Heimaturlaub nach zwei Jahren nicht wieder in die DDR zurückzukehren, da ihnen die Trennungszeit von der Familie zu lang war oder andere Probleme aufgetreten waren. Die Werkleitung des Waggonbau Dessau sah sich außerstande, dieses Problem zu lösen.

Beim Besuch des Depots Fengtai, in dem alle Kühlwagen gewartet werden, stellte man fest, dass noch Kühlwagen aus der Lieferung des Jahres 1956 im Einsatz waren.

In Shijiazhuang wurde der Technologietransfer des Kältesatzes und des Kältemittelverdichters besprochen. Die chinesische Seite, die den Wunsch äußerte, Zeichnungen des Ölfilters des Verdichters zu erhalten, wurde darauf hingewiesen, dass der Ölfilter ein Kaufteil ist und die Urheberrechte beim VEB Berliner Vergaserfabrik liegen. Später wurde ein Besuch der Vergaserfabrik organisiert, damit die chinesischen Kollegen den Fertigungsprozess der Filter studieren konnten. Für den Bau des Kältesatzes und des Verdichters wurde in zehn Kilometer Entfernung vom alten ein neues Werk errichtet, dessen Bau sich von 1987 bis 1989 erstreckte.

Vom 2. Oktober bis 14. November 1987 fand im Waggonbau Dessau die 2. Schulung von chinesischem technischem Fachpersonal statt. An ihr nahmen der stellvertretende Chefingenieur und elf Ingenieure bzw. Techniker des Waggonbau Wuchang teil. Inhalt der theoretischen Schulung während fünf Tagen waren die Technologie und Konstruktion der Sandwichbauweise, Werkstoffkunde, Schäummaschinen und Fertigungsmittel. Darauf folgte die praktische Schulung an 23 Tagen. Jeder chinesische Ingenieur bzw. Techniker qualifizierte sich an seinem vorgesehenen Arbeitsplatz in Zusammenarbeit mit deutschen Betreuern und chinesischen Dolmetschern. Die chinesische Seite schätzte ein, dass besonders über die Verarbeitung von Plast- und Elastwerkstoffen viel Neues vermittelt wurde. Sie sprach der deutschen Seite für die gute Organisation ihren Dank aus.

Vom 18. November bis 19. Dezember 1987 fand die 2. Konferenz von Konstrukteuren und Technologen im Waggonbau Dessau statt. An ihr nahmen sechs leitende Konstrukteure und ein Technologe von der Waggonfabrik Wuchang teil. Thema waren die Fertigung des Laderaumwagens und des Dieselmannschaftswagens und Erläuterungen zur Konstruktion des Laderaumwagens und die Vorstellung des eigenen Konstruktionsentwurfs der chinesischen Seite zum Laderaumwagen.

Die chinesischen Kollegen besuchten den VEB Waggonbau Niesky, den VEB Leichtmetallbau Dessau und die Entwicklungsstelle (Prüfzentrum) des Kombinats Schienenfahrzeugbau.

Die Kollegen erhielten auf ihren Wunsch umfangreiche technische Dokumente, die überwiegend bereits zweifach nach Wuchang geschickt worden waren, die ihnen aber nicht bekannt waren. Hier offenbart sich eine Schwäche auf der chinesischen Seite, dass die übergebenen Informationsmaterialien nicht weiter verbreitet wurden. Beim Konstruktionsentwurf der chinesischen Seite fehlten die Festigkeitsnachweise der eingesetzten chinesischen Stahlsorten. Die sandwichtypischen Werkstoffe (Schaumstoffe, GUP und Kleber) wurden noch nicht behandelt.[410] Die chinesische Seite wünschte insbesondere die Lieferung von Montageteilen für die Elektrik.

Eine Konzeption für den Technologietransfer vom 28. Januar 1988 sah folgende Ecktermine vor[411]:

- ▸ Inkrafttreten des Vertrages
  2. September 1986
- ▸ Lieferung 1. Überführungsverband
  30. Juni 1987
- ▸ Lieferung der technischen Dokumente
  30. März 1988
- ▸ Abschluss der Schulungen
  31. Dezember1990
- ▸ Lieferung Montageteile, Beginn
  Dezember 1988
- ▸ Abschluss
  August 1990
- ▸ Fertigstellung von vier Musterwagen mit Montageteilen durch die chinesische Seite
  Dezember 1989
- ▸ Fertigstellung von vier Musterwagen in kompletter Eigenfertigung durch die chinesische Seite
  Dezember 1990

An der 3. Schulung vom 20. Mai bis 28. Juni 1988 im VEB Waggonbau Dessau nahmen der Stellvertretende Chefingenieur, zwölf Ingenieure und Techniker und ein Monteur aus der Waggonfabrik Wuchang teil. Seitens des Waggonbaus Dessau fungierten sechs Ingenieure als Fachberater, zwölf Ingenieure als Referenten und zwölf Abteilungsleiter, Meister und Brigadiere als Fachbetreuer unter Leitung des Direktors für Technik, Siegfried Möbius.

Die theoretische Schulung (vier Tage) behandelte: Konstruktion/Technologie der Laderaumwagen, Aufgaben und Arbeitsorganisation der technologischen Abteilungen, Oberflächenbehandlung, Plast- und Schaumherstellung, Abwasser- und Abfallbeseitigung sowie Bau von Fertigungsmitteln.

Die praktische Schulung umfasste neunzehn Arbeitstage. Außerdem wurden der Zulieferer VEB Leichtmetallbau Dessau und der VEB Waggonbau Ammendorf besichtigt. Für jeden Arbeitsplatz wurde eine Mappe mit technischen Dokumenten vorbereitet, die die chinesischen Kollegen erhielten. Die erworbenen Kenntnisse sollten in Wuchang weiter vermittelt werden. Die chinesischen Kollegen zeigten eine hohe Lernbereitschaft. Sie skizzierten alle Fertigungsmittel, für die keine Zeichnungen vorlagen. Die chinesische Seite war mit der Organisation und Durchführung der Schulung sehr zufrieden und bedankte sich für die guten Arbeitsbedingungen.[412]

Vom 6. April bis 12. Mai 1989 fand im Waggonbau Wuchang die 3. Konferenz der Technologen und Konstrukteure, verbunden mit technischer Hilfe, statt. Wegen der politischen Ereignisse in Beijing waren Telefon- und Fernschreibverbindungen nach Beijing unterbrochen, so dass die Verbindung zur HPA nur über Eilbriefe aufrechterhalten werden konnte.

Inhaltlich stand die Umsetzung von Werkstoffen, Materialien und Bauteilen im Mittelpunkt. Zu den nichtmetallischen Werkstoffen, für die Äquivalente aus chinesischer Produktion gefunden wurden, gehörten: Anstrichstoffe, Schaumstoffe, Glasseidenverstärkungsmaterial, Klebstoffe und Sperrholz. Über das Korrosionsschutzverhalten der eingesetzten Anstrichstoffe wurden Wasserbelastungsversuche durchgeführt. Das Haftungsvermögen der chinesischen Teerepoxidharzfarbe auf chinesischem PUR-Hartschaum sollte in der DDR geprüft werden.

Ein weiterer Schwerpunkt war der Stand der technologischen Vorbereitung in Wuchang. Die Anfertigung der Fertigungsmittel befand sich noch im Anfangsstadium, so dass ihre Fertigstellung bis Oktober 1989 fraglich war. Da die neuen Werkhallen noch nicht fertiggestellt waren, wurden für die Montage der Kühlwagen verschiedene provisorische Lösungen vorbereitet. Es wurde kritisch eingeschätzt, dass die im Waggonbau Dessau ausgebildeten Leitungskader und die aus Dessau zurückgekehrten chinesischen Werktätigen größtenteils nicht in der Montage der Kühlwagen tätig waren.[413]

Vom 27. April bis 8. Juni 1989 fand im Waggonbau Dessau die 5. Schulung im Rahmen des Technologietransfers statt. An ihr nahmen zwölf Leiter und Ingenieure der Waggonfabrik Wuchang teil. Die Schulung umfasste vier Tage theoretische und neunzehn Tage praktische Ausbildung und eine Betriebsbesichtigung des VEB MAB Schkeuditz.

Inhaltlich wurden folgende Themen behandelt:
- ▸ Transport und Lagerprozesse
- ▸ Fertigungsmittel ohne Zeichnung

- Materialwirtschaft
- Produktionsplanung, -vorbereitung und -durchführung
- Farbgebung
- GUP-Bearbeitung
- Prüfungen und Probefahrt

Bis 1990 war für den Technologietransfer vorgesehen, im Waggonbau Wuchang eigenständig Kühlwagen und acht Kältesätze nach den Vorgaben des VEB Waggonbau Dessau herzustellen. Kriterium für die Vertragserfüllung war die technische Beschreibung der Kühlwagen im Dokument P 008 und die Prüf- und Abnahmebedingungen im Dokument P 009.[414]

Eine Auswertung der Abnahmeprüfung von Kühlzügen in der DDR durch Fachleute der Waggonfabrik Wuchang ergab, dass in den meisten Fällen die Eisenbahnstandards der VR China angewendet werden können, weil sie entweder zu gleichen Resultaten führen oder dass ihre Anwendung keine Probleme bereitete.[415]

Einsatz chinesischer Werktätiger im VEB Waggonbau Dessau

Über die Ausbildung der chinesischen Facharbeiter und ihre Lebensumstände in Dessau haben die Dessauer Gymnasiasten Moritz Gärtner und Kim Kadenik für den Geschichtswettbewerb 2014/15 des Bundespräsidenten »Anders sein. Außenseiter der Geschichte« eine lebendige Untersuchung über »Chinesische Vertragsarbeiter in Dessau« ausgearbeitet, die den Preis des Landessiegers erhielt. Diese Untersuchung wurde auch von der Bundeszentrale für politische Bildung veröffentlicht.[416]

Grundlage des Einsatzes der chinesischen Werktätigen in der DDR bildete die »Grundsatzvereinbarung zwischen der Regierung der Deutschen Demokratischen Republik und der Regierung der Volksrepublik China über die Beschäftigung und Qualifizierung chinesischer Werktätiger in sozialistischen Industriebetrieben der Deutschen Demokratischen Republik«.

Da die Mark der DDR nicht konvertibel war, setzte die chinesische Seite durch, dass 60 Prozent des 350 Mark übersteigenden Nettoarbeitslohns der chinesischen Werktätigen in Schweizer Franken auf ein Konto in China überwiesen wurden. Diesen Geldbetrag sollte der chinesische Werktätige nach seiner Rückkehr in die Heimat in Yuan ausgezahlt bekommen. Für diesen Zweck stellte das Ministerium für Schwermaschinen- und Anlagenbau im Jahre 1987 3,8 und ab 1988 jährlich 12,9 Millionen Mark SW/Verrechnungswährung zur Verfügung.[417] Auf diese Weise nahm der chinesische Staat durch die Arbeit seiner Werktätigen in der DDR Valuta ein.

Zur Unterbringung der insgesamt 388 chinesischen Werktätigen in Dessau wurden Wohnheime gebaut, deren Ausstattung entsprechend den Festlegungen in der vorgenannten Grundsatzvereinbarung der der Wohnheime für DDR-Arbeiter entsprach.

Eine (angekündigte) Wohnheimbegehung offenbarte erhebliche Missstände im Hinblick auf Ordnung und Sauberkeit. Die Wohnungen waren vollgestellt mit Motorrädern, Fahrrädern, Kühlschränken und anderen Konsumgütern, die bei der Rückkehr nach China mitgenommen werden sollten. Objektiv gefährdete das die Sicherheit im Wohnheim, das kein Warenlager sein

Karl-Heinz Mornhinweg, Stellvertretender Minister für Schwermaschinen- und Anlagenbau (Siebter von links in der 1. Reihe) verabschiedet in Wuhan chinesische Arbeiter in die DDR, 1988

durfte. Deshalb wurde außerplanmäßig ein Versand dieser Güter organisiert.[418]

Für ihren Einsatz in der Produktion erhielten die chinesischen Werktätigen, die zuvor schon in China einen Deutsch-Kurs absolviert hatten, eine Deutsch-Ausbildung im Umfang von 120 Stunden, damit sie sich mit ihren deutschen Kollegen verständigen konnten. Die chinesischen Werktätigen waren in Gruppen zu je 20 bis 25 Personen zusammengefasst. Der Unterricht erfolgte in Abhängigkeit von den Schichten werktags einschließlich Sonnabend im Umfang von sechs bis acht Stunden pro Woche. Insgesamt wurden 40 Lehrkräfte eingesetzt. Der Unterricht erfolgte in den Räumen der Betriebsakademie, der Betriebsberufsschule und des Polytechnischen Zentrums des Betriebs. Als Lehrmaterialien erhielten die Chinesen zwei Bände des Lehrbuchs »Guten Tag, Kollege« und ein Bildglossar »Metall«.

Da die Abteilung Volksbildung beim Rat der Stadt Dessau keine hauptamtlichen Deutschlehrer zur Verfügung stellen konnte, griff man auch auf Pensionäre, Invalidenrentner, Mütter im Babyjahr und nebenamtliche Deutschlehrer zurück, um die Kurse sicherzustellen. Allerdings schwänzten die Chinesen oft den Unterricht, was wiederholt kritisiert wurde. Die schlechten Sprachkenntnisse führten zu Missverständnissen im Produktionsablauf und zu Arbeitsunfällen. Aber insgesamt wurden die Deutschkurse als erfolgreich eingeschätzt.

Darüber hinaus wurde eine berufsgruppenspezifische Ausbildung für Schweißer und weitere Berufsgruppen durchgeführt. In jedem Schweißerkabinett pro Lehrgang wurden zehn chinesische Werktätige qualifiziert. Die Schweißerlehrgänge waren nach den Vorgaben des ZIS Halle im Umfang von 391 Stunden konzipiert. Fünfzehn qualifizierte Fachkräfte führten die Lehrgänge durch. Die Kosten der Ausbildung für einen chinesischen Werktätigen beliefen sich auf 193 Mark. Weitere Qualifizierungen fanden für Lackierer sowie auf den Gebieten Holz- und Plastverarbeitung, Umschlag und Lagerung und Zerspanung statt.[419]

All das zeigte, dass der VEB Waggonbau Dessau die Ausbildung gründlich geplant und sorgfältig realisiert hatte. So wurde ein Qualifizierungsstand erreicht, der dem der deutschen Kollegen glich. Die Qualifizierung sicherte zudem die Qualität der Arbeit.

Für die Freizeit machte der Betrieb kulturelle und sportliche Angebote. Der VEB Waggonbau Dessau organisierte zahlreiche Exkursionen zu touristischen Sehenswürdigkeiten in der DDR und hatte mit der Abteilung Kultur des Rates der Stadt Dessau eine Vereinbarung geschlossen. Darin einbezogen waren die Landestheater, die Museen in Dessau und Umgebung, die Stadtbibliothek, das Haus der Jugend und Sportler und die Jugendklubs der Stadt. Die chinesischen Werktätigen nahmen am kulturellen Leben der Brigaden teil. Der VEB Waggonbau Dessau führte an bestimmten Feiertagen, zum Beispiel am chinesischen Frühlingsfest und dem Nationalfeiertag der VR China, Festveranstaltungen durch.[420]

Die Chinesen in Dessau, Bautzen und Zittau besuchten sich oft untereinander, was unterstützt wurde.

Für ihre gesundheitliche Betreuung wurde das Betriebsambulatorium des Werks erweitert und in den Wohnheimen je ein Krankenzimmer eingerichtet.[421] Die Gesundheitsuntersuchung nach der Ankunft in der DDR ergab, dass nicht alle chinesischen Arbeiter gesund waren. Einige waren an Ruhr bzw. Tbc erkrankt. Die Tbc-Patienten wurden in einem Lungenheilsanatorium in Ballenstedt behandelt. Einige dieser Werktätigen mussten aber wegen Arbeitsunfähigkeit in die Heimat zurückgeschickt werden.

Der Arbeiter Chen Ming verstarb im April 1989 an Krebs. Der chinesische Botschafter in der DDR informierte sich persönlich bei den zuständigen Stellen in Dessau über den Fall und bestätigte die Korrektheit der von der deutschen Seite ergriffenen Maßnahmen. Die Eltern des Verstorbenen erhielten vom VEB Waggonbau Dessau eine bestimmten Betrag. Es ist unklar, ob dieses Geld in ihre Hände gelangte, weil sie später vom Betrieb in Dessau eine Entschädigung forderten und diese auch einzuklagen versuchten.

Im Jahre 1989 erbrachten die chinesischen Werktätigen im VEB Waggonbau Dessau eine industrielle Warenproduktion (IWP) von etwa 125 Millionen Mark, was etwa fünfzehn Prozent der Warenproduktion des gesamten Betriebs entsprach. Die Normerfüllung, die in der Anfangszeit noch zu wünschen übrig ließ, lag bei 100 Prozent.[422] Die Organisation der Heimreisen bei Beendigung des Aufenthalts in der DDR oder der Urlaubsreisen in die Heimat war stets mit einem großen Aufwand für die deutschen Betreuer verbunden. Dies lag sowohl am Versand der erworbenen Güter und an den Problemen beim Umsteigen in Moskau in den Zug nach Beijing.

Der Betrieb unterstützte den Versand mit der Bestellung von etwa hundert größeren Kisten. Den Umfang des Versands der Güter zeigt folgende auszugsweise Aufstellung vom Sommer 1989:

- 28 Motorräder
- 59 Fahrräder
- 58 Kühlschränke
- 19 Doppelbetten
- 11 Liegen
- 249 Teppichrollen
- 576 Kisten mit verschiedenem Inhalt

Eigentlich wäre die Zahl der Motorräder noch größer gewesen, aber nachdem bekannt wurde, dass bei ihrer Ausfuhr Zoll erhoben werde, verkauften viele ihr Motorrad wieder.

Der Betrieb bestellte für den Versand 16 gedeckte Güterwagen, die zusammen mit Export-Kühlwagen auf die Reise nach China gingen.

Die materiellen Bedürfnisse der chinesischen Arbeiter wirkten sich natürlich auch auf die allgemeine Versorgung aus. Reis, Fahrräder und Mopeds waren in Dessau absolute Mangelware.

Da die chinesischen Arbeiter eigene Köche mitgebracht hatten, gab es in den Betriebskantinen auch chinesische Gerichte. Obwohl sie etwas teurer als die deutschen Gerichte waren, probierten die Deutschen gern diese Gerichte wie die Chinesen die deutschen Gerichte. Einige der acht chinesischen Köche sorgten bei privaten Feiern der deutschen Kollegen auch dort für chinesische Menüs.[423]

Der Erwerb der Bettkarten für die Reise nach China war verbunden mit einem hohen bürokratischen Aufwand wegen des umständlichen Bestellsystems bei der sowjetischen Staatsbahn. Es war auch unmöglich, von der sowjetischen Seite zu erfahren, wie viele Chinesen im Zug von Moskau nach Berlin fuhren, um sich auf ihren Empfang vorzubereiten.[424]

Ein Mitarbeiter des Technisch-Kommerziellen Büros der Handelsvertretung der DDR in Moskau war im Wesentlichen damit beschäftigt, den Transfer der chinesischen Arbeiter von einem Bahnhof oder Flugplatz zum anderen oder in ein Hotel zu organisieren.

Der Aufenthalt der chinesischen Werktätigen in der DDR fand allgemeine Aufmerksamkeit. Die Illustrierte *Für Dich* berichtete über die chinesischen Vertragsarbeiter in Dessau, und die chinesische Zeitschrift *Guoji Maoyi* veröffentlichte einen Artikel von Dong Guangzu mit dem Titel »Chinesische Arbeiter in Dessau«. Darin wurde in einem sehr freundschaftlichen Ton über die Anstrengungen des VEB Waggonbau Dessau berichtet, wie in Deutsch-Kursen die Voraussetzungen für die Kommunikation in Arbeit und Leben in der DDR geschaffen wurden. Er berichtete für die Leser in der Volksrepublik, dass die verantwortlichen Leiter zahlreiche Veranstaltungen und Exkursionen organisierten, um die chinesischen Kollegen ins Arbeitskollektiv und in die Gesellschaft zu integrieren. Obwohl sie ursprünglich acht chinesische Köche mitgebracht hatten, aßen ihre Landsleute mittlerweile auch deutsches Essen. Der Autor stellte heraus, dass die Chinesen Maschinen selbständig bedienten. Zwischen den Arbeitern beider Länder hätten sich Freundschaften entwickelt. Sie luden sich gegenseitig an den Feiertagen ein.[425]

Rund zehntausend Zeichnungen, Berechnungen und andere technologische Unterlagen gehörten zu den immateriellen Exportleistungen des VEB Maschinen- und Apparatebau Schkeuditz für China. Bestimmt waren die technischen Dokumente für ein neues Werk im 200 Kilometer südlich von Beijing gelegenen Shijiazhuang, das Kälteausrüstungswerk Shijiazhuang. Dieser Betrieb sollte Kältesätze für die Waggonfabrik Wuchang zulie- fern, die die Technologie für den Bau von Maschi- nenkühlwagen vom Waggonbau Dessau übernommen hatte. »Herz dieser Wagen sind unsere Aggregate. Des- halb wirken wir als selbständiger Partner der chinesischen Wirtschaft beim Technologie-Transfer«, berichtete Dr. Gerhard Seidel, Chefkonstrukteur im Maschinen- und Apparatebau Schkeuditz, in einem Interview mit dem *Neuen Deutschland* im Juli 1989.[426]

Der einstige Produktionsdirektor des VEB Waggon- bau Dessau, Siegfried Möbius, berichtete später, dass die Lieferung von 1000 Kühlwagen und der Technolo- gietransfers ökonomisch für die DDR vorteilhaft war. Die fast 400 chinesischen Werktätigen hätten einen wichtigen Beitrag zur Planerfüllung geleistet. Aus seiner Sicht gab es keine Schwierigkeiten mit ihnen. Möbius unterstrich, dass sie sehr fleißig gewesen seien. Dazu habe gewiss auch die umsichtige Fürsorge des Betriebes beigetragen. Möbius erinnerte sich, dass bei der Verabschiedung der Chinesen nach der Vereinigung der beiden deutschen Staaten viele Tränen geflossen seien. Mancher wäre gern in Dessau geblieben.[427]

Im Oktober 1989 übergab der VEB Waggonbau Bautzen den 400. Reisezugwagen an die chinesischen Staatsbahnen. Zugleich wurde darauf verwiesen, dass in China schon 200 Reisezugwagen dieses Betriebs im Einsatz seien.[428]

Waggonbau in Dessau nach der Vereinigung der beiden deutschen Staaten

1990 wurde das Kombinat Schienenfahrzeugbau in die Deutsche Waggonbau Aktiengesellschaft (DWA) umgewandelt. Mit dem Ende der Existenz der DDR wurden entsprechend die auf Ministeriumsebene mit der VR China geschlossenen Vereinbarungen wirkungslos. Dies hatte u. a. zur Folge, dass die chinesischen Werktätigen in die Heimat zurückkehren mussten. Die Rückkehr erfolgte per Flugzeug bis 1991.

Die DWA wurde vom kanadischen Unternehmen Bombardier übernommen. Der Produktionsstandort Dessau wurde am 30. Juni 1995 geschlossen. Seit 1996 existierte das Werk als mittelständisches Unternehmen.

Zwei der größten Waggonbaubetriebe Sachsen-Anhalts – Halle-Ammendorf und Dessau – mit einst zusammen über achttausend Beschäftigten kehrten nach fundamentaler Metamorphose unter der Treuhand wieder mit konkurrenzfähigen Angeboten auf den Markt zurück.

Das Werk Ammendorf, mit nicht ganz einem Viertel der einstigen Belegschaft, ist laut dem Strategiepapier »DWA 2000« ein Kernstandort der Deutschen Waggonbau AG, zugleich aber auch fest eingetragen in das Eigentumsregister des amerikanischen Advent-Konzerns. Der Dessauer Waggonbau, 1995 als solcher liquidiert, dann umgewandelt in die Fahrzeugtechnik Dessau GmbH, versuchte sich als mittelständisches Unternehmen mit nicht einmal fünf Prozent seiner ehemaligen Mitarbeiter, die 63 Prozent der Anteile ihrer Firma hielten, zu behaupten.

Anlässlich des China-Besuches von Bundeskanzler Helmut Kohl im Jahre 1994 unterzeichnete der Vorstandsvorsitzende der DWA, Peter Witt, eine Vereinbarung mit dem chinesischen Ministerium für Eisenbahnwesen über die Lieferung von 100 Reisezugwagen sowie technische Hilfe und Technologietransfer für die Fertigung von Reisezugwagen in China. Die hundert Wagen teilten sich in achtzig Reisezugwagen und die Lieferung von Baugruppen für zwanzig Reisezugwagen auf, die in China montiert wurden.[429]

Dabei griff China auf Hunderte chinesische Fachkräfte zurück, die zu DDR-Zeiten in Dessau ausgebildet worden waren. Das schloss vielfältigen Technologietransfer aus Ammendorf ein.

Diese Vereinbarung wurde 1994/95 realisiert. Für den Betriebsratschef des DWA-Werkes war das das

Ergebnis des Drucks der Öffentlichkeit auf die »politisch Verantwortlichen in Magdeburg und Bonn«, um den noch verbliebenen Industriestandort im Süden Sachsen-Anhalts zu erhalten.[430]

Die Molinari Rail Systems GmbH, ein chinesisch-schweizerisches Gemeinschaftsunternehmen mit Sitz in Berlin eröffnete am 1. November 2016 seinen neuen Standort in Dessau-Roßlau. In einer Zeremonie wurde dies mit neuen Mitarbeiterinnen und Mitarbeitern gefeiert. Neben Vertretern der Stadt Dessau nahmen an der Feier auch Vertreter der chinesischen Botschaft und der Schweizer Botschaft teil.

Die Molinari Rail Systems GmbH hatte zuvor einen Kaufvertrag über die Vermögenswerte der in Insolvenz befindlichen FTD Fahrzeugtechnik Bahnen Dessau GmbH geschlossen. Über den Kaufpreis wurde Stillschweigen vereinbart.[431]

»Die Tradition und Qualität des Schienenfahrzeugbaus in Deutschland, Österreich und der Schweiz war einer der Hauptgründe, zusammen mit der Molinari Rail Gruppe den neuen Standort der Molinari Rail Systems GmbH zu eröffnen«, erklärte Hongbing Zhou, Managing Director der Molinari Rail Systems GmbH. »Gerade der asiatische Markt birgt Wachstumschancen für unseren neuen Standort Dessau mit seinen Produkten Made in Germany.«

Allerdings erfüllten sich die hochgesteckten Erwartungen der Firma Molinari, an die Erfolgsgeschichte des VEB Waggonbau Dessau anknüpfen zu können, bisher nicht. China hat sich inzwischen auf dem Gebiet des

Schienenfahrzeugbaus weitgehend unabhängig von Importen gemacht.

Um das Jahr 2015 beherrschten in China zwei Unternehmen – die China South Railway (CSR) und die China North Railway (CNR) – nicht nur den chinesischen, sondern auch den Weltmarkt. Sie produzierten 40 Prozent aller neuen Highspeedzüge in der Welt und verdrängten damit Bombardier, Alstom und Siemens, die in den 1990er Jahren die Weltmarktführer waren. Die beiden Unternehmen haben sich nun zur China Railway Rolling Stock Corporation (CRRC) zusammengeschlossen. CRRC ist aktuell nicht nur der größte Hersteller von Schienenfahrzeugen, sondern mit fast 200.000 Werktätigen auch eines der größten Industrieunternehmen der Welt mit einem Jahresumsatz von etwa vierzig Milliarden Dollar. Den Grundstein für diesen rasanten Aufstieg hatte nicht zuletzt auch der Schienenfahrzeugbau der DDR gelegt.[432]

Export von Lokomotiven nach China

Beim Export von Lokomotiven nach China rangierte der VEB LEW Hennigsdorf innerhalb der DDR an erster Stelle. Sechzehn elektrische Industrielokomotiven vom Typ EL 2 bildeten 1956 den Auftakt für umfangreiche Lieferungen von Schienentriebfahrzeugen aus der DDR nach China. Insgesamt exportierte LEW Hennigsdorf 186 Elektroloks des Typs EL 2 in die Volksrepublik.

Im Jahre 1986 waren über 1200 Lokomotiven unterschiedlicher Größe und Bauart aus dem VEB Lokomotivbau-Elektrotechnische Werke (LEW) »Hans Beimler« Hennigsdorf in China im Einsatz. Damit fuhr etwa jede zehnte LEW-Lok in China.

Die Palette reichte von elektrischen Grubenlokomotiven für den Untertagebetrieb über dieselhydraulische Fahrzeuge für die Chemie- und Erdölindustrie bis zu 150 Tonnen schweren Loks für Großtagebaue.[433]

Von der Grubenlokomotive EL 5 des VEB LEW Hennigsdorf wurden 499 Stück exportiert.[434] (*Nach der Statistik von W. Wallborn, siehe Tabelle unten, sind es 480 Lokomotiven.*)

In den 1970er Jahren importierte China vom VEB LEW Hennigsdorf insgesamt 193 Dieselloks mit hydraulischem Getriebe des Typs NY 100, die früher die Typenbezeichnung V 100 trugen. Diese Dieselloks, die für den Werksbetrieb ausgelegt waren, wurden auf

Jahr	Lok-Typ	Anzahl, Stück	Leistung, PS	Spurbreite, mm	Wert, Rubel
1954	Diesellokomotive Ns3	2	60	900	77.724,-
1955	Feuerlose Lokomotive Type B	4	250	1435	412.572,--
1955	Diesellokomotive	1	90	1435	73.630,-
1956 (Angebot)	Diesellokomotive Type N4	3	90	1435	
1957 (Angebot)	Feuerlose Lokomotive Type B	1		1435	
1958 (Angebot)	Dieselhydraulische Lokomotive	2	90		
1958 (Angebot)	Dieselhydraulische Lokomotive	1	150		

Lieferung von Lokomotiven des VEB Lokomotivbau »Karl Marx« Babelsberg nach China

mehr als vierzig Betriebe der Erdöl-, der chemischen Industrie und der Metallurgie aufgeteilt.[435]

Auch der VEB Lokomotivbau »Karl Marx« in Babelsberg exportierte insgesamt vierzehn Lokomotiven nach China.[436] Zu ihnen gehörten die Typen LKM N3 und LKM N4, das sind normalspurige Dieselloks, die für Werks- und Anschlussbahnen konzipiert waren.

Bereits im Jahre 1953 hatte das Werk die Lieferung von acht Dampflokomotiven, acht Diesellokomotiven und zwei Diesel-Grubenlokomotiven angeboten. Es ist aber unklar, was davon tatsächlich geliefert wurde.[437]

Anhand dieser Zahlen wird aber das Interesse der DDR am Export nach China deutlich und auf der anderen Seite der immense Bedarf Chinas bei der Wiederherstellung der durch lange Kriegsjahre erheblich zerstörten chinesischen Eisenbahn.

Laut Unterlagen des VEB Lokomotivbau »Karl Marx« in Babelsberg wurden die in der nebenstehenden Tabelle ausgewiesenen Loks angeboten.[438] Die 1957 angebotene »feuerlose« Lokomotive war für die Feinstpapieranlage in Shenyang (?) vorgesehen, es kam aber nicht zur Bestellung.

Die drei 1958 angebotenen Lokomotiven waren für das Viskosekunstfaserwerk in Baoding gedacht. Schließlich wurde aber nur eine Lokomotive bestellt und geliefert. (Feuerlose Lokomotiven werden für den Werksverkehr vor allem in Chemiebetrieben wegen der Explosionsgefahr durch Funken eingesetzt.)

Im Jahre 1973 wurde zwischen China und der DDR ein Abkommen über die Lieferung von Ausrüstungen für die petrolchemische Industrie unterzeichnet. Dazu gehörten auch Dieselloks des Typs V 100 für den Werkverkehr, da sie die Forderungen des Brandschutzes erfüllten.[439]

Der VEB LEW Hennigsdorf hatte auf Wunsch des chinesischen Kunden die bestellten Lokomotiven V 100 modifiziert – sie erhielten eine spezielle Kupplung, einen Schienenräumer und einen Achskilometerzähler.[440]

Die chinesische Fachpresse berichtete ausführlich über die Diesellok V 100.3.[441]

Von 1974 bis 1982 wurden 190 Dieselloks der Typen V100.2 und V100.3 nach China exportiert.[442]

Weil damals eine in China entwickelte Diesellok sich noch in der Erprobungsphase befand, füllte man die Lücke durch Importe aus.

Jahr	Lokomotiventyp/Stückzahl							
	EL 1	EL 2	EL 5	EL 8	EL 9	V100.2	V100.3	Gesamt
1954				68				68
1957		16						16
1960	28							28
1961	36	20						56
1970	13							13
1971	24							24
1972		50						50
1974		30				17		47
1975						25		25
1976			60				18	78
1977			190				20	210
1978			200				20	220
1979			30		100		40	170
1980	20	15			100		20	155
1981		30					23	53
1982							7	7
1984		25						25
Gesamt	121	186	480	68	200	42	148	1245

Übersicht der exportierten Lokomotiven des VEB LEW Hennigsdorf nach China

Die nebenstehende Tabelle liefert einen Überblick über den Export von Industrielokomotiven aus dem VEB LEW Hennigsdorf nach China.[443] Bei den in der Tabelle aufgeführten Lokomotivtypen handelt es sich um folgende Einsatzbereiche:

- EL 1 und EL 2: Industrielokomotive für Tagebaubetriebe für Eisenerz und Kohle
- EL 5, EL 8 und EL 9: Elektrische Grubenlokomotive
- V 100.2 und V 100.3: Diesellokomotive für Industriebetriebe

Im langfristigen Handelsabkommen zwischen der DDR und der VR China für die Jahre 1986 bis 1990 war auch die Lieferung von Triebzügen vorgesehen. Im Mai 1988 wurden hierfür im LEW Hennigsdorf mit der chinesischen Seite die technischen Lieferbedingungen abgestimmt. Zur Unterbreitung eines kommerziellen Angebots ist es nicht mehr gekommen. Nachdem der VEB LEW Hennigsdorf von der AEG übernommen worden war, konzentrierte man sich auf den Export von U-Bahnzügen für Chinas Großstädte. Dieses Geschäft war schon in der DDR vorbereitet worden.[444]

Im Rahmen des Abkommens über wissenschaftlich-technische Zusammenarbeit fand auch ein Austausch über die Metrologie im Eisenbahnwesen statt. Vom 21. November bis 4. Dezember 1988 besuchte eine Delegation für Metrologie und Prüftechnik der chinesischen Staatsbahnen das Amt für Wissenschaft und Technik beim Ministerium für Verkehrswesen der DDR, das für metrologische Aktivitäten verantwortlich war.[445]

Einsatz der Diesellokomotive V 100 in China;
rechts: Grubenlokomotive EL 05 in einem chinesischen
Bergwerk

Zusammenfassung

Der Schienenfahrzeugbau bildete im Export nach China schon wegen des absoluten Umfangs eine sehr wichtige Position bei den Lieferungen aus der DDR. Infolge des Technologietransfers, den China im Handel mit der DDR durchgesetzt hatte, machte sich das Land auch bei den Kühlzügen von Importen unabhängig. Ebenfalls

fand der Export von Lokomotiven durch chinesische Eigenproduktion ein Ende.

Der in den 1990er Jahren anlaufende U-Bahnbau in chinesischen Großstädten eröffnete nach der Vereinigung der beiden deutschen Staaten mit der Lieferung von U-Bahnen eine neue gefragte Erzeugnisgruppe.

14. Fazit

Bis zu ihrem Ende hat die DDR Tausende hochwertiger Industriegüter nach China exportiert, allein in den 1950er Jahren vierzig komplette Fabriken, und in den 1980er Jahren noch einmal vierzig Industrieprojekte aufgebaut und in Betrieb genommen.

Zu der Exportbilanz gehören etwa 70.000 Lastkraftwagen, über 3.000 Schienenfahrzeuge, 1.200 Lokomotiven, 6.500 Mähdrescher, mehr als 10.000 Werkzeugmaschinen, 400 Universalbagger und 20 Ozeanfrachter.

Aber es sind nicht allein die großen Mengen der Industriegüter, die beeindrucken. Von großer Bedeutung für Chinas industrielle Entwicklung sind auch die Spezialmaschinen – Karuselldrehmaschinen mit sechs Meter Drehdurchmesser, überlange Schleifmaschinen zum Bearbeiten der Walzen von Walzwerken, Maschinen für den Druck von Banknoten und einzigartige Messgeräte des VEB Carl Zeiss Jena vom Elektronenmikroskop über Teleskope und Massenspektrometer bis zu Ausrüstungen für die Mikroelektronikindustrie.

In den 1980er Jahren analysierte die chinesische Fachpresse jede Neuentwicklung im DDR-Schienenfahrzeugbau und später die Hochgeschwindigkeitszüge von Siemens, um im Jahre 2017 stolz zu verkünden, dass China die selbst entwickelten U-Bahnen nach Boston liefert.

In den 1960er Jahren importierte China jährlich an

die hundert Universalbagger aus der DDR für einige wenige Baustellen und Bergwerke, während das Land seit 2020 jährlich etwa 177.000 Bagger produziert.

Diese Beispiele zeigen die enormen Fortschritte, die China seither in der industriellen Entwicklung genommen hat, aber auch den Weg dorthin mittels Technologietransfer.

Insgesamt trugen die von der DDR gelieferten Industrieanlagen (zusammen mit den von der Sowjetunion aufgebauten 156 Industrieanlagen in den 1950er Jahren) zur Bildung eines Rückgrats der chinesischen Industrie bei.

Für einige der von der Sowjetunion errichteten Industriebetriebe steuerte die DDR gemeinsam mit anderen RGW-Ländern wichtige Ausrüstungen bei. Die DDR bemühte sich stets, an China Anlagen mit der damals neuesten Technologie zu liefern. Eine wichtige Rolle bei der Auftragsvergabe an die DDR spielten auch die langzeitigen Erfahrungen mit Produktion und Technologie der gewünschten Ausrüstungen.

Das hohe technologische Niveau der von der DDR aufgebauten Industriebetriebe lässt sich auch daran feststellen, dass sie später in China an mehreren Orten nachgebaut wurden, wodurch die jeweilige Technologie flächendeckend eingeführt wurde.

Die DDR bildete für den Betrieb und die Leitung von Industrieanlagen mehrere Tausend chinesische Fachkräfte aus. Diese chinesischen Spezialisten wurden zugleich zu Kennern der DDR und ihrer Erzeugnisse und insbesondere deutscher Technologie.

Die Spezialisten der DDR arbeiteten aufopferungs-
voll, bescheiden und mit großer Sachkunde mit den chinesischen Kollegen zusammen, es entstand eine tätige
Freundschaft zwischen dem deutschen und dem chinesischen Volk. Das trug erheblich zum guten Ruf der
Erzeugnisse aus der DDR bei.

Immer wieder waren in China Probleme fehlender
Infrastruktur zu lösen, beispielsweise Ausrüstungen für
ein Zementwerk in ein entlegenes Bergland zu transpor-
tieren. Fehlende Infrastruktur erwies sich allerdings
auch in den 1980er Jahren noch als Problem.

In den 1980er Jahren stiegen die technologischen
Ansprüche der chinesischen Seite. Das von den kapitalistischen Industriestaaten verhängte Wirtschaftsembargo war zu großen Teilen gelockert oder aufgehoben
worden. Diese Staaten drängten nun auf den chinesischen Markt. Unter diesen günstigen Umständen
benutzte China gern Konkurrenzangebote aus den kapitalistischen Staaten, um die Einkaufspreise zu drücken.
Die DDR-Seite wurde aufgefordert, sich an Ausschrei-
bungen zu geplanten Projekten der chinesischen Seite
zu beteiligen, wobei die DDR-Betriebe oft mit den
anderen Konkurrenten im Hinblick auf fortschrittliche
Technologie, Angebotspreise, Liefertermine und Finanzierung nicht mithalten konnten.

Besonders eklatant war der technologische Rückstand bei Rechen- und BMSR-Technik. Dadurch kam
es nur in einem eingeschränkten Bereich zur Lieferung
von Ausrüstungen für die Rekonstruktion chinesischer
Industriebetriebe.

Allerdings waren unter den rauen Einsatzbedingungen in vielen chinesischen Betrieben und auf Baustellen robuste, zuverlässig funktionierende Erzeugnisse gefragt. In solchen Fällen schnitten hochgezüchtete, universell konzipierte Produkte der kapitalistischen Konkurrenz oft weniger gut ab.

Charakteristisch für die wirtschaftlichen Beziehungen zwischen der DDR und China während der 1980er Jahre war, dass China als Voraussetzung für einen Ausbau des Handels einen Technologietransfer verlangte. China verfolgte damit erfolgreich die Strategie, sich schrittweise von Importen unabhängig zu machen.

Hatte China in den 1950er Jahren komplette Fabriken importiert, so wurde bereits in den 1960er Jahren der Schwerpunkt auf den Import nur noch von Hauptausrüstungen aus dem Maschinenbau gelegt.

Bis Anfang der 1970er Jahre bezog China von der DDR zahlreiche Frachtschiffe – in den folgenden Jahren dann nur noch die Dieselmotoren für die Frachtschiffe. Ab Mitte der 1980er Jahre exportierte China schon selbst Frachtschiffe.

In den 1980er Jahren erfolgte der Technologietransfer erfolgreich im Schienenfahrzeugbau und in der Kohlechemie, aber auch auf anderen Gebieten.

Mehrere dieser Projekte konnten bis zum Ende der DDR nicht zu Ende geführt werden, für die die vorteilhaften Bedingungen des Clearingverkehrs zur Anwendung kamen. Zum Teil wurden sie auch von privatisierten Nachfolge-Unternehmen der DDR-Kombinate vollendet.

Zugleich wird deutlich, dass nach Abzug der Ausgaben für die Energiewirtschaft, die Landesverteidigung, das MfS, den Unterhalt der sowjetischen Truppen im Lande und für kostspielige Prestigeprojekte wie die Mikroelektronik immer noch bedeutende Investitionen in ausgewählte Exportbetriebe der DDR flossen. Das war auch dringend geboten, um die außenwirtschaftlichen Ziele einigermaßen zu erfüllen. In diesem Zusammenhang kann man den Schienenfahrzeugbau, den Bau von Nutzkraftfahrzeugen, Landmaschinen, Textilmaschinen und Spezialmaschinen, bestimmte Bereiche des Gerätebaus und andere Industriezweige hervorheben. Durch die Investitionen, reiche technologische Traditionen und Erfahrungen und ungebrochenen Schöpfergeist wurden in den Beziehungen mit China ungeachtet zahlreicher Schwierigkeiten attraktive Erzeugnisse angeboten und auch verkauft.

Eine Ursache für die zögerliche Entwicklung der Wirtschaftsbeziehungen mit China war die relativ späte Normalisierung der Beziehungen zwischen der DDR und der Volksrepublik, so dass erst 1985 ein langfristiges Abkommen über die wirtschaftliche und wissenschaftlich-technische Zusammenarbeit für den Zeitraum 1986 bis 1990 und darüber hinaus abgeschlossen werden konnte.

Nach dem Willen der Sowjetunion sollte diese Zusammenarbeit eigentlich erst dann entwickelt werden, nachdem sie selbst ihre Beziehungen zur VR China normalisiert hatte. Ungeachtet der starken wirtschaftlichen Abhängigkeit der DDR von der Sowjetunion und der sowjetischen Aktionen, die Annäherung an China zu bremsen, versuchte die DDR, als die Sowjetunion angesichts ihrer eigenen wirtschaftlichen Krise die Lieferung wichtiger Rohstoffe empfindlich reduzierte, durch die Erweiterung des Handels mit China eine Alternative zu schaffen.

Diese Überlegungen erfüllten sich aber nur zu einem kleinen Teil.

In den 1980er Jahren verlangte China, wie erwähnt, zunehmend den Technologietransfer als Vorbedingung für die Erweiterung des Handels. Dies wurde erfolgreich im Schienenfahrzeugbau, im Chemieanlagenbau und anderen Wirtschaftszweigen praktiziert. Im Schienenfahrzeugbau wurde auch eine größere Anzahl chinesischer Werktätiger in der DDR beschäftigt, die zuvor für den geplanten Einsatz qualifiziert wurden.

Insgesamt lieferte die DDR für 30 bis 40 Projekte Industrieausrüstungen und »Software« in Gestalt von technologischen und Konstruktionsunterlagen, Patenten, Konsultationen und Ausbildung nach China. Durch die Gründung eines gemeinsamen Wirtschaftsausschusses und seine Tätigkeit sowie durch enge Beziehungen zwischen den Fachministerien beider Länder gelang es, das absolute Volumen des beiderseitigen Handels gegenüber den 1960er und 1970er Jahren erheblich zu steigern.

Für die in diesem Zusammenhang abgeschlossenen Regierungsabkommen war es von Vorteil, dass sie sich auf den Vertrag über Freundschaft und Zusammenarbeit von 1955 beziehen konnten. Dennoch betrug das

Handelsvolumen der DDR mit China nur etwa zehn Prozent des Handelsvolumens mit der Sowjetunion (*vergleiche Anlage 1*). Allerdings beruhte der Anstieg des Handels mit der Sowjetunion zu einem bedeutenden Teil auf drastischen Preiserhöhungen für die Rohstoffe aus der Sowjetunion, für deren Bezug die DDR immer mehr Waren liefern musste.

Obwohl für die wissenschaftlich-technische Zusammenarbeit ein umfangreiches Programm ausgearbeitet wurde, kam es aber erst relativ spät zum Tragen, so dass es zum Ende der DDR gerade anfing, Früchte zu tragen. Dieses Programm war sehr gut auf die Schwerpunkte der wirtschaftlichen Zusammenarbeit ausgerichtet.

Zwischen den chinesischen Werktätigen in der DDR und ihren deutschen Kollegen entwickelten sich im Rahmen der wirtschaftlichen und wissenschaftlich-technischen Zusammenarbeit vielfältige freundschaftliche Beziehungen.

Besonders in den 1980er Jahren entsandten die Fachministerien der VR China zahlreiche Delegationen in die DDR, um den Entwicklungsstand in den einzelnen Wirtschaftszweigen – auch im Vergleich mit anderen industriell entwickelten Ländern – gründlich zu analysieren und Objekte für den Import nach China oder Gebiete der Zusammenarbeit herauszufinden, die für die Entwicklung der chinesischen Volkswirtschaft besonders vorteilhaft waren. Das widerspiegeln vielfältige Veröffentlichungen in chinesischen Fachzeitschriften, die auf interessante Entwicklungen von Erzeugnissen und Verfahren auf verschiedenen Gebieten in der DDR aufmerksam machten. Auch wenn die DDR in der chinesischen Propaganda der 1980er Jahre vielfach als ein Musterbeispiel für eine erfolgreiche sozialistische Wirtschaft dargestellt wurde, fiel die Bewertung des Entwicklungsstandes meist recht nüchtern aus. Dennoch machten sich Einladungen der DDR-Seite an ihre chinesischen Partner letztlich bei der Entwicklung der beiderseitigen Beziehungen bezahlt.

Während die DDR in den 1950er Jahren in der chinesischen Außenwirtschaftspolitik aufgrund des Embargos der kapitalistischen Industriestaaten einen beachtlichen Stellenwert einnahm, ging die Bedeutung der DDR im Außenhandel Chinas in den 1980er Jahren erheblich zurück. China ordnete die DDR zunehmend in ihre Großmachtstrategie ein. Dort nahm sie nur einen kleinen Raum ein. China setzte in der Konkurrenz der beiden deutschen Staaten bezüglich der Wirtschaftsbeziehungen konsequent auf die potentere Bundesrepublik Deutschland.

Oft konnte die DDR die chinesischen Außenhandelswünsche quantitativ nicht erfüllen oder nicht rechtzeitig liefern, so dass angebahnte Geschäfte nicht realisiert wurden. Einen Ausweg stellte die Lizenzvergabe durch die DDR dar. Dies wurde unter anderem bei der Produktion von Mähdreschern nach DDR-Technologie in China praktiziert. Auch wenn die DDR in den späten 1980er Jahren verstärkt auf die Lieferung immaterieller Leistungen setzte, war ihr absolutes Volumen dennoch gering.

Grundsätzlich wurden die Industrieausrüstungen und sonstigen Erzeugnisse aus der DDR in einer hohen

Qualität geliefert, die auch die chinesische Seite wert-schätzte. Dies trug generell zum hohen Ansehen deut-scher Waren in China bei, von dem auch der heutige China-Handel Deutschlands profitiert.

Die Berichterstattung der DDR-Medien über die Zusammenarbeit mit China vermittelte stets ein einsei-tiges Bild einer großen Erfolgsgeschichte, in der Pro-bleme nicht vorkamen. Die tatsächlich vollbrachten Lei-stungen erscheinen heute jedoch umso erstaunlicher und größer, als die damals überwundenen Schwierigkei-ten nunmehr bekannt sind.

Der chinesisch-sowjetische Streit in ideologischen Fragen wurde mehrere Jahre lang nicht thematisiert. Als die DDR schließlich in die antichinesische Propaganda der Sowjetunion einstimmte, erwähnte China nicht mehr die Vorhaben der Zusammenarbeit und die mit ihr bezogene Unterstützung.

Die ehrliche Dankbarkeit der in die Zusammenarbeit einbezogenen chinesischen Funktionäre und Werktäti-gen für die von der DDR geleistete Hilfe durfte – abge-sehen von einer kurzen Phase taktisch motivierter Wie-derannäherung an die osteuropäischen sozialistischen Länder ab den 1960er Jahren – nicht mehr geäußert und die Hilfe nicht mehr erwähnt werden. Die Norma-lisierung der Beziehungen in den 1980er Jahren zeigte aber, dass die Hilfe der DDR in den schweren Jahren nach der Gründung der Volksrepublik China nicht wirklich vergessen, sondern ein Opfer der antisowjeti-schen Propaganda der chinesischen Führung geworden war.

Die China-Kompetenz der DDR-Spezialisten bli[nach der Vereinigung der beiden deutschen Staaten bedauerlicherweise aus politischen und Konkurrenzgründen zu großen Teilen ungenutzt. Sie wurden Opfer im großangelegten Eliten-Austausch nach der Übernahme der DDR.

Die überwiegend gut ausgerüsteten Exportbetriebe, die im China-Geschäft eine wichtige Rolle spielten, wurden nach der Vereinigung von der Treuhandanstalt, die dem Bundesfinanzministerium unterstellt war, abgewickelt, um lästige Konkurrenz zu beseitigen, und Hunderttausende Werktätige kaltschnäuzig in die Arbeitslosigkeit geschickt. Zu den wenigen Ausnahmen, die, wenn auch nur in kleinen Teilen, überlebten, zählt das Unternehmen Carl Zeiss Jena.

Die Rezeption der wirtschaftlichen Beziehungen DDR-China leistet vielleicht einen Beitrag zur vorurteilsfreien Aufarbeitung der Geschichte der DDR. Wenn die Siegermentalität bei und nach dem Anschluss der DDR an die Bundesrepublik einer von der nüchternen Analyse der Tatsachen geleiteten Sichtweise weichen sollte, besteht die Chance, der historischen Wahrheit näher zu kommen. Über die ökonomische Bedeutung der Beziehungen mit China hinaus, sind die vielfältigen freundschaftlichen Beziehungen zwischen Deutschen und Chinesen, die damals entstanden sind, ein besonderer Schatz, von dem auch das heutige Deutschland profitieren kann.

Anmerkungen

1 Spence, Jonathan, Chinas Weg in die Moderne, München: dtv 2001, S. 641–643; Dabringhaus, Sabine, Geschichte Chinas im 20. Jahrhundert, München: C. H. Beck,2009, S. 123; Klein, Thoralf, Geschichte Chinas. Von 1800 bis zur Gegenwart (UTB 2838), Paderborn: Ferdinand Schöningh 2007, S. 238

2 Pong, David, Shen Pao-chen and China's Modernization in the Nineteenth Century, Cambridge: Cambridge University Press 1994; Bergère, Marie-Claire, The Golden Age of the Chinese Bourgeoisie 1911–1937, Cambridge: Cambridge University Press 1989; Bian, Morris L., Explaining the Dynamics of Change: Transformation and Evolution of China's Public Economy through War, Revolution, and Peace, 1928–2008, in: Naughton, Barry/Tsai, Kelee S. (Hg.), State Capitalism, Institutional Adaptation, and the Chinese Miracle, Cambridge: Cambridge University Press 2015, S. 201–222

3 König, Johannes: Befreites China – Bilddokumente vom Kampf und Sieg und von der Aufbauarbeit des chinesischen Volkes, Sachsenverlag Dresden, 1951

4 Krüger, Joachim (Hg.): Beiträge zur Geschichte der Beziehungen der DDR und der VR China – Erinnerungen und Untersuchungen, LIT Verlag Münster 2002

5 Meißner, Werner (Hg.): Die DDR und China 1949 bis 1990, Berlin: Akademie-Verlag, 1995, S. 73, ISBN 978-3-05002-806-4

6 Schürer, Gerhard: Gewagt und verloren, edition ost, Berlin 2014

7 Modrow, Hans: Brückenbauer. Als sich Deutsche und Chinesen nahe kamen. Eine persönliche Rückschau, verlag am park in der edition ost, Berlin 2021

8 Lemke, Dietrich: Havanna, Beijing, Bonn – Ein DDR-Außenhändler erinnert sich, Edition Berolina, Berlin 2013

9 Bode, Marcel; Die DDR und die Volksrepublik China – Chancen und Grenzen einer ungleichen Partnerschaft, Potsdamer Textbücher 21, Welttrends, Potsdam 2013

10 Yu Ning: Die China-Politik der DDR in den 1980er Jahren. Eine außenpolitische Strategie in dem Kampf um Weiterexistenz, Dissertation Universität Hamburg, 2015

11 Erlinghagen, Beda: Anfänge und Hintergründe des Konflikts zwischen der DDR und der Volksrepublik China – Kritische Anmer-

kungen zu einer ungeklärten Frage, Beiträge zur Geschichte der Arbeiterbewegung, 2007. H. 3

12 Hershberg, James / Radchenko, Sergey / Vámos, Péter / Wolff, David: The Interkit Story: A Window into the Final Decades of the Sino-Soviet Relationship, Woodrow Wilson International Center for Scholars, Working Paper #63, Washington, February 2011

13 Berkovsky, Axel: China und die DDR in den 1980er Jahren, Feinde, Schönwetterfreunde und Komplizen, in: Deutschland-Archiv, 17. Januar 2020, *www.bpb.de/303741*

14 Herrmann, Konrad: Von Zementfabriken, Schiffs- und Waggon-bau zum Technologietransfer. Über den Beitrag der DDR zur Industrialisierung Chinas, Berliner China-Studien 58, LIT-Verlag Dr. W. Hopf, Berlin 2021

15 LASA, I 34, Nr. 3926, Schreiben an den VEB Kompressorenbau Bennewitz vom 15.5.1980

16 Krüger, Joachim (Hg.): Beiträge zur Geschichte der Beziehungen der DDR und der VR China – Erinnerungen und Untersuchungen, LIT Verlag, Münster 2002

17 Persönliche Mitteilung von C. Marx, 24.2.2020

18 Lin Zhenhua / Wang Zhonghao / Ren Rongsheng; Zidong tiaoxi dongya zhoucheng zai Dongde DKZ 4000 lishi chechuang shang de yingyong (Einsatz eines Druckkugellagers mit sich automatisch einstellendem Spalt in der Karuselldrehmaschine DKZ 4000 aus Ostdeutschland), Mochuang yu moxue, 1980, H. 2, S. 81-86, 33

19 Persönliche Mitteilung von C. Marx, 10.3.2020.

20 Yuan Jiankang, Jinkou Minzhu Deguo keche zhidong zhuangzhi de gaizao (Verbesserung der Bremseinrichtung an aus der DDR importierten Personenzugwagen), Tiedao cheliang, 1985, H. 8.

21 PAAA, MFAA ZR 21/87 – Beziehungen DDR-VR China (Allge-meine Einschätzung), 1.-4. April 1980

22 Shanghai Municipal Archives – B103-4-1141-98 – Shanghai shi yibiao dianxun gongyeju guanyu jiedai Dongde jisuanji he waibu shebei shengchan ji yingyong kaochazu de baogao (Bericht des Industrieamts für Messgeräte und Telekommunikation der Stadt Shanghai über den Empfang einer Studiengruppe aus Ostdeutsch-land für die Produktion und Anwendung von Computern und Peripheriegeräten), Januar 1980, in: Chen Zhongzhong, Defying Moscow engaging China – the German Democratic Republic's relations with the People's Republic of China, 1980 – 1989, Diss., The London School of Economics and Political Science, Juni 2014

23 Wolff, David, Interkit: Soviet Sinology and the Sino-Soviet Rift, Russian History, 30 (2003), H. 4, S. 433-456

24 J. Hershberg / S. Radchenko / P. Vámos / D. Wolff: The Interkit Story: A Window Into the Final Decades of the Sino-Soviet Relationship, Woodrow Wilson International Center for Scholars, Working Paper #63, S. 140-141

25 Ma Xipu: Zhongguo yu dongou guanxi zhengchanghua guocheng Zhong de Sulian yinsu (Der Einfluss der Sowjetunion auf den Prozess der Normalisierung der Beziehungen zwischen China und Osteuropa), Eluosi dongou zhongya yanjiu, 2015, H. 4, S. 83-96

26 J. Hershberg / S. Radchenko / P. Vámos / D. Wolff: The Interkit Story: A Window Into the Final Decades of the Sino-Soviet Relationship, Woodrow Wilson International Center for Scholars, Working Paper #63, S. 22

27 Lemke, Dietrich: Havanna, Peking, Bonn – Ein DDR-Außenhändler erinnert sich, Edition Berolina, Berlin 2013, S. 295

28 Ma Xipu: Zhongguo yu dongou guanxi zhengchanghua guocheng Zhong de Sulian yinsu (Der Einfluss der Sowjetunion auf den Prozess der Normalisierung der Beziehungen zwischen China und Osteuropa), Eluosi dongou zhongya yanjiu, 2015, H. 4, S. 86

29 Meißner, Werner (Hg.): Die DDR und China 1949 bis 1990, Berlin: Akademie-Verlag, 1995, S. 359

30 Zhengfu gongzuo baogao – yijiubasannian liuyue liuri zai diliujie quanguo renmin daibiao dahui diyici huiyi shang (Arbeitsbericht der Regierung – Auf der ersten Sitzung des 6. allchinesischen Volkskongresses am 6.6.1983, in: *Renmin Ribao* vom 24. Juni 1983, S. 1

31 Wentker, Hermann: Außenpolitik in engen Grenzen: Die DDR im internationalen System 1949-1989, R. Oldenburg Verlag München 2007, S. 534

32 Ebenda, S. 534f.

33 Persönliche Mitteilung von Dr. R. Sukowski vom 19.4.2020.

34 Information [M. Gorbatschow an E. Honecker, 1. August 1985], in: Küchenmeister, Daniel: Honecker – Gorbatschow Vieraugengespräche, Berlin 1993, Dok. 4, S. 51 (SAPMO-BArch., ZPA IV 2/2.039/280).

35 Wang Junyi [Péter Vámos]/Tai Yuri, Cong hejie dao shuyuan – 1980 niandai houqi de Zhongguo yu dongou guojia guanxi (Von Einvernehmlichkeit zu Entfremdung – die Beziehungen zwischen China und den osteuropäischen Staaten in der zweiten Hälfte der 1980er Jahre), Lengzhan guojishi yanjiu, 2012, H. 1, S. 32

36 Protokoll der Verhandlungen des X. Parteitages der SED im Palast der Republik 11. bis 16. April 1981, Bd.1: 1. bis 3. Beratungstag, Berlin, Dietz-Verlag, 1981, S. 42

37 Minzhu Deguo zhuzhang tong wo guanxi zhengchanghua (Die DDR tritt dafür ein, die Beziehungen mit China zu normalisieren), *Renmin Ribao*, 27.11.1982.

38 Berkovsky, Axel: From foes to fair-weather friends and comrades in arms: The ups and downs of relations between the GDR and China in the 1980s, in: *The Journal of North-East Asian History*, Vol. 14, (2017) 1 , S. 6

39 Beiende Shefeier [Bernd Schäfer], Feng Yuanyuan: »Duihua guoji shiqi« de Deyizhi Minzhu Gongheguo he Zhongguo (Die DDR und China in der Zeit von Interkit), Lengzhan guojishi yanjiu, 2011, H. 2, S. 97

40 August 1981, Information for the Politburo of the Central Committee of the SED, Visit of two officials from the CCP Central Committee to the GDR, Wilson Center Digital Archive, China-Eastern Europe relations

41 Niu Jun: Cong »huli« dao pengyou: 1980 niandai Zhongguo dui »Dongou wuguo« zhengce (Vom »Fuchs« zum Freund: Die Politik Chinas in den 1980er Jahren gegenüber den »Fünf Ländern Osteuropas«), Waijiao pinglun, 2013, H. 5, S. 65-81.

42 Kotschemassow, Wjatscheslaw: Meine letzte Mission. Fakten, Erinnerungen, Überlegungen, Dietz-Verlag Berlin 1994, S. 138ff.

43 Chinesische Betriebe verstärkt rekonstruiert, in: *Neues Deutschland* vom 24. November 1982, S. 5

44 Jiang Zhensong, Duanmian chechuang huapan de anquan chaixie (Sichere Demontage der Planscheibe einer Plandrehmaschine), Jixie zhizao, 1981, H. 7, S. 35

45 Präsidium des Ministerrats, Beschluss zum Bericht über die Verhandlungen mit China zum Abkommen über den Warenaustausch und Zahlungsverkehr im Jahre 1981, Protokoll der Politbüro-Sitzung vom 28.7.1981, Anlage 4, BArch, DY 30 J IV 2 2 1903 01

46 Präsidium des Ministerrats, Beschluss zum Bericht über die Ergebnisse der Verhandlungen mit der VR China zum Abkommen über den Warenaustausch und Zahlungsverkehr im Jahre 1983, Protokoll der Politbüro-Sitzung vom 19.4.1983, Anlage 6, BArch DY 30 J IV 2 2 1996 01.

47 Liang Hongwen / Yu Aiying / Duan Linglan: Yong yuanzi xishou dingliang ceding tianjiaji jiqi chilunyou zhong de qian (rongjifa)

(Quantitative Messung eines Additivs und des Bleis im Schmieröl für Zhanradgetriebe (Verdünnungsmethode)), Fenxi huaxue, 1982, H. 2, S. 99-101

48 Xing Lizhi: Liaoning sheng yinjin guowai pingpijiu guanzhuang shengchanxian de qingkuang zu pingjia (Stand und Bewertung von Abfüll- und Verpackungslinien für Flaschenbier in der Provinz Liaoning), Niang jiu, 1987, 5, S. 43-48

49 Zhou Siliang: Pinggai ya bu jin guzhang fenxi yu chuli (Analyse eines Fehlers bei ungenügendem Anpressdruck von Flaschendeckeln und seine Beseitigung), Shebei guanli yu weixiu, 1993, H. 10, S. 31.

50 PAAA MFAA ZR 2513/90 – Analyse Aussenhandel VR China, 1983-88 – Entwicklung der Außenhandelsbeziehungen der sozialistichen Länder mit der VR China im Jahre 1982 sowie Einschätzung der Jahresabkommen 1983 unter besonderer Berücksichtigung der Export- und Importwarenstruktur, in: Chen Zhongzhong, Defying Moscow engaging China – the German Democratic Republic's relations with the People's Republic of China, 1980-1989, Diss. The London School of Economics and Political Science, Juni 2014

51 PAAA, MFAA ZR 467/86 – WTZ DDR-VR China, 1983 – Betreuerbericht über den Besuch einer Delegation aus der VR China, 19.04. bis 29.04.1983

52 Abkommen DDR-China über Handel und Zahlungsverkehr, in: Neues Deutschland vom 3. März 1983, S. 2

53 Qian Qichen fangwen Deyizhi Minzhu Gongheguo (Qian Qichen besucht die DDR), in: Renmin Ribao vom 26. Mai 1983, S. 6.

54 Ji Pengfei huijian De tongshe daibiaotuan (Ji Pengfei empfing eine Delegation von ADN), in: Renmin Ribao vom 12. September 1983, S. 4

55 Experten aus China beim DDR-Chemieanlagenbau, in: Neues Deutschland vom 9. September 1983, S. 3

56 Gespräche in Beijing über Ausbau des Handels, in: Neues Deutschland vom 7. November 1983, S. 2

57 Yang Jinhe / Yao Xingyi / Chen Wenmin: Minzhu Deguo hemei liyong de yanjiu (Forschung in der DDR über die Nutzung von Braunkohle), Meitan kexue jishu, 1984, H. 6

58 Zu der von Dr. Otto Weitkus geleiteten Delegation gehörte auch Günther Schwab, der ein Mitarbeiter in der Kammer für Außenhandel war. Bald wurde er Sekretär des Präsidiums der Kammer für

Außenhandel und dann Mitglied ihres Präsidiums. Wenig später wurde er von der Staatlichen Plankommission zum Leiter der Wirtschaftspolitischen Abteilung in der Botschaft der DDR in China berufen

59 Persönliche Mitteilung von Helga Schwab vom 6.9.2020.

60 VEB Carl Zeiss JENA stellt in China aus, in: *Neues Deutschland* vom 13. Oktober 1983, S. 5

61 Präsidium des Ministerrats, Beschluss über die Maßnahmen zur Entwicklung der Handels- und Wirtschaftsbeziehungen mit der VR China, Protokoll der Politbüro-Sitzung vom 8.11.1983, Anlage 4, BArch DY 30 J IV 2 2 2028 02.

62 Sofortbericht zur Dienstreise von Gerd Döhnel, Offertingenieur im VEB Wägetechnik Rapido Radebeul, nach China 4.bis 20. April 1984

63 Persönliche Mitteilung von Gerd Döhnel vom 15. August 2021

64 Persönliche Mitteilung von Udo Bischoff, Verkaufsingenieur China im VEB Rapido Radebeul vom 1. September 2021

65 Song Ping huijian Minzhu Deguo waimao shanghui daibiaotuan (Song Ping empfing eine Delegation der Kammer für Außenhandel der DDR), in: *Renmin Ribao* vom 8. Januar 1984, S. 4

66 Minzhu Deguo buzhang huiyi fuzhuxi jiejian Wo jiwei kaochazu (Der stellvertretende Vorsitzende des Ministerrats der DDR empfing eine Studiengruppe der Plankommission Chinas), in: *Renmin Ribao* vom 9. März 1984, S. 6

67 Minzhu Deguo dang zhongyang zhengzhiju houbu weiyuan, buzhang huiyi fuzhuxi, guojia weiyuan zhuren xuleier huijian kaochazu shi de tanhua (Unterredung des Kandidaten des Politbüros des Zentralkomitees der SED, stellvertretenden Vorsitzenden des Ministerrats und Vorsitzenden der Staatlichen Plankommission, Gerhard Schürer, bei einem Treffen mit einer Studiengruppe), Hongguan jingji yanjiu, 1984, H. Z1, S. 17-19.

68 Luosite [Rost, Harald], Guanyu wanshan jihua gongzuo wenti (Über Probleme der Vervollkommnung der Planarbeit), Jihua jingji yanjiu, 1984, H. 21, 20-21.

69 Guanyu Minzhu Deguo jingji jihua guanli tizhi de kaocha baogao (Untersuchungsbericht über das System der Plansteuerung der Wirtschaft in der DDR), Hongguan jingji yanjiu, 1984, Z1, S. 3-17

70 Zhongguo he Minzhu Deguo qianding jinnian huanhuo he fukuan xieding (China und die DDR unterzeichneten das Abkommen über Warenaustausch und Zahlungsverkehr dieses Jahres), in: *Renmin Ribao* vom 15. März 1984

71 Angnake canguan Laibixi guoji bolanhui Zhongguo guan (Honecker besichtigte den Pavillon Chinas auf der Leipziger Messe), in: *Renmin Ribao* vom 13. März 1984, S. 6

72 Wo zhanpin zai Laibixi bolanhui ronghuo simai jinzhi jiangzhang (Chinas Erzeugnisse wurden auf der Leipziger Messe mit vier Goldmedaillen für Qualität ausgezeichnet), in: *Renmin Ribao* vom 16. März 1984, S. 6

73 Ökonomische Zusammenarbeit DDR – Volksrepublik China, in: *Neues Deutschland* vom 19. April 1984, S. 1 und 2

74 PAAA, MFAA ZR 556/88 – Wirtschaftliche und wissenschaftlich-technische Zusammenarbeit DDR-VR China , 1984 – Notiz über ein Informationsgespräch mit Vertretern der Staatlichen Wirtschaftskomission am 24. Januar 1984, S. 2

75 Chinesische Delegation im SKET, in: *Volksstimme* vom 13. April 1984

76 Sigaite shuini shebei zhizaochang jiankuang (Überblick über den VEB Zementanlagenbau des SKET), Jihua jingji yanjiu, 1984, H. 21

77 LASA, I 420, Nr. 975/2, Angebot über ein Zementwerk in Datong, Mai 1989

78 LASA, I 420, Nr. 976, Angebot für ein Zementwerk in Chongqing, 1987

79 Yang Wei, Wushan shuinichang kuojian gongcheng dianqi sheji gaiyao (Überblick über das elektrische Design für das Vorhaben der Erweiterung des Zementwerks Wushan), Jiancai gongye jishu, 1995, H. 4, S. 10-12.

80 Yu Yan, Sulian tuijian de jiancai shengchan shebei he jishu chukou xiangmu (Von der Sowjetunion angebotene Baustoffproduktionsausrüstungen und Projekte des Technologieexports), Jiancai gongye xinxi, 1986, H. 16, S. 19

81 Chen Xutong: Tan yinjin shebei de weixiu yu peijian guochanhua wenti (Über das Problem der Instandsetzung eingeführter Ausrüstungen und die Fertigung von Ersatzteilen in China), Zhongguo jiancai, 1987, H. 12, S. 3.

82 Li Tuo / Zhou Ningbo / Jian Yong: Yaowei dianshouchenqi CO qiti fenxi zhuangzhi de gaizao (Verbesserung einer CO-Analyseeinrichtung eines elektrischen Staubsammlers am Ofenausgang), Shuini, 1998, H. 6, S. 44f.

83 Wang Mingyi, Minzhu Deguo gonglu jianshe yipie (Ein Blick auf den Straßenbau der DDR), Gonglu jiaotong keji, 1984, H. 4, S. 81-83.

84 Dongou wuguo de gongye he jingji guanli tizhi gaikuang – Zhongguo jingji daibiaotuan fangwen Dongou wuguo baogao zhaiyao (Überblick über die Industrie und das System der Administration der Wirtschaft in fünf Ländern Osteuropas – Auszug aus dem Bericht der chinesischen Wirtschaftsdelegation über den Besuch in fünf Ländern Osteuropas), Zhongguo jingji daokan, 1984, H. 7, S. 24-25

85 Treffen mit Politikern der Volksrepublik China, in: *Neues Deutschland* vom 10. Juli 1984, S. 4

86 Gespräch in Beijing über Fragen der Kooperation, in: *Neues Deutschland* vom 12. Mai 1984, S. 5

87 Vereinbarung mit China in Beijing unterzeichnet, in: *Neues Deutschland* vom 18. Mai 1984, S. 2

88 Gespräche über Erweiterung der Beziehungen DDR-China, in: *Neues Deutschland* vom 13. Juli 1984, S. 2

89 Persönliche Mitteilung von Dr. R. Sukowski, 19. April2020.

90 SKET rekonstruiert Walzwerk in China, in: *Volksstimme* vom 1. November 1984

91 Persönliche Mitteilung von Helga Schwab vom 2.3.2020.

92 Zwei Bindemaschinen für den Export nach China, in: *Aktivist*, Betriebszeitung des SKET vom 2. April 1987

93 Landesarchiv Sachsen-Anhalt I 422, Nr. 569, Maßnahmeplan in Auswertung des Beschlusses des Präsidiums des Ministerrats vom 24.5.1984 zu den Beratungen zwischen einer Delegation der DDR und einer Wirtschaftsdelegation der VR China in der DDR sowie der Beratungen des Ministers für Schwermaschinen- und Anlagenbau der DDR mit dem Minister für Maschinenbau der VR China vom 10. bis 17.5.1984 in der VR China

94 Foto von *Xinhua* Nr. 150075178 vom 25. November 1985

95 Woguo gaige kaifang qian de liu da lianhe shougeji zhizaochang (Die sechs großen Herstellerwerke für Erntekombines in China aus der Zeit vor der Periode von Reform und Öffnung), *http://www.pig66.com/2019/145_0405/17796540.html* (25.10.2019)

96 Fu Minzhu Deguo jishu peixun jianjie (Vorstellung der technischen Ausbildung bei einer Reise in die DDR), Xiandaihua nongye, 1985, H. 6, S. 5-6

97 Minzhu Deguo lingdaoren jiejian Wo meitan gongye buzhang (Leitende Persönlichkeit der DDR empfing den Minister für Kohleindustrie Chinas), in: *Renmin Ribao* vom 12. September 1984, S. 6

98 Zhongguo he Minzhu Deguo qianding jingji hezuo xieding (China und die DDR unterzeichneten ein Abkommen über wirtschaftliche Zusammenarbeit), in: *Renmin Ribao* vom 19. September 1984, S. 6

99 PAAA, MFAA ZR 556/88 – Wirtschaftliche und wissenschaftlich-technische Zusammenarbeit DDR-VR China , 1984, Bericht über den Aufenthalt der Studiendelegation der Staatichen Plankommission der VR China in der DDR, 3. September 1984, S. 1

100 Weitere Zusammenarbeit mit der VR China beraten – Gerhard Schürer traf mit Minister Qin Zhongda zusammen, in: *Neues Deutschland* vom 3. November 1984, S. 2

101 Minzhu Deguo guoying »Robotron« lianhe qiye (Der VEB Kombinat Robotron aus der DDR), Guoji Maoyi, 1984 H. 9, S. 18.

102 Wang Sue, Fu Minzhu Deguo kaocha tihui (Resultate einer Studienreise in die DDR), Yingxiang cailiao, 1985, H. 2, S. 6

103 Zusammenarbeit in der Fotochemie vereinbart, in: *Neues Deutschland* vom 7. September 1985, S. 4

104 Archiv der Provinz Shandong, A196 – 01 – 0160 – 001, Guojia yiyao guanli ju, guanyu jiedai Minzhu Deguo kaochazu de tongzhi (Staatliches Amt für Medizin, Mitteilung über den Empfang einer Studiengruppe von DDR-Experten), 4.4.1984, in: Chen Zhongzhong, Defying Moscow engaging China – the German Democratic Republic's relations with the People's Republic of China, 1980 – 1989, Diss. The London School of Economics and Political Science, Juni 2014, S. 135

105 Archiv der Provinz Jiangsu, 0000 – 1984 – 002 – 0021, Dianzi gongyebu – Shengdianziting Jin Wenan deng wuren fu Min De kaocha (Ministerium für Elektronik – Eine Delegation von fünf Personen unter Leitung von Jin Wenan aus dem Amt für Elektronikindustrie der Provinz reiste zum Studium in die DDR), 27.7.1984, in: Chen Zhongzhong, Defying Moscow engaging China – the German Democratic Republic's relations with the People's Republic of China, 1980 – 1989, Diss. The London School of Economics and Political Science, Juni 2014, S. 135

106 Zhu Guihong, Minzhu Deguo taoci shengchan de xin gongyi xin shebei gaikuang (Überblick über neue Technologien und Ausrüstungen bei der Herstellung von Porzellan in der DDR), Zhongguo Taoci, 1985, H. 3, S. 43-47

107 Persönliche Mitteilung von Dr. R. Sukowski, 19.4.2020.

108 DDR und VR China bauen ihre Beziehungen aus, in: *Neues Deutschland* vom 12. Dezember 1984, S. 2

109 Schürer, Gerhard: Information über die Beratungen mit einer Regierungsdelegation der Volksrepublik China unter Leitung des Staatskommissars und Vorsitzenden der Staatlichen Plankommission der VR China, Song Ping, 21.12.1984, BArch Büro Egon Krenz, DY 30 IV 2 2.039 297

110 Wirtschaftsgespräche DDR – VR China, in: *Neues Deutschland* vom 19. Dezember 1984, S. 2

111 Chen Xueyan, Zhongguo yu Dongou sanguo xunsu fazhan hezuo guanxi (China und drei Länder Osteuropas entwickeln rasch die Beziehungen der Zusammenarbeit), Guoji zhanwang, 1985, H. 15, S. 20

112 CIA-RDP93T01142R000100250002-4, Eastern Europe: Expanding Trade with China, Dec. 1985

113 Minzhu Deguo guoying »Textima« lianhe qiye (Der VEB Kombinat Textima aus der DDR), Guoji Maoyi, 1984, H. 9, S. 18

114 Archiv der Provinz Shandong, A174 – 02 – 0554 – 045, Zhonghua Renmin Gongheguo fangzhi gongyebu – Minzhu Deguo zai Jing juban fangzhi jixie zhanlanhui shi (Ministerium für Textilindustrie der VR China – Angelegenheit der Ausstellung von Textilmaschinen der DDR in Beijing), 8. November 1984, in: Chen Zhongzhong, Defying Moscow engaging China – the German Democratic Republic's relations with the People's Republic of China, 1980 – 1989, Dissertation, The London School of Economics and Political Science, Juni 2014, S. 135

115 Huang Miaozhen, Yinjin »zaozhen sheji, zhizao jishu« tongguo yanshou, jinru zhengchang shengchan (Die importierte Konstruktion der Spezialnadeln und ihre Fertigungstechnologie wurden abgenommen und gingen in die normale Produktion über), Fangzhi baodao, 1987, H. 18, S. 3-4

116 Liang Shufa, Jinkou jichuang mocapian de gaijin (Verbesserung der Reibplatte an einer importierten Werkzeugmaschine), Zhizao jishu yu jichuang, 1985, H. 4, S. 47

117 Zusammenarbeit mit China in der Elektronik, in: *Neues Deutschland* vom 16. November 1984, S. 2

118 Zhongguo zhengfu he Minzhu Deguo zhengfu huanhuo he fukuan xieding zai Jing qianzi (Die Regierungen Chinas und der DDR unterzeichneten in Beijing das Abkommen über Warenaustausch und Zahlungsverkehr), in: *Renmin Ribao* vom 21. Dezember 1984, S. 4

119 Angnake zhuxi huijian Li Peng fuzongli (Vorsitzender Honecker

empfängt den stellvertretenden Ministerpräsidenten Li Peng), in: *Renmin Ribao* vom 22. Mai 1985, S. 6

120 Information über die Beratungen mit dem Stellvertreter des Ministerpräsidenten des Staatsrats der Volksrepublik China, Genossen Li Peng, Protokoll der Politbüro-Sitzung vom 17.9.1985, Anlage 6, BArch DY 30 J IV 2 2 2130 01.

121 Persönliche Mitteilung von Dr. R. Sukowski, 19.4.2020.

122 Abordnung aus der VR China begrüßt, in: *Neues Deutschland* vom 19. April 1985, S. 2

123 Vertiefung der wirtschaftlichen Beziehungen DDR-VR China erörtert, in: *Neues Deutschland* vom 21. Mai 1985, S. 2

124 Landesarchiv Sachsen-Anhalt (LASA), I 41, Nr. 625, Schreiben Chemieanlagen Export-Import an Käufer vom 24.9.1985

125 Li Peng huijian Minzhu Deguo diangong dianzi buzhang yixing (Li Peng empfing Minister für Elektrotechnik und Elektronik der DDR und seine Begleitung); in: *Renmin Ribao* vom 28. Juni 1985, S. 4

126 Weitere Entwicklung der Beziehungen DDR-VR China – Minister Felix Meier wurde von Li Peng empfangen, in: *Neues Deutschland* vom 28. Juni 1985, S. 5

127 Ma Shining / Liang Zhijie: Yingyong shuadu xiufu jichuang zhutie daogui gongyi yanjiu (Untersuchung der Technologie der Bürstengalvanisierung zum Aufarbeiten gusseiserner Führungen von Werkzeugmaschinen), Zhongguo biaomian gongcheng, 1989, H.21

128 Yitian neng yin qianwan zhang gongren yao dong secaixue (Täglich kann sie 10 Millionen Exemplare drucken – die Arbeiter müssen etwas von Farbenkunde verstehen), *http://news.cqnews.net/html/2017-10/10/content_43078154.htm* (18.10.2020)

129 Bode, Marcel: Die DDR und die Volksrepublik China – Chancen und Grenzen einer ungleichen Partnerschaft, Potsdamer Textbücher 21, *Welttrends*, Potsdam 2013, S. 3

130 Einladung der Regierung der VR China an den Stellvertreter des Vorsitzenden des Ministerrats der DDR und Vorsitzenden der Staatlichen Plankommission zum Besuch in der VR China, Protokoll der Politbürositzung vom 16.4.1985, Anlage Nr. 12, BArch DY 30 J IV 2 2 2107 02.

131 Langfristiges Abkommen mit der Volksrepublik China abgeschlossen, in: *Neues Deutschland* vom 16. Juli 1985, S. 1

132 Persönliche Mitteilung von Dr. R. Sukowski, 19.4.2020.

133 Aus: Egon Krenz: China wie ich es sehe, edition ost, 2. Aufl., Berlin 2019, S. 127-134

134 Abkommen zwischen den Regierungen der DDR und der VR China über den Warenaustausch und Zahlungen in den Jahren 1986 bis 1990, Bundesarchiv Büro Egon Krenz, DY_30_2_2.039_297_052.

135 Beziehungen DDR-China gewinnen an Effektivität, in: *Neues Deutschland* vom 12. Dezember 1985, S. 6

136 Dong Zhongshi, Zhongguo tong Dongou wuguo guanxi de xin fazhan (Neue Entwicklung der Beziehungen Chinas mit den fünf Ländern Osteuropas), Guoji zhanwang, 1986, H. 18, S. 8-9.00a

137 Jin Peiyi, Minzhu Deguo Jiekesiluofake danxibai danbai shengchan gaikuang (Überblick über die Produktion von monozellularem Protein in der DDR und der Tschechoslowakei), Shipin keji, 1985, H. , S. 49-51

138 Wirtschaftskontakte mit der VR China werden ausgebaut, in: *Neues Deutschland* vom 10. September 1985, S. 2

139 Li Peng huijian Minzhu Deguo buzhang huiyi fuzhuxi (Li Peng empfing den stellvertretenden Vorsitzenden des Ministerrats der DDR), in: *Renmin Ribao* vom 2. November 1985, S. 4

140 Wirtschaftsvereinbarungen DDR-VR China abgeschlossen, in: *Neues Deutschland* vom 2. November 1985, S. 4

141 East Germany Steps up Contacts with China, in: *New York Times* vom 3. September 1986

142 Beziehungen DDR- China gewinnen an Effektivität, in: *Neues Deutschland* vom 12. Dezember 1985, S. 6

143 Zhongguo he Minzhu Deguo qianding maoyi yidingshu (China und die DDR unterzeichneten ein Handelsabkommen), in: *Renmin Ribao* vom 27. Dezember 1985, S. 6

144 Wachsender Warenaustausch 1986 mit China vereinbart, in: *Neues Deutschland* vom 27. Dezember 1985, S. 2

145 Wirtschaftsdelegation aus der VR China eingetroffen, in: *Neues Deutschland* vom 3. Juni 1986, S. 6

146 Verhandlungen mit Delegation der VR China erfolgreich abgeschlossen, in: *Neues Deutschland* vom 7. Juni 1986, S. 2

147 Besuch des Vorsitzenden der Staatlichen Wirtschaftskommission der VR China, Genossen Lü Dong, in der DDR vom 15. bis 23. Juni 1986, BArch DY_30-J_IV_2_2_2 165_02_70 bis _78.

148 Wirtschaftsbeziehungen mit VR China sind ausbaufähig, in: *Neues Deutschland* vom 6. Juni 1986, S. 2

149 VA 04104, Reisebericht vom 18.7.1986

150 Persönliche Mitteilung von Dr. R. Oberländer vom 25.7.2018

151 Akte Carl Zeiss JENA VA 01820, Reisebericht vom 12.9.1975

152 Staatsarchiv Dresden, Akte 11591 Kombinat VEB PENTACON Dresden Nr. 1973, Aktennotiz vom 20.8.1986

153 Staatsarchiv Dresden, Akte 11591 Kombinat VEB PENTACON Dresden Nr. 1973, Lizenzangebot Kamera MTL 5, 19.7.1988

154 Staatsarchiv Leipzig, 20309 Institut für Energetik, Nr. 36118, Besuch von Gao Yangwen, Minister für Kohleindustrie, in der DDR, 27.3.1985

155 Shao Yi, Hemeila shengchan he xiaoshou zhong jidai jiejue de wenti (Die dringend zu lösenden Probleme bei der Produktion und dem Verkauf von Montanwachs), *https://wenku.baidu.com/view/571f510a03020740be1e650e52ea55 1810a6c919.html* (15.2.2020)

156 Vizepremier Chinas empfing DDR-Minister, in: *Neues Deutschland* vom 22. August 1986, S. 1 und 2

157 Dai Gang/Cao Li, Minzhu Deguo GISAG gongsi daibiaotuan lai Hua jinxing jishu jiaoliu (Eine Delegation des Kombinats GISAG der DDR führt in China einen Erfahrungsaustausch durch), Zhongguo zhuji, 1986, H. 3, S. 66.

158 Benkan yu Minzhu Deguo »Gießereitechnik« zazhi qianding yixiangshu (Unsere Zeitschrift und die Zeitschrift »Gießereitechnik« der DDR unterzeichneten eine Absichtserklärung), Zhongguo zhuji, 1986, H. 3, S. 66

159 1200 LEW-Loks in VR China, in: *Neues Deutschland* vom 1. Oktober 1986, S. 3

160 Kooperation mit China in Kohleindustrie erörtert, in: *Neues Deutschland* vom 15. August 1986, S. 2

161 Bode, Marcel: Die DDR und die Volksrepublik China – Chancen und Grenzen einer ungleichen Partnerschaft, Potsdamer Textbücher 21, *Welttrends*, Potsdam 2013, S. 3

162 Krüger, Joachim: Die DDR zu Gast in Beijing ..., S. 144

163 Cheng Jiming, Fangwen Minzhu Deguo jianwen – Cheng Jiming tongzhi de fayan (Erkenntnisse aus einem Besuch der DDR – Ausführungen des Genossen Cheng Jiming), Jiangsu shelian tongxun, 1987, H. 2, S. 37-44

164 Yang Laichun, Yuan Zhongguo yu Minzhu Deguo jingmao guanxi buduan fazhan (Mögen sich die Wirtschafts- und Handelsbeziehungen zwischen China und der DDR unaufhörlich weiter

entwickeln), Guoji Maoyi, 1989, H. 6

165 PAAA, MfAA ZR 2492/90 – Besuch GS ZK SED, Vorsitzender
Staatsrates der DDR, Erich Honecker in Peking – Vermerk über
die Verhandlungen des Mitgliedes des Politbüros und Sekretär des
ZK der SED und Stellvertreter des Vorsitzenden des Staatsrates,
Genossen Günter Mittag, mit dem Mitglied des Politbüros und
des Sekretariats des ZK der KP China und Stellvertretenden
Ministerpräsidenten des Staatsrates der VR China, Genossen Li
Peng, am 22. Oktober 1986, S. 10

166 Kooperation in der Elektronik, in: *Neues Deutschland* vom 2. Dezember 1986, S. 3

167 Weitreichende Vereinbarung zur Vertiefung der Beziehungen, in:
Neues Deutschland vom 25. Oktober 1986, S. 1 und 2

168 Erfreuliche Entwicklung der Handelsbeziehungen DDR-VR
China, in: *Neues Deutschland* vom 6. September 1986, S. 3

169 Zhongguo gaige kaifang xin shiqi nianjian, 1986 nian (Jahrbuch
der neuen Periode von Reform und Öffnung Chinas 1986), 21. 8.
1986, Zhongguo minzhu fazhi chubanshe, Beijing, 2015, S. 582f.

170 Begegnung mit chinesischer Politikerin im Ministerrat, in: *Neues
Deutschland* vom 15. September 1987, S. 2

171 Beschluss über die Direktive für die Vorbereitung und den
Abschluss des Protokolls über die gegenseitigen Warenlieferungen
mit der VR China im Jahre 1987, Protokoll der Politbürositzung
vom 30.9.1986, Anlage 7, BArch DY 30 J IV 2 2 2186 02.

172 Chinesische Kohleindustrie wird DDR-Verfahren nutzen, in:
Neues Deutschland vom 6. Juni 1987, S. 6

173 Kooperation wird verstärkt, in: *Neues Deutschland* vom 28. März
1987, S. 2

174 Protokoll mit VR China in Berlin unterzeichnet, in: *Neues
Deutschland* vom 22. April 1987, S. 3

175 Ergebnisse der Zusammenarbeit mit China, in: *Neues Deutschland*
vom 22. April 1987, S. 1

176 DDR und VR China bauen ihre Wirtschaftsbeziehungen aus, in:
Neues Deutschland vom 11. Juli 1987, S. 5

177 Zhao Ziyang tong Siduofu juxing huitan (Unterredung von Zhao
Ziyang mit Stoph), in: *Renmin Ribao* vom 10. Juni 1987, S. 6

178 Heimische Rohstoffe höher veredelt, in: *Neues Deutschland* vom
11. Juni 1987, S. 4

179 Dynamik im Handel mit China, in: *Neues Deutschland* vom 11.
Juni 1987, S. 4

180 Zusammenarbeit im Bauwesen DDR-China, in: *Neues Deutschland* vom 3. September 1987, S. 2

181 Woguo shouci canjia Laibixi bolanhui (China beteiligt sich erstmals an der Leipziger Herbstmesse), in: *Renmin Ribao* vom 9. September 1987, S. 7

182 Dong Guangzu / Wang Yanyun: Youyi – Hezuo – Fazhan (Freundschaft – Zusammenarbeit – Entwicklung), Guoji maoyi, 1987, H. 11, S. 55-56, 59.

183 Bundesbildarchiv Bild 183-1987-0422-003, 30.1.1987.

184 Liu Xiancai; Daxing zhugang chilun de hanxiu (Reparaturschweißung eines großen Zahnrads aus Stahlguss), Jixie gongren, 1987, H. 5, S. 33-34

185 Li Tongfu, Fu Minzhu Deguo huagong kaocha gaikuang (Übersicht über eine Untersuchung der chemischen Industrie der DDR), Lüjian gongye, 1988, Nr. 1, S. 2-6

186 Chang Su, Minzhu Deguo huagong shebei zhizaoye (Der Chemieanlagenbau in der DDR), Xiandai Huagong, 1989, Nr. 1, S. 40-43

187 Export der Außenhandelsbetriebe nach China 1987, Material der HPA der Botschaft der DDR in der VR China, 1987

188 Beschluss über die Leitung, Zusammensetzung und Arbeitsregime der Regierungskommission zur Vorbereitung und Durchführung der Exportausstellung der DDR in der VR China im April 1988, Protokoll der Politbürositzung vom 27.1.1987, Anlage 9, BArch DY 30 J IV 2 2 2203 02

189 Schlussfolgerungen (zum Besuch von Zhao Ziyang), Protokoll der Politbürositzung vom 14. Juni 1987, Anlage 1, BArch DY 30 J IV 2 2 2225 01

190 Minzhu Deguo chukou shangpin zhanlanhui zai Jing kaimu (Die Exportgüterausstellung der DDR wurde in Beijing eröffnet), in: *Renmin Ribao* vom 13. April 1988, S. 4

191 Dong Guangzu, Wang Yanyun, Minzhu Deguo daxing gongye chukou zhanlanhui jiangyu 4 yue zai Beijing juxing (Im April nächsten Jahres wird in Beijing eine große Industrieexportausstellung der DDR stattfinden), Guoji Maoyi, 1987, H. 10, S. 16.

192 Jingte.Weishuofusiji [Günther Wyschofsky], Minzhu Deguo – Zhongguo kekaode jingji maoyi huoban (Die DDR – Chinas zuverlässiger Wirtschafts- und Handelspartner), Guoji Maoyi, 1987, 12, S. 2 und 7.

193 Ma Yongchun, Minzhu Deguo chukou chanpin zhanlanhui jinnian siyue zai Jing juban (Im April dieses Jahres findet in Beijing

eine Ausstellung von Exporterzeugnissen der DDR statt), Yiliao zhuangbei, 1988, H. 2, S. 29-31.

194 Dong Guangzu, Yingjie Zhongde jingji hezuo de xin jieduan (Wir begrüßen die neue Etappe der chinesisch-deutschen ökonomischen Kooperation), Guoji Maoyi, 1988, H. 2, S. 39-40.

195 Chang Weimin, GDR helps refrigerator car makers, in: *China Daily* vom 17. April 1988

196 Rede zur feierlichen Übergabe des 1600. Kühlfahrzeugs an die Volksrepublik China am 14.4.1988 in Fengtai, persönliche Mitteilung von W. Wallborn, 10.7.2020

197 Bisher größte Exportausstellung der DDR wurde in China eröffnet, in: *Neues Deutschland* vom 14. April 1988, S. 1 und 2

198 ND-Farbfotos: China von Freunden gesehen, in: *Neues Deutschland* vom 16. April 1988, S. 6

199 40. Malimomaschine aus der DDR in Beijing übergeben, in: *Neues Deutschland* vom 20. April 1988, S. 5

200 DDR-Anlagenbau in Beijing mit vielseitigem Angebot, in: *Neues Deutschland* vom 15. April 1988, S. 3

201 Di Xi, Textima gongsi canzhan chanpin jieshao (Vorstellung der von der Firma Textima ausgestellten Erzeugnisse), Fangzhi daobao, 1988, H. 15, S. 10.

202 Persönliche Mitteilung von Helga Schwab, vom 1. März 2020, Brief vom 12. Mai 1988

203 Minzhu Deguo chukou shangpin zhanlanhui bimu (Die Exportgüterausstellung der DDR ist geschlossen), in: *Renmin Ribao* vom 22. April 1988, S. 2

204 Zengjin bici liaojie – jiaqiang huli hezuo (Verstärken wir das gegenseitige Verständnis und die Zusammenarbeit zum gegenseitigen Vorteil), Guoji Maoyi, 1989, H. 6, S. 18-19

205 Dianzi gongyebu kaochatuan fangwen Minzhu Deguo (Eine Studiendelegation des Ministeriums für Elektronikindustrie besuchte die DDR) Guoji keji jiaoliu 1988, H. 11, S. 65

206 Dong Guangzu, Shenru kaituo Zhongguo yu Minzhu Deguo jingmao hezuo de xin lingyu (Vertiefung der Zusammenarbeit auf neuen Gebieten von Wirtschaft und Handel zwischen China und der DDR), Guoji Maoyi, 1988, H. 5, S. 24-25

207 Dong Guangzu, Laibixi --- shijie maoyi huodong de changsuo (Leipzig – ein Ort für Aktivitäten des Welthandels), Guoji Maoyi, 1988, H. 5, S. 58-60.

208 Persönliche Mitteilung von Helga Schwab, 25. August 2020

209 Persönliche Mitteilung von W. Wallborn, 5.3.2020

210 Mitarbeit am Programm »Funke« in China erörtert, in: *Neues Deutschland* vom 12. Mai 1988, S. 4

211 Interesse am Ausbau der Zusammenarbeit DDR-China, in: *Neues Deutschland* vom 1. Juni 1988, S. 3

212 Testzentrum für biologische Minifabriken; in: *Neues Deutschland* vom 2. Juli 1988, S. 3

213 Chinesische Delegation bei den Werktätigen von SKET, in: *Neues Deutschland* vom 18. Oktober 1988, S. 4

214 In: *Aktivist*, Betriebszeitung des SKET, vom 20. Oktober 1988

215 Delegation der KPCh unter Leitung von Qiao Shi im SKET, in: *Volksstimme* vom 18. Oktober 1988

216 Xu Jikang, Minzhu Deguo jichuang jishu fuwuzhan zai Jing kaiye (Servicestützpunkt für Werkzeugmaschinentechnik aus der DDR in Beijing ereöffnet), Shebei guanli yu weixiu, 1989, H. 2

217 Deyizhi Minzhu Gongheguo – gaijin jishu de hao huoban (Die DDR – ein guter Partner bei der Weiterentwicklung der Technologien), Guoji Maoyi, 1989, H. 6. S. 1-19

218 Ebenda

219 Kooperation DDR-China in Wasserwirtschaft vereinbart, in: *Neues Deutschland* vom 17. Oktober 1988, S. 5

220 Zengjin bici liaojie jiaqiang huli hezuo – Minzhu Deguo waimaobu dongya si aoersheer sizhang da jizhe wen (Verstärken wir das gegenseitige verständnis und die Zusammenarbeit zum gegenseitigen Nutzen – Der Hauptabteilungsleiter Ostasien im Ministerium für Außenhandel, Orschel, beantwortet Fragen eines Reporters), Guoji Maoyi, 1989, H. 6. S. 18f.

221 Warenprotokoll DDR-China unterzeichnet, in: *Neues Deutschland* vom 20. Januar 1989, S. 7

222 DDR liefert Gaswerk für Millionenstadt Harbin, in: *Neues Deutschland* vom 13. Januar 1989, S. 2

223 Zusammenarbeit zwischen der DDR und China positiv bewertet, in: *Neues Deutschland* vom 21. April 1989, S. 5

224 Deyizhi Minzhu Gongheguo – gaijin jishu de hao huoban (Die DDR – ein guter Partener bei der Weiterentwicklung der Technologien), Guoji Maoyi, 1989, H. 6. S. 1-19.

225 Beste Bedingungen für die Ausweitung des Handels, in: *Neues Deutschland* vom 6. September 1989, S. 3

226 Laibixi qiuji bolanhai kaimu (Eröffnung der Leipziger Herbstmesse), in: *Renmin Ribao* vom 4. September 1989, S. 3

227 Gäste im Werkzeugmaschinenkombinat, in: *Neues Deutschland* vom 9. Septermber 1989, S. 8

228 Bundesbildarchiv Bild 183-1989-0906-003, 6.8.1989, und Bild 183-1989-0829, 29.8.1989

229 Bundesbildarchiv Bild 183-1989-1016-040, 16.10.1989.

230 Staatsarchiv Chemnitz, 30932 VEB Werkzeugmaschinenkombinat »Fritz Heckert« Karl-Marx-Stadt, Nr. K2859, Exportunterlagen 1989.

231 Guo Yizhen, CNC 600 shukong xitong ji shukong jichuang de yingyong (Anwendung des numerischen Steuersystems CNC 600 und von numerisch gesteuerten Werkzeugmaschinen), Meikuang jixie, 1990, H. 11, S. 16-18.

232 Zusammenarbeit DDR-China wird zielstrebig ausgebaut, in: *Neues Deutschland* vom 9. Oktober 1989, S. 9

233 Zhang Yanzhao, Minzhu Deguo de xuanzhongjixie gongye (Bau von Saatgutaufbereitungsmaschinen in der DDR), Quanqiu keji jingji liaowang, 1990, H. 9.

234 Persönliche Mitteilung von W. Wallborn, 17.3.2020

235 Gao Wenchen, Shandong Weifang chunjianchang kaigong jin liangnian jishu jinbu jiankuang (Kurzbericht über den technischen Fortschritt in der Sodafabrik Weifang, Provinz Shandong seit der Produktionsaufnahme vor fast zwei Jahren), Chunjian gongye,1991, H. 2, S. 25-27

236 Li Wei, Weifang chunjianchang jiang tiqian wancheng touzi jihua (Die Sodafabrik Weifang wird den Investitionsplan vorfristig erfüllen), Chunjian gongye, 1988, H. 2, S. 3

237 Mu Chunlin, Dongde qinghua chengjuanji yagun chilunxing xiuzheng yu jiangong fangfa de tantao (Untersuchung eines Verfahrens der Korrektur und Bearbeitung der Zahnradzahnform bei den Andruckrollen in den Baumwollzerteilmaschinen), Beijing Fangzhi 1990 H. 2, S. 35-39, 51

238 Reise nach China, in: *Volksstimme* vom 22. November 1990

239 Persönliche Mitteilung von Dr. R. Preuße vom 18.6.2010.

240 China Statistical Yearbook 2001, 13-22 Output of Major Industrial Products

241 Gao Liangyuan, UB162-1 xing Dongde wajueji de jishu gaizao (Technische Verbesserung der Bagger des Typs UB162-1 aus Ostdeutschland), Kuangshan jixie, 1981, H. 7, S. 41-45, 58 und 1982, H. 1, S. 59-60

242 Persönliche Mitteilung von Lutz Frauenstein vom 29.10.2020

243 Persönliche Mitteilung von Lutz Frauenstein vom 2.11.2020

244 Chai Rendong, Minzhu Deguo lumian jixie kaocha jishi (Aufzeichnung über eine Untersuchung von Straßenbaumaschinen aus der DDR), Gonglu jiaotong keji, 1986, H. 2, S. 93, 60

245 Ren Tianxiao, Minzhu Deguo de jianzhu jixie (Baumaschinen der DDR), Jianzhu jixiehua, 1987, H. 3, S. 12-18

246 Dong Jing, Zhongguo jianzhu jixiehua xiehui Hebei sheng Cangzhou diqu fenhui zhaokai diyijie nianhui (Die Unterabteilung der Chinesischen Gesellschaft für Baumechanisierung im Gebiet Cangzhou der Provinz Hebei eröffnete die erste Jahresversammlung), Jianzhu jixiehua, 1987, H. 5, S. 44

247 Feng Peien, Dongou guojia jianzhu jixie fazhan de zuixin dongxiang (Neueste Tendenzen der Entwicklung von Baumaschinen in den osteuropäischen Ländern), Jianzhu jixiehua, 1988, H. 12, S. 14-17

248 Persönliche Mitteilung von H. Schwab, 8.3.2020

249 Persönliche Mitteilung von H. Schwab, 6.10.2020

250 Sichuan gonglu dashiji (Große Ereignisse im Straßenbau von Sichuan), *http://www.phoer.net/history/minguo/highway.htm* (17.11.2019)

251 Persönliche Mitteilung von Lutz Frauenstein vom 2.11.2020

252 Deyizhi Minzhu Gongheguo – gaijin jishu de hao huoban (Die DDR – ein guter Partener bei der Weiterentwicklung der Technologien), Guoji Maoyi, 1989, H. 6. S. 1-19

253 Gute Basis für langfristiges Handelsabkommen mit China, in: *Neues Deutschland* vom 29. April 1985, S. 2

254 Direktive für die DDR-Delegation zur I. Tagung des Wirtschaftsausschusses DDR/VR China, Protokoll der Politbürositzung vom 16.4.1985, BArch DY 30 J IV 2 2 2107 01

255 DDR und VR China am Ausbau der bilateralen Beziehungen interessiert, in: Neues Deutschland vom 29. April 1985, S. 2

256 Persönliche Mitteilung von Dr. R. Sukowski, 19.4.2020

257 Abkommen zwischen der Regierung der Deutschen Demokratischen Republik und der Regierung der Volksrepublik China über kulturelle und wissenschaftliche Zusammenarbeit, in: Meißner, Die DDR und China 1949 bis 1990, Dok. 166 (Dokumente XXXII: 138-140), S. 339.

258 Direktive für das Auftreten der DDR-Delegation auf der II. Tagung des Wirtschaftsausschusses DDR/VR China, BArch DY_30-J_IV_2_2_2 165_02_79 bis _98.

259 Protokoll über die Zusammenarbeit mit der VR China unterzeich-

net, in: *Neues Deutschland* vom 31. Mai 1986, S. 1 und 2

260 Persönliche Mitteilung von Dr. R. Sukowski, 19.4.2020

261 Bolin – Beijing hangxian zhengshi tonghang (Die Fluglinie Berlin – Beijing wurde offiziell aufgenommen), in: *Renmin Ribao* vom 3. Mai 1987, S. 7

262 Direktive für das Auftreten der DDR-Delegation auf der III. Tagung des Wirtschaftsausschusses DDR/VR China, Anlage Nr. 19 zum Reinschriftenprotokoll des Politbüros Nr. 16 vom 21.4.1987

263 Beschluss des Ministerrats der DDR vom 2.7.1987 »Beschluss zur Exportentwicklung mit der VR China in den Jahren 1988 bis 1990«, BArch DC 20 I 3 2491

264 DDR und China vereinbaren Ausbau der Zusammenarbeit, in: *Neues Deutschland* vom 8. Mai 1987, S. 6

265 DDR und China beraten Ausbau der ökonomischen Beziehungen, in: *Neues Deutschland* vom 4. Mai 1987, S. 1

266 Regierungsdelegation der VR China besuchte Betriebe, in: *Neues Deutschland* vom 2. Juni 1988, S. 4

267 Delegation aus China in Betrieben, in: *Neues Deutschland* vom 3. Juni 1988, S. 2

268 Außenhandel DDR-VR China entwickelt sich erfolgreich, in: *Neues Deutschland* vom 4. Juni 1988, S. 1

269 Direktive für das Auftreten der DDR-Delegation auf der IV. Tagung des Wirtschaftsausschusses DDR/VR China, Protokoll der Politbürositzung vom 24.5.1988, Anlage 8, BArch DY 30 J IV 2 2 2276 01.

270 Interesse am Ausbau der Zusammenarbeit DDR-VR China, in: *Neues Deutschland* vom 1. Juni 1988, S. 3

271 Krüger, Joachim: Zu Gast in Beijing. Die DDR und die VR China in den 80er Jahren, Universität Potsdam, 1994, S. 137

272 Langfristige Kooperation mit der VR China wird vertieft, in: *Neues Deutschland* vom 7. Juni 1988, S. 3

273 Yang Laichun, Yuan Zhongguo yu Minzhu Deguo jingmao guanxi buduan fazhan (Mögen sich die Wirtschafts- und Handelsbeziehungen zwischen China und der DDR unaufhörlich weiter entwickeln), Guoji Maoyi, 1989, H. 6, S. 17-19

274 Wirtschaftsausschuss DDR-VR China beendete Tagung in Beijing, in: *Neues Deutschland* vom 10. Juli 1989, S. 5

275 Direktive für das Auftreten der DDR-Delegation auf der V. Tagung des Wirtschaftsausschusses DDR/VR China,

SAPMO.BArch, ZPA JIV 2/3/4400

276 Tian Jiyun huijian Minde keren (Tian Jiyun empfängt Gäste aus der DDR), in: *Renmin Ribao* vom 8. Juli 1989, S. 2

277 Zhongguo he Minzhu Deguo keji hezuo xieding (Abkommen zwischen China und der DDR über wissenschaftlich-technische Zusammenarbeit),
https://baike.baidu.com/item/%E4%B8%AD%E5%9B%BD%E5%92%8C%E6%B0%91%E4%B8%BB%E5%BE%B7%E5%9B%BD%E7%A7%91%E5%AD%A6%E6%8A%80%E6%9C%AF%E5%90%88%E4%BD%9C%E5%8D%8F%E5%AE%9A/22281768?fr=aladdin (10.9.2020)

278 Persönliche Mitteilung von C. Marx, 10.3.2020

279 Dui Minzhu Deguo jishu zuotan xiaojie (Zusammenfassung eines Symposiums über Technologien aus der DDR), Zhongguo youzhi, 1983, H. 4, S. 1-26

280 PAAA, MfAA ZR 467/86 – WTZ DDR-VR China, Information über ein Gespräch mit dem Botschafter der Volksrepublik China in der DDR, Li Qiangfen, 6. Juli 1983

281 Gestaltung der wissenschaftlich-technischen Zusammenarbeit zwischen der Deutschen Demokratischen Republik und der Volksrepublik China, Protokoll der Politbüro-Sitzung vom 27.9.1983, Anlage 8, BArch DY 30 J IV 2 2 2021 02

282 Kommission DDR-China berät über Wirtschaftskooperation, in: *Neues Deutschland* vom 5. Dezember 1983, S. 2

283 Wo he Minzhu Deguo qianding jishu he jishu kexue hezuo yidingshu (China und die DDR unterzeichneten ein Abkommen über technische und wissenschaftlich-technische Zusammenarbeit), in: *Renmin Ribao* vom 19. Dezember 1983, S. 6

284 Zhongguo he Minzhu Deguo keji hezuo yidingshu zai Jing qianzi (China und die DDR unterzeichnen in Beijing ein Protokoll über wissenschaftlich-technische Zusammenarbeit), in: *Renmin Ribao* vom 27. April 1985, S. 4

285 Kooperation DDR-China im Nachrichtenwesen, in: *Neues Deutschland* vom 3. Mai 1985, S. 6

286 Plan der Zusammenarbeit DDR-China signiert, in: *Neues Deutschland* vom 20. April 1989, S. 5

287 Zhongguo he Minzhu Deguo dizhi hezuo yidingshu zai Jing qianzi (China und die DDR unterzeichneten in Beijing ein Abkommen über Zusammenarbeit in der Geologie), in: *Renmin Ribao* vom 20. Oktober 1985, S. 4

288 Woguo he Minzhu Deguo you qianding liangxiang hezuo jihua (China und die DDR vereinbaren wiederum zwei Pläne der Zusammenarbeit), in: *Renmin Ribao* vom 18. September 1987, S. 7

289 Direktive für das Auftreten der DDR-Delegation auf der II. Tagung des Wirtschaftsausschusses DDR/VR China, BArch DY_30-J_IV_2_2_2 165_02_79 bis _98

290 Meißner, Werner (Hg.): Die DDR und China 1949 bis 1990, Berlin: Akademie-Verlag, 1995, S. 284-288; SAPMO-BArch, ZPA JIV 2/2/2216

291 Minzhu Deguo Lukenaer jiaoshou zai Nanjing jiangxue (Professor Luckner aus der DDR hielt in Nanjing Vorträge), Shuili shuiyun kexue yanjiu, 1984, H. 1, S. 108

292 Persönliche Mitteilung von Prof. L. Luckner vom 6.10.2020

293 Minzhu deguo kaocha jishi (Aufzeichnungen über eine wissenschaftliche Studienreise durch die DDR), *blog.science.net.cn/u/duzhanchi* (27.11.2020)

294 Minzhu deguo kaocha jishi – kuaisu jianding qiaoliang chengzai nengli de jishu zu shebei (Bericht über einen Studienaufenthalt in der DDR – Technologie und Ausrüstungen für die schnelle Überprüfung der Tragfähigkeit von Brücken), Gonglu jiaotong keji, 1985, H. 2, S. 68-73

295 Chen Yecai, Minzhu Deguo huanjing kaocha ji (Untersuchungsbericht über den Umweltschutz in der DDR). Kuangwu yanshi diqiuxue tongbao, 1985, H. 4, S. 182-184

296 Gute Voraussetzungen für eine engere Zusammenarbeit mit der VR China, in: *Neues Deutschland* vom 24. Mai 1986, S. 2

297 Abkommen DDR-VR China in Wissenschaft und Technik, in: *Neues Deutschland* vom 23. Mai 1986, S. 2

298 Zhongguo he Minzhu Deguo kexue jishu heyuo changren weiyuanhui zhangcheng (Statut des Ständigen Komitees für wissenschaftlich-technische Zusammenarbeit zwischen China und der DDR), *baike.baidu.com/item/*中国和民主德国科学技术合作常任委员会章程*/22281769?fr=aladdin* (11.9.2020)

299 Fang Yi fenbie huijian Minzhu Deguo he Riben keren (Fang Yi empfing Gäste aus der DDR und Japan), in: *Renmin Ribao* vom 22. Mai 1986, S. 4

300 Fu Minzhu Deguo jinxing nongye kexue hezuo shangtan (Beratungen über die Zusammenarbeit in der Landwirtschaft bei einer Reise in die DDR), Guoji keji jiaoliu, 1987, H. 3, S. 62

301 Zhongguo he Minzhu Deguo qianshu keji hezuo sange wenjian

(China und die DDR unterzeichneten drei Dokumente über die wissenschaftlich-tgechnische Zusammenarbeit, in: *Renmin Ribao* vom 14. April 1987, S. 4

302 Beratungen DDR-China über Ausbau der Zusammenarbeit, in: *Neues Deutschland* vom 12. Mai 1987, S. 5

303 Fu Limin/Liu Xingxin/Wang Decheng/Chang Min/Sun Xiao-ping/Qian Jiayuan, Shangyebu keji hezuo daibiaotuan fu Minzhu Deguo jinxing kaocha (Eine Delegation für wissenschaftlich-technische Zusammenarbeit des Handelsministeriums reiste in die DDR), Shangchang xiandaihua, 1987, H. 10, S. 2-4

304 Konzeption des Ministeriums für Hoch- und Fachschulwesen der Deutschen Demokratischen Republik zur Zusammenarbeit mit der Volksrepublik China auf dem Gebiet des Hochschulwesens (Zeitraum 1986 bis 1990), Protokoll der Politbürositzung vom 10.2.1987, Anlage 7, BArch DY 30 J IV 2 2 2205 01

305 Persönliche Mitteilung von Dr. Chen Lu, 14.10.2020

306 Fu Minzhu Deguo kaocha yaoyong boli gongye (Besuch in der DDR zum Studium der Glasindustrie für medizinische Zwecke), Quanqiu keji jingji liaowang, 1988, H. 11, S. 63

307 Ding Xiujun/ Cui Hongkui, Fu Minzhu Deguo kaocha roulei jia-gong jishu qingkuang jianjie (Kurze Beschreibung des Standes der Fleischverarbeitungstechnologien bei einer Studienreise in die DDR), Roulei gongye, 1988, 9, S. 37- 41, 32

308 Langfristige Kooperation mit der VR China wird vertieft, in: *Neues Deutschland* vom 7. Juni 1988, S. 3

309 Engere Kooperation mit der VR China im Verkehrswesen, in: *Neues Deutschland* vom 29. Juni 1988, S. 1

310 Vereinbarung DDR-China zur Agrarforschung, in: *Neues Deutschland* vom 22. September 1988, S. 2

311 Fu Minzhu Deguo kaocha yaoyong zhiwu de yanjiu yu kaifa qing-kuang (Besuch in der DDR, um den Stand von Forschung und Entwicklung auf dem Gebiet der Heilpflanzen zu untersuchen), Qiuqiu keji jingji liaowang, 1988, H. 11, S. 62

312 Fu Minzhu Deguo kaocha malingshu jiagong liyong qingkuang (Besuch in der DDR zum Studium der Verarbeitung und Nutzung von Kartoffeln), Qiuqiu keji jingji liaowang, 1988, H. 11, S. 62-63

313 Chong Min, Dunhuang yanjiuyuan yu Minzhu Deguo kexueyuan jianlile xueshu ziliao jiaohuan guanxi (Das Forschungsinstitut von Dunhuang baute Beziehungen des Austausches wissenschaftlicher Materialien mit der Akademie der WQissenschaften der DDR

auf), Duhuang yanjiu, 1989, H. 3, S. 120

314 Pan Qichang, A Century of China-German Relations, World Affairs Press, Beijing 2006, S. 138

315 Protokoll über Zusammenarbeit DDR-China signiert, in: *Neues Deutschland* vom 7. Juli 1989, S. 5

316 Kooperation mit VR China erörtert, in: *Neues Deutschland* vom 22. August 1989, S. 1

317 Staatsarchiv Leipzig, 22057 Institut für Geographie und Geoökologie Leipzig, Nr. 276, Plan der Zusammenarbeit auf dem Gebiet der Natur- und Technikwissenschaften zwischen der Akademie der Wissenschaften der DDR und der Chinesischen Akademie der Wissenschaften in den Jahren 1989 bis 1990

318 Chen Ziming, Minzhu Deguo turang feiliao yanjiu gongzuo de jinzhan (Fortschritte in der Forschungsarbeit der DDR bei der Bodendüngung), Turang feiliao, 1990, H. 4, S. 42-44

319 Wang Xiaozong, Waiyin damai pinzhong zhuyao xingzhuang fenxi ji wosheng pijiu damai yinzhong tujing chutan (Analyse der wesentlichen Eigenschaften importierter Gerstensorten und vorläufige Diskussion der Wege der Einführung von Biergerste in der Provinz Gansu), Damai kexue, 1989, H. 3, S. 11-14

320 Persönliche Mitteilung von Dr. K. Möbius vom 19.8.2020

321 Persönliche Mitteilung von Zhao Kegong vom 6.8.2020

322 Herrmann, Konrad, Feinmessgeräte des VEB Carl Zeiss JENA in metrologischen Instituten Chinas, Maß & Gewicht, 2019, H. 131, S. 4144-4153

323 Zhongguo jiliang daibiaotuan fangwen Minzhu Deguo zongjie baogao (Zusammengefasster Bericht der chinesischen Metrologiedelegation über einen Besuch in der DDR), 21.12.1987

324 Zhonghua renmin gongheguo jiliang daibiaotuan fangwen Deyizhi minzhu gongheguo Biaozhunhua, jiliang, shangpin jianyanju de huitan jiyao (Niederschrift der Beratungen einer Metrologiedelegation der Volksrepublik China beim Besuch des Amts für Standardisierung, Messwesen und Warenprüfung der Deutschen Demokratischen Republik, 10.12.1986)

325 Zhonghua Renmin Gongheguo jiliang daibiaotuan fangwen Deyizhi minzhu gongheguo Biaozhunhua, jiliang yu shangpin jianyanju huitan jiyao (Niederschrift der Beratungen einer Metrologiedelegation der Volksrepublik China beim Besuch des Amts für Standardisierung, Messwesen und Warenprüfung der Deutschen Demokratischen Republik, 21.12.1987)

326 Staatsarchiv Leipzig (SAL), VEB PKM Anlagenbau Leipzig Nr. 2452, 18420/18421 Außenwirtschaft – Begutachtungsstudie Druckgaswerk Harbin (Vertrags- und Vorbereitungsunterlagen), Abschrift Protokoll der Beratungen des Ministers für Kohle und Energie der DDR, Gen. Wolfgang Mitzinger, mit dem Minister für Kohleindustrie der VR China, Genossen Gao Yangwen, vom 10.9.1984

327 SAL, VEB PKM Anlagenbau Leipzig Nr. 2452, 8-73.), Schreiben des Generaldirektors des Gaskombinats Schwarze Pumpe, Dr. Herbert Richter, an den Vize-Generaldirektor der chinesischen Gesellschaft für Kohleimport und -export, Wang Guang'en, vom 25.10.1984

328 SAL, VEB PKM Anlagenbau Leipzig Nr. 2452, 18420/18421 Außenwirtschaft – Begutachtungsstudie Druckgaswerk Harbin (Vertrags- und Vorbereitungsunterlagen), Telex Arnold an Generaldirektor Gaskombinat Schwarze Pumpe vom 15.11.1984

329 Der Knappensee ist ursprünglich ein Tagebaurestloch in der Nähe von Hoyerswerda, das nach 1945 unbeabsichtigt geflutet wurde Der See entwickelte sich zu einem beliebten Naherholungsgebiet.

330 SAL, VEB PKM Anlagenbau Leipzig Nr. 2452, 18420/18421 Außenwirtschaft – Begutachtungsstudie Druckgaswerk Harbin (Vertrags- und Vorbereitungsunterlagen), Protokoll der Beratung zur Vorbereitung der Begutachtung der Durchführbarkeitsstudie für das Gaswerk Harbin vom 2.12. bis 18.12.1984 in Knappensee

331 SAL, VEB PKM Anlagenbau Leipzig Nr. 2452, 18420/18421 Außenwirtschaft – Begutachtungsstudie Druckgaswerk Harbin (Vertrags- und Vorbereitungsunterlagen), Aktennotiz über die vorbereitenden Gespräche zum Besuch der chinesischen Delegation Harbin/VR China in der DDR vom 12.11.1984, VEB PKM Anlagenbau Leipzig

332 SAL, VEB PKM Anlagenbau Leipzig Nr. 2452, 18420/18421 Außenwirtschaft – Begutachtungsstudie Druckgaswerk Harbin (Vertrags- und Vorbereitungsunterlagen), Vertrag über die Begutachtung der Durchführbarkeitsstudie des Gaswerkes in Harbin vom 14.12.1984

333 SAL, VEB PKM Anlagenbau Leipzig Nr. 2452, 18420/18421 Außenwirtschaft – Begutachtungsstudie Druckgaswerk Harbin (Vertrags- und Vorbereitungsunterlagen), Vereinbarung zwischen VEB PKM Anlagenbau Leipzig und VE Chemieanlagenbaukombinat Leipzig/Grimma über die gemeinsame Erarbeitung der Begutachtungsdokumentation der Durchführbarkeitsstudie Stadt-

gaswerk Harbin vom 21.3.1985

334 SAL, VEB PKM Anlagenbau Leipzig Nr. 2452, 18420/18421
Außenwirtschaft – Begutachtungsstudie Druckgaswerk Harbin (Ver-
trags- und Vorbereitungsunterlagen), Begutachtung Durchführbarkeitsstudie Druckgaswerk Harbin, Schreiben vom 27.2.1985

335 SAL, VEB PKM Anlagenbau Leipzig Nr. 2452, 18420/18421
Außenwirtschaft – Begutachtungsstudie Druckgaswerk Harbin
(Vertrags- und Vorbereitungsunterlagen), Abschlussprotokoll
über die Vertragserfüllung der Begutachtungsdokumentation für
das Druckgaswerk Harbin von CAEI DDR auf der Grundlage des
Vertrages vom 14.12.1984

336 SAL, VEB PKM Anlagenbau Leipzig Nr. 2452, 18420/18421
Außenwirtschaft – Begutachtungsstudie Druckgaswerk Harbin
(Vertrags- und Vorbereitungsunterlagen), Statistische Angaben
von CNCDC zur Kohleprobe

337 Liu Kexi, Jiang Changbin, Lu Bing, Lü Fan: Yilan mei zai PKM
qihualu shang shishao zongjie (Zusammenfassung der Verbren-
nungsversuche von Steinkohle aus Yilan in einem Druckvergasungsgenerator von PKM), Meiqi yu reli, 1987, Nr. 3, S. 14-21

338 Die Wobbezahl charakterisiert die Qualität des Gases

339 SAL, VEB PKM Anlagenbau Leipzig Nr. 2452, 18420/18421
Außenwirtschaft – Begutachtungsstudie Druckgaswerk Harbin
(Vertrags- und Vorbereitungsunterlagen), Fernschreiben an VEB
Gaskombinat Schwarze Pumpe, 10.12.1986

340 Persönliche Mitteilung von H. Schwab vom 23.2.2020

341 Persönliche Mitteilung von H. Schwab vom 6.9.2020

342 SAL, VEB PKM Anlagenbau Leipzig Nr. 2452, 18420/18421
Außenwirtschaft – Begutachtungsstudie Druckgaswerk Harbin
(Vertrags- und Vorbereitungsunterlagen), Protokoll der Beratun-
gen des Ministers für Kohle und Energie der DDR, Genossen
Wolfgang Mitzinger mit dem Minister für Kohleindustrie der VR
China, Genossen Yu Hong'en, 20.8.1986

343 SAL, VEB PKM Anlagenbau Leipzig Nr. 2727, 20817 Konzeption zum Leitungsregime der Exportvorhaben und zur Sicherung
der Vorbereitung und Realisierung des Exportvorhabens Druckgaswerk Harbin, 13.12.1985

344 SAL, VEB PKM Anlagenbau Leipzig Nr. 2452, 18420/18421
Außenwirtschaft – Begutachtungsstudie Druckgaswerk Harbin
(Vertrags- und Vorbereitungsunterlagen), Reisebericht über eine
Dienstreise nach der VR China, Harbin vom 6.4. bis 25.4.86 zum

Vorhaben Stadtgaswerk Harbin

345 SAL, VEB PKM Anlagenbau Leipzig Nr. 2452, 18420/18421 Außenwirtschaft – Begutachtungsstudie Druckgaswerk Harbin (Vertrags- und Vorbereitungsunterlagen), Reisebericht zur Dienstreise in die VR China, Vorhaben DGW Harbin, vom 28.8. bis 3.10.1986 – Teilreisebericht PKM, 6.10.1986

346 SAL, VEB PKM Anlagenbau Leipzig Nr. 2721, 20817 Produktionsbericht Januar/Februar 1986, 14.2.1986

347 Ibid.: Produktionsbericht September/Oktober 1986

348 Ibid.: Produktionsbericht Oktober/November 1986, 5.11.1986

349 Ibid.: Produktionsbericht Dezember 1986/Januar 1987, 15.1.1987

350 Ibid.: Produktionsbericht Januar/Februar 1987, 10.2.1987

351 Ibid.: Produktionsbericht März/April 1987, 9.4.1987

352 Ibid.: Produktionsbericht April/Mai 1987, 18.5.1987

353 Ibid.: Produktionsbericht Mai/Juni 1987, 17.6.1987

354 Ibid.: Produktionsbericht Juni/Juli 1987, 8.7.1987

355 Ibid.: Produktionsbericht Juli/August 1987, 11.8.1987

356 Ibid.: Produktionsbericht August/September 1987, 8.9.1987

357 Ibid.: Produktionsbericht September/Oktober 1987, 6.10.1987

358 Li Tongfu, Fu Minzhu Deguo huagong kaocha gaikuang (Abriss einer Untersuchung der Chemieindustrie der DDR), Lüjian gongye, 1988, Nr. 1, S. 2-6

359 SAL, VEB PKM Anlagenbau Leipzig Nr. 2723.: 20817 Produktionsbericht Oktober/November 1987, 5.11.1987

360 Ibid.: Produktionsbericht November/Dezember 1987, 3.12.1987

361 Ibid.: Produktionsbericht Dezember 1987/Januar 1988, 14.1.1988

362 Ibid.: Produktionsbericht Januar/Februar 1988, 2.2.1988

363 Ibid.: Produktionsbericht Februar/März 1988, 7.3.1988

364 Ibid.: Produktionsbericht März/April 1988, 5.4.1988

365 Ibid.: Produktionsbericht April/Mai 1988, 4.5.1988

366 Ibid.: Produktionsbericht Mai/Juni 1988, 15.6.1988

367 Ibid.: Produktionsbericht August/September 1988, 9.9.1988

368 Ibid.: Produktionsbericht September/Oktober 1988, 6.10.1988

369 Ibid.: Produktionsbericht Oktober/November 1988, 15.11.1988

370 Ibid.: Produktionsbericht November/Dezember 1988, 14.12.1988

371 Ibid.: Produktionsbericht Januar/Februar 1989, 9.2.1989

372 Ibid.: Produktionsbericht März/April 1989, 5.4.1989

373 Ibid.: Produktionsbericht April/Mai 1989, 2.5.1989

374 Ibid.: Produktionsbericht Mai/Juni 1989, 1.6.1989

375 Ibid.: Produktionsbericht Juni/Juli 1989, 13.7.1989

376 Ibid.: Produktionsbericht August/September 1989, 6.9.1989

377 Ibid.: Produktionsbericht September/Oktober 1989, 20.10.1989

378 Ibid.: Produktionsbericht Oktober/November 1989, 16.11.1989

379 KfW: Volksrepublik China – Stadtgasversorgung Harbin, Schlussprüfung, 21.3.2002

380 Waggonbau in Dessau, *http://www.kuehlwaggon.de/lieferungen/volksrepublikchina/index.html* (24.7.2019)

381 Harte Nuss für die Dessauer Waggonbauer, in: *Neues Deutschland* vom 16. Dezember 1955, S. 6

382 Liu Jingliang, Baowenche zhizao gongyi jishu gaikuang – fang Minzhu Deguo Desao cheliang gongchang (Stand der Herstellungstechnologie von Thermoswagen – Ein Besuch im VEB Waggonbau Dessau in der DDR), Jiche cheliang gongyi, 1985, H. 4, S. 1-3

383 Persönliche Mitteilung von W. Wallborn vom 11.9.2020

384 Yang Xin, Woguo cong guowai jinkou de bufen cheliang luxu touru yunyong (Partien der Eisenbahnwagen, die China aus dem Ausland importiert, werden nacheinander in Betrieb genommen), Tiedao cheliang, 1988, H. 5, S. 18

385 Persönliche Mitteilung von W. Wallborn vom 17.3.2020

386 Chen Baoyin, Dongde wei Woguo zhizao de qiangpo tongfeng baojian ying woche (Ostdeutschland stellt für China Abteil-Schlafwagen der harten Klasse mit Klimatisierung her), Tiedao cheliang, 1980, H. 9, S. 5-13

387 Persönliche Mitteilung von W. Wallborn, 17.3.2020

388 Zhu Qingyi, Nie Axin; Jinkou gongwuche sanzhou zhuanxiangjia de gaizao (Umgestaltung des dreiachsigen Drehgestells von importierten Personenzugwagen), Tiedao cheliang, 1985, H. 8, S. 10-11.

389 Hu Zhuoren, Dongde chukou de keche zhan shijie keche chokou zongshu de 75% (Der Export Ostdeutschlands von Reisezuwagen nimmt im weltweiten Export von Reisezugwagen 75 % ein), Guowai tiedao cheliang, 1984, 1, S. 18

390 Chen Diankui, Dongou cheliang jishu kaocha jianwen ji jidian tihui (Erkenntnisse aus einer Untersuchung der Eisenbahnwaggon-Technologie in Osteuropa und gewonnenes Verständnis), Tiedao cheliang, 1984, H. 8, S. 33-35

391 Abkommen zwischen den Regierungen der DDR und der VR

China über den Warenaustausch und Zahlungen in den Jahren 1986 bis 1990, Bundesarchiv Büro Egon Krenz, DY_30_2_2.039_297_052

392 Yin Peiquan, Woguo jiang zaici cong Minzhu Deguo jinkou kongtiao keche (China wird nochmals klimatisierte Reisezugwagen aus der DDR importieren), Tiedao cheliang, 1987, H. 5, S. 37-39

393 Persönliche Mitteilung von P. Donhauser, 29.2.2020

394 Persönliche Mitteilung von W. Wallborn, 17.3.2020

395 Persönliche Mitteilung von P. Donhauser vom 26.2.2020, entsprechend einer Statistik des VEB Kombinats Schienenfahrzeugbau

396 Prospekt der DWA (Deutsche Waggonbau AG), 1991

397 Landesarchiv Sachsen-Anhalt (LASA), I 422, Nr. 558, Schreiben des AHB Schienenfahrzeuge an National Machinery Import and Export Corporation vom 16.1.1984

398 Persönliche Mitteilung von P. Donhauser vom 28.2.2020

399 LASA, I 422, Nr. 771, Ministerium für Schwermaschinen- und Anlagenbau, Objektvereinbarung zwischen dem Ministerium für Schwermaschinen- und Anlagenbau der DDR und dem Ministerium für Eisenbahnwesen der VR China vom 9.9.1986

400 Cui Zhenduo, B22 xing jibaoche linxiu fenxi yu jianyi (Analyse und Vorschläge zu den Notreparaturen an den Kühlwagen des Typs B22), Zhengtie keji tongxun, 1996, H. 4, S. 17-18, 34

401 Berichterstattung des BdGD AHB Schienenfahrzeuge Export-Import Berlin vor Parteileitung der GO der Botschaft/Peking, 18.5.1987

402 Zhang Jingfu huijian Minzhu Deguo keren (Zhang Jingfu empfing einen Gast aus der DDR), in: *Renmin Ribao* vom 12. Mai 1984, S. 4

403 LASA, I 422, Nr. 559, Entwurf Vereinbarung zwischen dem Ministerium für Schwermaschinen- und Anlagenbau der DDR und dem Ministerium für Eisenbahnwesen der VR China vom 26.9.1984

404 LASA, I 422, Nr. 559, Protokoll des Besuchs einer chinesischen Spezialistendelegation vom 27.11. bis 6.12.1984 im VEB Waggonbau Dessau

405 LASA, I 422, Nr. 559, Schreiben Kombinat Schienenfahrzeugbau an Staatliche Plankommission, Gerhard Schürer, Abschrift vom 22.1.1985

406 Yu Jiafan, Xu Guirong, B21 jixie lengcangche xingneng shiyan baogao (Bericht über die Erprobung der Eigenschaften des

Maschinenkühlwagens B21), Zhileng, 1986, H. 3, S. 5-18

407 Hu Xiukuan, Fu yuan Minzhu Deguo Desao gongchang jianzao he kaocha gaikuang (Abriss der Kontrolle der Fertigung und des Studiums bei einer Reise zum Waggonbau Dessau in der früheren DDR), Guowai jiche cheliang gongyi, 1991, H. 4, S. 1-4.

408 LASA, I 422, Nr. 560, Protokoll von der 1. Direktorenkonferenz zum Technologietransfer in der DDR zwischen SFZ und CMC, 2.10.1986

409 LASA, I 422, Nr. 558, Reisebericht über eine Auslandsdienstreise nach der VR China, 6.10.1987

410 LASA, I 422, Nr. 558, Bericht über den Besuch chinesischer Spezialisten vom 12.1.1988

411 LASA, I 422, Nr. 787, Fortführungs-Konzeption zur Realisierung des Technologietransfers für den Laderaumwagen in Sandwich-Bauweise Typ MN 4 China mit der Waggonfabrik Wuchang (VR China)

412 LASA, I 422, Nr. 558, Protokoll über die 3. Schulung des chinesischen Fachpersonals im SFZ-Betrieb Waggonbau Dessau entsprechend dem Vertrag zum Technologietransfer vom 24.6.1988.

413 LASA, I 422, Nr. 558, Reisebericht über die durchgeführte Auslandsdienstreise nach der VR China (Wuhan), 10.5.1989.

414 LASA, I 422, Nr. 559, Kurzvorlage für die MTR-Rapportberatung beim Betriebsdirektor am 7.3.1986

415 Jia Lianshu, Hu Jiazhen, Minzhu Deguo dui xinxing jilengche de shiyan jianding (Abnahmeprüfung neuartiger Maschinenkühlwagen in der DDR), Tiedao cheliang, 1991, H. 1, S. 24-34.

416 Moritz Gärtner, Kim Kamenik, Chinesische Vertragsarbeiter in Dessau – 388 : 100.000, in: *DeutschlandArchiv* vom 23. September 2016, *www.bpb.de/234448*

417 LASA, I 422, Nr. 771, Ministerium für Schwermaschinen- und Anlagenbau – Der Minister – Anweisung Nr. 1/87 über die Durchführung des Lohntransfers für chinesische Werktätige vom 4. März 1987

418 LASA, I 422, Nr. 788, VEB Waggonbau Dessau, Vorlage zur HTP-Beratung am 23.2.1990, 15.2.1990

419 LASA, I 422, Nr. 770, VEB Waggonbau Dessau, Konzeption zur Grundqualifizierung der chinesischen Werktätigen, 27.11.1986

420 LASA, I 422, Nr. 770, Rahmenvereinbarung für die Jahre 1987 bis 1991 zwischen dem Rat der Stadt Dessau, Abteilung Kultur, und dem VEB Waggonbau Dessau, Abteilung Einsatzleitung,

14.4.1987

421 LASA, I422, Nr. 770, Konzeption zur gesundheitlichen Betreuung im Betriebsambulatorium des VEB Waggonbau Dessau, 29.10.1985

422 LASA, I 422, Nr. 788, VEB Waggonbau Dessau, Vorlage zur HTP-Beratung am 23.2.1990, 15.2.1990

423 Persönliche Mitteilung von P. Donhauser vom 28.2.2020

424 LASA, I 422, Nr. 788, VEB Waggonbau Dessau, Vorlage zur HTP-Beratung am 8.9.1989, 22.8.1989

425 Dong Guangzu: Zhongguo gongren zai Desao (Chinesische Arbeiter in Dessau), Guoji Maoyi, 1988, H. 6, S. 56-57

426 DDR-Technologie für Werk in China, in: *Neues Deutschland* vom 17.7.1989, S. 3

427 Gespräch des Autors mit Siegfried Möbius am 23.9.2019

428 1600. Kühlwagen aus Dessau an chinesische Staatsbahn, in: *Neues Deutschland* vom 15. April 1988, S. 3

429 Persönliche Mitteilung von W. Wallborn, 17.3.2020

430 Waggonbau Sachsen-Anhalts kehrt den Trend um, in: *Neues Deutschland* vom 13. Februar 1996

431 Molinari: Ab 1.11.2016 neuer Standort Dessau, *www.molinari-rail.com/de/aktuell/ab-01-11-16-neuer-standort-dessau* (24.7.2019)

432 Hans Modrow: Brückenbauer. Als sich Deutsche und Chinesen nahe kamen. Eine persönliche Rückschau, Berlin 2021, S. 114

433 1200 LEW-Loks in China, in: *Neues Deutschland* vom 1. Oktober 1986, S. 3

434 *Wikipedia*, LEW EL 5 (28.7.2019)

435 NY100 xing yeli chuandong neiran jiche (Dieselloks des Typs NY100 mit hydraulischem Getriebe), *http://www.trainnets.com/archives/14657* (22.2.2020)

436 Dirk Forschner: German Steam Locomotives In China, China Railway Publishing House 2017 Beijing, S. 208

437 BLHA, Rep. 505 Lokomotivenbau »Karl Marx« Babelsberg, Nr. 1089, LOWA-Messestand, 15.9.1952

438 BLHA, Rep. 505 Lokomotivenbau »Karl Marx« Babelsberg, Nr. 929 und Nr. 1025.

439 *http://www.sohu.com/a/332330319_655962* ，Tie Ying, Piaoyang guohai, wanli lai Hua – V100 zai Zhongguo (Sie kamen über 10.000 km über das Meer nach China – die Lokomotive V100 in China), (26.9.2019)

440 W. Fackroth, Dieselhydraulische Lokomotive V 100 als Export-

ausführung für die VR China, LEW-Nachrichten/ Henningsdorf/ 5 (1974) H. 15, S. 6-7

441 Fan Junhua, Dongde V 1003 xing diaoche jiche (Die Rangierlokomotive V 1003 aus Ostdeutschland), Guowai neiran jiche, 1977, H. 6, S. 3-7.

442 *https://zh.wikipedia.org/wiki/%E5%BE%B7%E5%9B%BD% E5%9B%BD%E8%90%A5%E9%93%81%E8%B7%AFV100% E5%9E%8B%E6%9F%B4%E6%B2%B9%E6%9C%BA%E8% BD%A6*, Deguo guoying tielu V100 xing chaiyou jiche – Diesellokomotiven des Typs V100 der Deutschen Reichsbahn (26.9.2019).

443 Persönliche Mitteilung von W. Wallborn, 5.3.2020

444 Ebenda

445 Zeng Fengliu, Minzhu Deguo de tielu jiliang gongzuo (Die metrologischen Arbeiten der Eisenbahnen der DDR), Tiedao keji dongtai, 1989, H. 6, S. 25-26

446 Statistisches Jahrbuch der DDR 1955 – 1991 und W. Meißner (Hg.): Die DDR und China 1949 bis 1990, Berlin: Akademie Verlag, S. 250. Die Angaben des Statistischen Jahrbuchs der DDR stimmen für die jeweils zurückliegenden Jahre nicht immer überein. Eine Ursache könnte die Einführung verschiedener Umrechnungsverhältnisse zwischen den benutzten Währungen sein. Diese Unstimmigkeiten konnten nicht endgültig aufgeklärt werden. Deshalb geben diese Zahlen die Entwicklung nur in groben Zügen wieder

447 Anlage zum Protokoll des Politbüros der SED vom 21.4.1987

448 Bundesgesetzblatt 31.1.1992, Bekanntmachung über das Erlöschen völkerrechtlicher Übereinkünfte der Deutschen Demokratischen Republik mit China, vom 12. Dezember 1991

Anlagen

Jahr	Export DDR	Import DDR	Gesamt	Handelsumsatz DDR – UdSSR, Mio VM
1950				1460,7
1951	47,8	90,8	138,6	2526,7
1952	164,2	131,7	295,9	2686,5
1953	136,7	205,0	341,7	3745,4
1954	175,7	166,7	342,4	4381,6
1955	197,9	198,7	396,6	3967,8
1956	210,9	174,2	385,1	4730,9
1957	235,0	196,7	431,7	6492,4
1958	296,1	230,7	526,8	6493,9
1959	236,6	248,5	485,1	7836,9
1960	215,8	222,6	438,4	7907,4
1961	121,0	104,1	225,1	8326,9
1962	86,1	70,4	156,5	9823,5
1963	59,6	55,0	114,6	10287,2
1964	54,1	44,0	98,1	10897,8
1965	110,6	105,8	216,4	10565,7
1966	151,9	133,4	285,3	11175,9
1967	140,6	144,6	285,2	11866,8
1968	156,9	117,6	274,5	12851,6
1969	126,0	138,6	264,6	14287,7
1970	178,0	151,2	329,2	15484,5
1971	184,8	168,0	352,8	16116,6
1972	182,2	210,0	392,2	17623,7
1973	172,4	206,5	378,9	18526,6
1974	244,9	270,3	515,2	20102,2
1975	389,0	249,4	638,4	26539,4
1976	418,0	263,8	681,8	27785,1
1977			783,5	32455,7
1978			943,5	34007,3
1979			842,2	39271,1
1980			869,9	42608,8
1981			548,0	49888,3
1982			386,6	55164,3
1983	186,8	177,0	363,8	60821,3
1984	328,0	216,0	544,0	67107,8
1985	578,2	202,7	780,9	69940,7
1986	443,0	666,1	1109,1	70626,4
1987	551,1	551,1	1102,2	68477,6
1988			1336,6	66469,5
1989	716,4	692,4	1408,8	

Handel DDR-China im Vergleich mit dem Handel DDR-UdSSR, Angaben in Millionen Valutamark [446]

Anhang 2

Liste von Objekten der technologischen Zusammenarbeit, bei denen das Ministerium für Außenhandel und Außenwirtschaft Chinas eine Zusammenarbeit mit der DDR vorsieht, übergeben am 5.11.1983

Nr.	Titel des Objekts
1	Färbung von Viskose-Ausgangsflüssigkeit
2	Chlordioxid-Bleichverfahren
3	Behandlung von Pulpe- und Viskose-Abwasser
4	Schachtvorwärmer für Zementanlagen
5	Waffel-Produktionslinie
6	Produktionslinie zur Herstellung von Säuglings- und Kindernahrung
7	On-line-Testsystem für Leiterplatten
8	Bodendruck-Kurzzeitmesssystem für Gestein
9	Rektifikation von synthetischen Fettsäuren
10	Emulsionsseparatoren für synthetische Fettsäuren
11	4 Stück Bearbeitungszentren 2500 mm und 1800 mm lang
12	3 Stück Drei-Koordinaten-Messgerät
13	3 Stück Stirnflächen-Innenrundschleifmaschine
14	1 Stück Zahnradabwälzfräsmaschine
15	Zahnflankenschleifmaschine ZSTZ 630
16	1 Stück Presse 2000 t
17	12 Stück Abfüll-Linien für Limonade, Bier, Vipa, Sekt und Wein
18	Schlauchbeutel-Abfüll-Linie(n)
19	Fruchtsaft-Abfüll-Linie(n)

Anhang 3

Liste der Exportwaren für Lieferungen der DDR nach China im langfristigen Handelsabkommen 1986 - 1990

Nr.	Warenbezeichnung	ME	1986-1990 insg.
1	LKW W 50	TSt	50,6
2	Kühlwaggons	St	1.000
3	Güterwagen, gedeckt	St	1.000
4	Reisezugwagen	St	300
5	Doppelstockwagen	St	50
6	Mähdrescher	St	2.500
7	Ausrüstungen für Zementanlagen	Mio CHF	45
8	Ausrüstungen für Plattenwerke	Mio CHF	28
9	Sodaanlage	Mio CHF	20
10	Ausrüstungen für Kohle-Druckvergasung	Mio CHF	16
11	Maschinen u. Ausrüst. für die Lebensmittelindustrie	Mio CHF	16
12	Triebwagen	St	90
13	Werkzeugmaschinen	Mio CHF	50
14	Textilmaschinen und -anlagen	Mio CHF	15
15	Polygraphische Maschinen	Mio CHF	44
16	Erzeugnisse des wissenschaftlichen Gerätebaus	Mio CHF	75
17	Elektrokabel	km	5.000
18	Baustoffmaschinen	Mio CHF	17
19	Ersatzteile für LKW	Mio CHF	50
20	Ersatzteile für Schienenfahrzeuge	Mio CHF	25
21	Kaliumchlorid	kt	700
22	Stahl-Alu-Seile	kt	25
23	Stahlerzeugnisse	kt	150
24	Kalziniertes Soda	kt	75
25	Hochdruckpolyäthylen	kt	25
26	Harnstoff	kt	170

1	Wolframerzkonzentrat	t	2.500
2	Antimon	t	500
3	Talkumpuder	kt	25
4	Mais	kt	500
5	Reis	kt	130
6	Sojabohnen	kt	50
7	Holzöl	t	2.500
8	Obst-/Gemüsekonserven	kt	30
9	Tomatenmark	kt	11,2
10	Erdnusskerne	kt	12
11	Sojaschrot	kt	150
12	Zigarettentabak	kt	19,5
13	Bienenhonig	kt	7,5
14	Kakaoerzeugnisse	t	4.500
15	Rohfedern	t	2.250
16	Tee	t	3.000
17	Walnüsse	kt	5
18	Zitronensäure	kt	6
19	Kolophonium	kt	15
20	Ätherische Öle	Mio CHF	85
21	Gewürze	Mio CHF	13
22	Besteckmaterial	Mio CHF	50
23	Därme/Seitlinge	Mio CHF	35
24	Polypropylensäcke	Mio CHF	10
25	Baumwolle	kt	50
26	Baumwollgewebe	Mio CHF	50
27	Untertrikotagen	Mio CHF	290
28	Kinderkonfektion	Mio CHF	115
29	Arbeits- und Berufsbekleidung	Mio CHF	80
30	Herrenhemden	Mio CHF	70
31	Taschentücher	Mio CHF	50
32	Frottiertücher	Mio CHF	40
33	Naturseidengewebe	Mio CHF	23
34	Borsäure	t	2.000
35	Bariumsulfat	kt	5,5
36	Zinkchlorid	t	4.000
37	Aktivkohle	t	1.000
38	Kfz-Bereifung	T Satz	350
39	Anlasser für LKW	TSt	51
40	Handwerkzeuge	Mio CHF	25
41	Messwerkzeuge	Mio CHF	20
42	Spannzeuge/Bohrfutter	Mio CHF	15
43	Werkzeugmaschinen	Mio CHF	12
44	Span- und Blankwerkzeuge	Mio CHF	10
45	Bauteile für Fahrräder	Mio CHF	25
46	Textilschuhe	Mio CHF	10

Liste der Exportwaren der VR China für die DDR
gemäß dem langfristigen Handelsabkommen 1986-1990

Anhang 4

Liste der Themen der wissenschaftlich-technischen Zusammenarbeit für die Jahre 1986 – 1990[1]

Lfd. Nr.	Bezeichnung der Aufgaben	Zuständige Organe der DDR	Staatsorgane der VR China	Termin des Beginns und der Beendigung der Arbeit
Zusammenarbeit auf dem Gebiet der Geologie				
1	Entwicklung und Produktion geophysikalischer Erkundungstechnik	Min. f. Geologie	Min. f. Geologie u. mineralische Rohstoffe	1986-1990
2	Zusammenarbeit auf dem Gebiet der Laboranalytik	Min. f. Geologie	Min. f. Geologie u. mineralische Rohstoffe	1986-1990
3	Zusammenarbeit bei der geologischen Erkundung, Erschließung, Förderung und der komplexen Aufbereitung von Steinsalz	Min. f. Erzbergbau, Metallurgie und Kali; Min. f. Geologie	Min. f. Geologie u. mineralische Rohstoffe	1986-1990
Zusammenarbeit auf dem Gebiet der Kohlegewinnung und –verarbeitung				
4	Einsatz kontinuierlicher Fördertechnik bei der Kohlegewinnung im Tagebau in der VR China	Min. f. Kohle u. Energie	Min. f. Kohleindustrie	1986-1990
5	Aus- und Weiterbildung chinesischer Spezialisten auf den Gebieten der Kohlegwinnung in Tagebauen und der Kohlevergasung	Min. f. Kohle u. Energie	Min. f. Kohleindustrie	1987-1990
6	Suche und Erkundung von Kohlelagerstätten	Min. f. Geologie	Min. f. Kohleindustrie	1986-1990
7	Vergasung chinesischer Kohle nach dem Festbettdruckvergasungsverfahren	Min. f. Kohle u. Energie	Min. f. chemische Industrie	1986-1990
Zusammenarbeit auf dem Gebiet der Kernenergie				
8	Grundlagenforschung auf dem Gebiet der Kernenergie	Akademie der Wissenschaften	Min. f. Kernenergieindustrie	1987-1990
Zusammenarbeit auf dem Gebiet der chemischen Industrie				

Diese Liste – Anlage 4 – war dem Protokoll der Sitzung des Politbüros des ZK der SED vom 21. April 1987 eingefügt [447]

9	Grundlagenforschung zur Entwicklung neuer Color-Negativ-Filme	Min. f. chemische Industrie	Min. f. chemische Industrie	1986-1990
10	Entwicklung neuer mikrobiologischer Verfahren und Technologien als Grundlage für die pharmazeutische Industrie	Min. f. chemische Industrie	Staatliches Verwaltungsamt für Pharmakologie	1987-1990
11	Wissenschaftlich-technische Arbeiten zur Gewinnung und Herstellung Seltener Erden	Min. f. chemische Industrie	Generalgesellschaft für Buntmetall	1986-1990
Zusammenarbeit auf dem Gebiet der Metallurgie				
12	Beschichten von Bandstahl mit Aluminium durch Elektronenstrahlbedampfung	Min. f. Erzbergbau, Metallurgie u. Kali	Min. f. Metallurgie	1987-1990
13	Bergaufbereitung von Zinn und metallurgische Anreicherung; Anreicherung und Verhüttung zinnhaltiger Materialien	Min. f. Erzbergbau, Metallurgie u. Kali	Generalgesellschaft für Buntmetall	1987-1990
14	Zusammenarbeit auf dem Gebiet der Plasmametallurgie	Min. f. Erzbergbau, Metallurgie u. Kali	Min. f. Metallurgie	1987-1990
15	Zusammenarbeit auf dem Gebiet der Pfannenmetallurgie	Min. f. Erzbergbau, Metallurgie u. Kali	Min. f. Metallurgie	1987-1990
16	Wissenschaftlich-technische Arbeiten auf dem Gebiet der Pulvermetallurgie	Min. f. Erzbergbau, Metallurgie u. Kali	Generalgesellschaft f. Buntmetall	1986-1990
Zusammenarbeit auf dem Gebiet der Elektronik				
17	Austausch von wissenschaftlich-technischen Erkenntnissen auf dem Gebiet Mikroelektronik/Rechentechnik	Min. f. Elektrotechnik u. Elektronik	Min. f. Elektronik	1987-1990
Zusammenarbeit auf dem Gebiet des Maschinenbaus				
18	Rationalisierung technologischer Prozesse im Schiffbau	Min. f. Schwermaschinenbau u. Anlagenbau	Generalgesellschaft f. Schiffbau	1987-1990
19	Rationalisierung der Schweißtechnologien und	Min. f. Schwermaschinenbau u. Anlagenbau	Staatliche Kommission f. Maschinenbau	1986-1990

	Erhöhung der Qualität beim Schweißen			
20	Zusammenarbeit bei der Entwicklung von Dieselmotoren	Min. f. Schwermaschinenbau u. Anlagenbau	Staatliche Kommission f. Maschinenbau	1987-1990
21	Wissenschaftlich-technische Arbeiten und Erfahrungsaustausch auf dem Gebiet des Landmaschinenbaus	Min. f. Allgemeinen Maschinen-, Landmaschinen- u. Fahrzeugbau	Staatliche Kommission f. Maschinenbau	1987-1990
Zusammenarbeit auf dem Gebiet der Metrologie				
22	Vergleichende Messung der Normale	Amt f. Standardisierung, Meßwesen u. Warenprüfung	Staatliche Amt f. Metrologie	1987-1990
23	Informationsaustausch zu Grundlagendokumenten auf dem Gebiet der Metrologie	Amt f. Standardisierung, Meßwesen u. Warenprüfung	Staatliches Amt f. Metrologie	1987-1990
Zusammenarbeit auf dem Gebiet der Leichtindustrie				
24	Rationalisierung von technologischen Prozessen; Realisierung von Rekonstruktions- und Projektierungsvorhaben in Betrieben der Leichtindustrie	Min. f. Leichtindustrie	Min. f. Leichtindustrie	1987-1990
25	Technologie zur Anwendung des Malimoverfahrens bei der Herstellung technischer Textilien	Min. f. Leichtindustrie; Min. f. Werkzeug- u. Verabeitungsmaschinenbau	Min. f. Textilindustrie	1987-1990
26	Entwurf und Verabeitungstechnologie für Trikotagen und Sportbekleidung	Min. f. Leichtindustrie	Min. f. Leichtindustrie	1987-1990
27	Qualifizierung von Fachpersonal der VR China in Betrieben und Einrichtungen der DDR	Min. f. Leichtindustrie	Min. f. Leichtindustrie	1987-1990
Zusammenarbeit auf dem Gebiet des Bauwesens				
28	Entwicklung und Überleitung neuer Verfahren und Technologien im Bauwesen	Min. f. Bauwesen	Min. f. städtisches u. ländliches Bauen u. f. Umweltschutz	1987-1990

29	Angewandte Forschung auf dem Gebiet der Baustoffe und der Baustoffproduktion	Min. f. Bauwesen	Staatliches Amt f. Baustoffe	1987-1990
Zusammenarbeit auf dem Gebiet der Land-, Forst- und Nahrungsgüterwirtschaft				
30	Zusammenarbeit bei der Züchtung und Prüfung von Sorten für die Pflanzenproduktion	Min. f. Land-, Forst- u. Nahrungsgüterwirtschaft	Min. f. Forstwirtschaft	1987-1990
31	Zusammenarbeit auf dem Gebiet der Forstwirtschaft und der Nutzung von Holz	Min. f. Land-, Forst- u. Nahrungsgüterwirtschaft	Min. f. Forstwirtschaft	1987-1990
32	Rationalisierung auf dem Gebiet der Fleischverarbeitung	Min. f. Land-, Forst- u. Nahrungsgüterwirtschaft	Min. f. Binnenhandel	1987-1990
33	Zusammenarbeit auf dem Gebiet der Veterinärmedizin	Min. f. Land-, Forst- u. Nahrungsgüterwirtschaft	Min. f. Landwirtschaft, Viehzucht u. Fischerei	1987-1990

DDR-Vorschläge auf der 1. Sitzung des Wirtschaftsausschusses DDR – China 1985

I. Objekte entsprechend dem Protokoll vom 18.4.1984
1. Waggonfabrik Wuhan
2. Zementfabrik Wushan
3. Mähdrescherwerk Siping
4. Betrieb der Getreide- und Ölindustriegesellschaft Jilin
5. Sektkellerei Guanxian
6. Öl- und Fettfabrik Dalian
7. Werk für medizinische Diagnosegeräte Shanghai
8. Mess- und Gerätewerk Chongqing
9. Optisches Gerätewerk Chongqing
10. Chemiefaserwerk Baoding
11. Chemiefaserwerk Xiangyang
12. Chemiefaserwerk Xingxiang
13. Werk für Halbleiterbauelemente Nanjing
14. Weitere Betriebe der elektronischen Industrie

II. Rekonstruktionsobjekte von Betrieben
1. Braunkohlenwachsanlage Shu Lan
2. PVC-E-Anlage in den Chemischen Werken Xi'an
3. Gipsschwefelsäureanlagen Kunming
4. Eisen- und Stahlwerk Taiyuan
5. Industriekraftwerk in der Radioteilefabrik Beijing
6. Zementwerk Datong
7. Zementwerk Yongdeng
8. 2. Schleifscheibenwerk Zhengzhou
9. Textilmaschinenfabrik Shenyang
10. Weitere Betriebe der Textilindustrie
11. Weitere Betriebe der Elektronikindustrie
12. Weitere Betriebe der Lebensmittelindustrie
13. Schulbuchdruckereien

III. Erweiterung bzw. Errichtung von Objekten
1. Tagebaue Yuanbaoshan und Yiminhe
2. Ausgewählte Hauptausrüstungen für 2 Plattenwerke
3. Schulbuchdruckereien
4. Anlage für PES-Feinseide Nanjing
5. Anlage für PES-Feinseide Shanghai
6. Konfektionsanlagen
7. Erweiterung der 1. Beijinger Textilfabrik
8. Lehrwerkstätten und Berufsausbildungszentren
9. Ausrüstungen für die Druckvergasung Harbin
10. Ausrüstungen für Sodaanlagen Weifang

IV.	Vorschläge der DDR zu Verhandlungen mit der Provinzregierung Heilongjiang
1.	Schlachthof Harbin
2.	Werkzeugmaschinenkombinat Harbin
3.	Werkzeugmaschinenfabrik Qiqihar
4.	Werkzeugmaschinenfabrik Mudanjiang
5.	Landmaschinenwerk Qiqihar
6.	Versorgungszentren für Brot
7.	Mischfutterwerke

Anhang 6[448]
*Zwischen der DDR und der VR China abgeschlossene
Vereinbarungen zur wirtschaftlichen und wissenschaft-
lich-technischen Zusammenarbeit*

1983
Abkommen vom 23. Juni 1983 zwischen der Regierung
der Deutschen Demokratischen Republik und der Regierung der Volksrepublik China über die Zusammenarbeit
auf dem Gebiet des Post- und Fernmeldewesens

1984
Abkommen über die wirtschaftliche Zusammenarbeit
zwischen der Regierung der Deutschen Demokrati-
schen Republik und der Regierung der Volksrepublik
China
Protokoll zwischen der Regierung der Deutschen Demo-
kratischen Republik und der Regierung der Volksrepu-
blik China über die Bildung eines Ausschusses für die
Zusammenarbeit auf den Gebieten der Wirtschaft, des
Außenhandels und der Wissenschaft und Technik

1985
Vereinbarung vom 26. April 1985 zwischen dem Ministerium für Post- und Fernmeldewesen der Deutschen
Demokratischen Republik und dem Ministerium für
Post- und Fernmeldewesen der Volksrepublik China
über die wissenschaftlich-technische Zusammenarbeit
auf dem Gebiet des Post- und Fernmeldewesens

Vereinbarung vom 16. Mai 1985 zwischen dem Staatssekretariat für Berufsbildung der Deutschen Demokratischen Republik und dem Ministerium für Bildungswesen der Volksrepublik China über die Zusammenarbeit auf dem Gebiet der Berufsbildung

Vereinbarung vom 15. Juli 1985 zwischen der Staatlichen Plankommission der Deutschen Demokratischen Republik und der Staatlichen Plankommission der Volksrepublik China über die Verstärkung der Arbeitskontakte

Protokoll vom 19. Oktober 1985 zwischen den Ministerien für Geologie der Deutschen Demokratischen Republik und der Volksrepublik China über die Zusammenarbeit auf dem Gebiet der Geologie

1986

Grundsatzvereinbarung vom 9. April 1986 zwischen der Regierung der Deutschen Demokratischen Republik und der Regierung der Volksrepublik China über die Beschäftigung und Qualifizierung chinesischer Werktätiger in sozialistischen Industriebetrieben der Deutschen Demokratischen Republik

Abkommen vom 22. Mai 1986 zwischen der Regierung der Deutschen Demokratischen Republik und der Regierung der Volksrepublik China über die wissenschaftlich-technische Zusammenarbeit

Statut vom 22. Mai 1986 des Ausschusses der Deutschen Demokratischen Republik und der Volksrepublik China über die wissenschaftlich-technische Zusammenarbeit (einschließlich der Protokolle der vorangegangenen 16 Tagungen)

Objektvereinbarung vom 9. September 1986 zwischen dem Ministerium für Schwermaschinen- und Anlagenbau der Deutschen Demokratischen Republik und dem Ministerium für Eisenbahnwesen der Volksrepublik China über die Beschäftigung und Qualifizierung chinesischer Werktätiger in Betrieben des VEB Kombinats Schienenfahrzeugbau der Deutschen Demokratischen Republik

Vereinbarung vom 10. September 1986 zwischen dem Ministerium für Schwermaschinen- und Anlagenbau der Deutschen Demokratischen Republik und dem Ministerium für Maschinenbau der Volksrepublik China über die wissenschaftlich-technische Zusammenarbeit auf dem Gebiet der Schweißtechnik

Protokoll vom 18. September 1986 zwischen dem Ministerium für Handel und Versorgung der Deutschen Demokratischen Republik und dem Ministerium für Handel der Volksrepublik China über weitere Zusammenarbeit

Abkommen vom 24. Oktober 1986 zwischen der Deutschen Demokratischen Republik und der Volksrepublik China zur Entwicklung der langfristigen wirtschaftlichen und wissenschaftlich-technischen Zusammenarbeit

1987

Vereinbarung vom 26. März 1987 zwischen dem Amt für Erfindung- und Patentwesen der Deutschen Demokratischen Republik und dem Amt für Warenzeichen der Staatlichen Verwaltung für Industrie und Handel der Volksrepublik China über den Austausch von Publikationen und Informationsmaterial auf dem Gebiet der Warenzeichen

Protokoll vom 6. April 1987 zwischen dem Ministerium für Erzbergbau, Metallurgie und Kali der DDR und dem Ministerium für Metallurgie der Volksrepublik China über die wissenschaftlich-technische Zusammenarbeit auf dem Gebiet der Metallurgie

Vereinbarung vom 14. Mai 1987 zwischen der Regierung der Deutschen Demokratischen Republik und der Regierung der Volksrepublik China über allgemeine Bedingungen für die wissenschaftlich-technische Zusammenarbeit

Protokoll vom 14. Mai 1987 zwischen der Deutschen Demokratischen Republik und der Volksrepublik China über die Schwerpunkte der langfristigen Zusammenarbeit auf dem Gebiet der Wissenschaft und Technik für die Jahre 1986 bis 1990

Abkommen vom 5. Juni 1987 zwischen der Regierung der Deutschen Demokratischen Republik und der Regierung der Volksrepublik China zur Vermeidung der Doppelbesteuerung auf dem Gebiet der Steuern vom Einkommen (GBI. 1988 II S. 14)

Abkommen vom 8. Juni 1987 zwischen der Regierung der Deutschen Demokratischen Republik und der Regierung der Volksrepublik China über die gegenseitige Befreiung von der Visapflicht

Protokoll vom 2. September 1987 über die Zusammenarbeit auf dem Gebiet des Bauwesens für die Jahre 1987 bis 1990

Vereinbarung vom 11. September 1987 zwischen dem Ministerium für Land-, Forst- und Nahrungsgüterwirtschaft der Deutschen Demokratischen Republik und dem Ministerium für Landwirtschaft, Viehzucht und Fischerei der Volksrepublik China über die wissenschaftlich-technische Zusammenarbeit

Protokoll vom 14. September 1987 zwischen dem Ministerium für Kohle und Energie der Deutschen Demokratischen Republik und dem Ministerium für Wasserbau und Elektroenergie der Volksrepublik China über die Zusammenarbeit auf dem Gebiet der Elektroenergiewirtschaft

1988

Vereinbarung vom 25. April 1988 zwischen dem Ministerium für Land-, Forst- und Nahrungsgüterwirtschaft der Deutschen Demokratischen Republik und dem Ministerium für Forstwirtschaft der Volksrepublik China über die wissenschaftlich-technische Zusammenarbeit auf dem Gebiet der Forstwirtschaft

Vereinbarung vom 3. Juni 1988 zwischen dem Ministerium für Handel und Versorgung der Deutschen Demokratischen Republik und dem Ministerium für Handel der Volksrepublik China über die wissenschaftlich-technische Zusammenarbeit

Vereinbarung vom 29. Juni 1988 zwischen dem Ministerium für Verkehrswesen der Deutschen Demokratischen Republik und dem Ministerium für Eisenbahnwesen der Volksrepublik China über die Aufnahme der direkten wissenschaftlich-technischen Zusammenarbeit

Vereinbarung vom 13. Oktober 1988 zwischen dem Ministerium für Umweltschutz und Wasserwirtschaft der Deutschen Demokratischen Republik und dem Ministerium für Wasserressourcen der Volksrepublik China über die Zusammenarbeit auf dem Gebiet der Wasserwirtschaft

Protokoll vom 13. Oktober 1988 zwischen dem Ministerium für Umweltschutz und Wasserwirtschaft der Deutschen Demokratischen Republik und dem Ministerium für Bauwesen der Volksrepublik China über die Zusammenarbeit auf dem Gebiet der Trinkwasseraufbereitung und Abwasserbehandlung

Vereinbarung vom 24. Oktober 1988 über die Zusammenarbeit zwischen dem Amt für Preise beim Ministerrat der Deutschen Demokratischen Republik und dem Staatlichen Amt für Preise der Volksrepublik China

Vereinbarung vom 26. Oktober 1988 zwischen dem Ministerium für Erzbergbau, Metallurgie und Kali der Deutschen Demokratischen Republik und der Gesellschaft für Nichteisenmetall-Industrie der Volksrepublik China über die Gestaltung der wissenschaftlich-technischen Zusammenarbeit

Protokoll vom 28. Oktober 1988 zwischen dem Staatlichen Amt für Atomsicherheit und Strahlenschutz der Deutschen Demokratischen Republik und dem Staatlichen Amt für Nukleare Sicherheit der Volksrepublik China über die Zusammenarbeit auf dem Gebiet der nuklearen Sicherheit

1989

Vereinbarung vom 20. September 1989 zwischen dem Ministerium für Erzbergbau, Metallurgie und Kali der Deutschen Demokratischen Republik und dem Ministerium für Metallurgie der Volksrepublik China über die Gestaltung der wissenschaftlich-technischen Zusammenarbeit

Hantke, Dieter (1935–2020);
Fachgebietsleiter im Amt für Standardisierung, Messwesen
und Warenprüfung 211, 212, 213, 216, 385, 388
Hasche, Klaus (1941–2011);
Leiter der Fachabteilung Mechanik im Amt für
Standardisierung, Messwesen und Warenprüfung 219
He Guangyuan;
stellv. Vorsitzender der Staatlichen Kommission für Maschinenbau 113
Hegewald, Harri;
stellv. Generaldirektor des Kombinats Schienenfahrzeugbau 124
Herrmann, Klaus;
stellv. Minister für Wissenschaft und Technik 268, 179, 191, 195,
199, 200, 200, 204, 206, 207
Honecker, Erich (1912-1994); Staatsratsvorsitzender, Vorsitzender des
Nationalen Verteidigungsrates und Generalsekretär des ZK der SED
16, 27, 33, 35, 37, 39, 45, 57, 58, 76, 81, 83, 84, 86, 87, 91, 95, 104,
105, 106, 107, 109, 119, 143, 322, 326, 329, 333
Hu Yaobang (1915–1989);
Generalsekretär der KPCh 58, 81, 82, 85, 87

Isajew;
Vorsitzender der Sektion für Standardisierung des RGW 212
Jahnke; Vizepräsident Messwesen im Deutschen Amt für Messwesen
und Warenprüfung der DDR 212
Jaruzelski, Wojciech (1923–2014);
Ministerpräsident Polens 45, 104
Ji Pengfei (1910–2000); Botschafter der VR China in der DDR,
später stellv. Außenminister und Außenminister 52, 324
Jia Shi;
Vorsitzender des Komitees zur Förderung des internationalen Handels 112
Jia Zhengzhi;
Präsident des Komitees zur Förderung des internationalen Handels 143
Jiang Qing (1914–1991);
Ehefrau von Mao Zedong und Kopf der »Viererbande« 18
Jiang Zemin (1926–2022); Minister für elektronische Industrie, später
Generalsekretär der KPCh 74, 105
Jin Acheng;
Direktor des Werks für Baumaschinen in Jilin 156, 157, 158
Junker, Wolfgang (1929–1990);
Minister für Bauwesen der DDR 116

Mahlow, Bruno;
Mitarbeiter der Botschaft der DDR in Beijing, später Abteilung Internationale Beziehungen des ZK der SED 32, 35, 36, 39, 40, 139
Mao Zedong (1893–1976);
Vorsitzender der KP Chinas und der VR China 26, 29, 38, 372
Marx, Carmen;
Repräsentantin des Kombinats Robotron in der HPA der Botschaft der DDR in der VR China 384
Meier, Felix (1936–2019);
Minister für Elektrotechnik und Elektronik der DDR 74, 78, 330
Meißner, Werner;
Wirtschaftswissenschaftler 13, 320, 322, 338, 341, 351
Min Guirong;
Präsident der Akademie für Raumfahrt in der VR China 201
Mittag, Günter (1926–1994);
Mitglied des Politbüros und ZK-Sekretär für Wirtschaftsfragen 105, 107, 108, 121, 333
Mitzinger, Wolfgang;
Minister für Kohle und Energie der DDR 66, 72, 102, 103, 109, 113, 114, 225, 226, 235, 236, 344, 345
Möbius, Klaus;
Vizepräsident Messwesen des Amtes für Standardisierung, Messwesen und Warenprüfung der DDR 76, 211, 212, 213, 214, 216, 220, 343, 385
Möbius, Siegfried;
Betriebsdirektor des VEB Waggonbau Dessau 289, 299, 300, 350, 385
Mornhinweg, Karl-Heinz;
stellv. Minister für Schwermaschinen- und Anlagenbau der DDR 123, 293

Nestler, Harald;
Handelsrat an der Botschaft der DDR in der VR China 384
Nixon, Richard (1913–1994);
Präsident der USA 8, 19, 40

Oberländer, Klaus;
Direktor des VEB Schwermaschinenbaukombinat »Ernst Thälmann« Magdeburg, Vorstandsvorsitzender der SKET-Gruppe 138, 148
Oberländer, Richard (1936–2020);
Bevollmächtigter des Zeiss-Generaldirektors in Beijing 98, 99, 138, 332, 384, 388

Steeger, Horst;
Direktor des Ökonomischen Forschungsinstituts der Staatlichen
Plankommission der DDR 69
Steyer, Jochen;
stellv. Minister für Außenhandel der DDR 120, 133, 134, 164
Stoph, Willi (1914–1999);
Vorsitzender des Ministerrats der DDR 67, 97, 113, 115, 143, 198, 333
Sukowski, Rolf;
Fachgebietsleiter China und Sekretär der DDR-Seite
des Wirtschaftsausschusses DDR–China in der Staatlichen Plankommis-
sion der DDR 164, 168, 169, 322, 327, 328, 330, 338, 339, 385, 388

Tautenhahn, Gerhard;
Minister für Allgemeinen, Landmaschinen- und Fahrzeugbau 113,
133, 142, 183
Thalemann, Manfred (1934–2007);
stellv. Minister für Werkzeug- und Verarbeitungsmaschinenbau 126, 168
Tian Jiyun;
stellv. Ministerpräsident der VR China 79, 184, 185, 340
Tichauer, Peter;
Sekretär der DDR-Seite der Ständigen Kommission für wissenschaft-
lich-technische Zusammmenarbeit DDR–VR China 207
Tichwinskij, Sergej L. (1918 – 2018);
Direktor der diplomatischen Akademie der UdSSR 26

Uhlig, Werner;
stellv. Minister für Post- und Fernmeldewesen der DDR 192
Umland;
Leiter der Hauptabteilung Applikation des AHB Zeiss 99

Wallborn, Werner;
Bevollmächtigter des AHB Schienenfahrzeugbau in Beijing 304, 335,
336, 337, 347, 348, 350, 351, 385, 388
Wan Li (1916–2015);
stellv. Bürgermeister Beijings, später stellv. Ministerpräsident 91
Wang Guang'en;
stellv. Generaldirektor der chinesischen Gesellschaft
für Kohleimport und -export 226, 344
Wang Hongwen (1935–1992);
Mitglied der »Viererbande« 18

Abkürzungsverzeichnis

AER – Automatischer Einfachrepeater
AG – Aktiengesellschaft
AHB – Außenhandelsbetrieb
ASMW – Amt für Standardisierung, Messwesen und Warenprüfung
AÜR – Automatischer Überdeckungsrepeater
baukema – Bau-, Baustoff- und Keramikmaschinen
BLHA – Brandenburgisches Landeshauptarchiv
BMSR – Betriebsmess-, Steuerungs- und Regelungstechnik
BRD – Bundesrepublik Deutschland
CAER – Chemieanlagenbau Erfurt-Rudisleben
CHF – Schweizer Franken
CLG – Chemieanlagenbau Leipzig-Grimma
CMC oder CNMIEC – China National Machinery Import Export Co.
CNR – China North Railway
CRRC – China Rolling Stock Corporation
CSR – China South Railway
CTA – Chemie- und Tankanlagenbau Fürstenwalde
DAMW – Deutsches Amt für Messwesen und Warenprüfung
DDR – Deutsche Demokratische Republik
DSR – Deutsche Seereederei
GDR – German Democratic Republic
GSP – Gaskombinat Schwarze Pumpe
HPA – Handelspolitische Abteilung
KfW – Kreditanstalt für Wiederaufbau

KPCh – Kommunistische Partei Chinas
KPdSU – Kommunistische Partei der Sowjetunion
kWh – Kilowattstunde
LASA – Landesarchiv Sachsen-Anhalt
LEW – Lokomotivbau-Elektrotechnische Werke
LKW – Lastkraftwagen
M/VGW – Mark/Valutagegenwert
MAB – Maschinen- und Anlagenbau
MW – Megawatt
ND – Neues Deutschland
NIM – Nationales Institut für Metrologie
NSW – Nichtsozialistisches Wirtschaftsgebiet
OIML – Internationale Organsation für gesetzliche
Metrologie
PKM – Projektierungs-, Konstruktions- und Montage-
büro
PTB – Physikalisch-Technische Bundesanstalt
PVAP – Polnische Vereinigte Arbeiterpartei
RGW – Rat für Gegenseitige Wirtschaftshilfe
RMB – Renminbi (Bezeichnung für die Währung der
VR China, auch Yuan genannt)
SAAS – Staatliches Amt für Atomsicherheit und Strah-
lenschutz
SAL – Staatsarchiv Leipzig
SBTS – Staatliches Büro für technische Überwachung
SED – Sozialistische Einheitspartei Deutschlands
SKET – Schwermaschinenbau-Kombinat „Ernst Thäl-
mann"
SKL – Schwermaschinenbau-Kombinat "Karl Lieb-
knecht"

SKS – Ständige Kommission Standardisierung
SPK – Staatliche Plankommission
TAKRAF – Tagebauausrüstungen, Krane und Förderanlagen
TGL – Technische Normen, Gütevorschriften und Lieferbedingungen
TH – Technische Hochschule
TKB – Technisch-Kommerzielles Büro
USA – Vereinigte Staaten von Amerika
USD – US-Dollar
VEB – Volkseigener Betrieb
VM – Valutamark
VR Ch – Volksrepublik China
WMW – Werkzeugmaschinen und Werkzeuge
WPA – Wirtschaftspolitische Abteilung
ZBA – Zeiss-Belichtungsanlage
ZEMAG – Zeitzer Eisengießerei und Maschinenbau AG
ZK – Zentralkomitee

Danksagung

Die vorliegende Studie wäre ohne die Unterstützung durch viele Menschen und Einrichtungen nicht zustande gekommen. Ich möchte mich insbesondere beim Landesarchiv Sachsen mit den Abteilungen in Dresden, Leipzig und Chemnitz, beim Landesarchiv Sachsen-Anhalt mit den Abteilungen in Dessau und Magdeburg und dem Stadtarchiv Magdeburg bedanken.

Wichtige Hinweise verdanke ich dem einstigen stellvertretenden Minister für Außenhandel Dietrich Lemke.

Professor Guan Zengjian von der Jiaotong-Universität Shanghai half mir tatkräftig bei der Beschaffung chinesischer Publikationen.

Zu den Zeitzeugen, die im DDR-Außenhandel an den in diesem Buch behandelten Vorhaben beteiligt waren, zählen (und ihnen danke ich nicht minder herzlich):

Harald Nestler (†), Handelsrat an der Botschaft der DDR in der VR China;

Dr. Richard Oberländer (†), Bevollmächtigter des Generaldirektors im Außenhandelsbetrieb des VEB Kombinat Carl Zeiss Jena;

Helga Schwab, Repräsentantin der Kombinate SKET und Baukema in der HPA der Botschaft der DDR in der VR China;

Peter Donhauser, Generaldirektor des VEB Außenhandelsbetrieb Schienenfahrzeugbau;

Carmen Marx, Repräsentantin des Kombinats Robotron in der HPA der Botschaft der DDR in der VR China;

Werner Wallborn, Bevollmächtigter des Generaldirektors im AHB Schienenfahrzeugbau in Beijing;

Dr. Rolf Sukowski, Fachgebietsleiter China und Sekretär der DDR-Seite des Wirtschaftsausschusses DDR-China in der Staatlichen Plankommission;

Dr. Rüdiger Preuße, Vorstandsmitglied der Deutsch-Chinesischen Freundschaftsgesellschaft Ludwigsfelde;

Lutz Frauenstein, Vertriebsleiter des VEB Baumaschinen Welzow;

Gerd Döhnel, Offertingenieur im VEB Rapido Radebeul;

Udo Bischoff, Verkaufsingenieur China im VEB Rapido Radebeul;

Prof. Zhao Kegong, Direktor des Nationalen Instituts für Metrologie;

Liu Xinmin, Stellvertretender Leiter der Hauptabteilung Metrologie der General Administration of Quality Supervision, Inspection and Quarantine (AQSIQ);

Dr. Klaus Möbius, Vizepräsident des Amts für Standardisierung, Messwesen und Warenprüfung (ASMW);

Dieter Hantke (†), Leiter des Fachgebiets Längennormale des ASMW.

Sie steuerten wichtige Dokumente und Materialien über die wissenschaftlich-technische Zusammenarbeit in der Metrologie bei. Ihnen sage ich von Herzen Dank für Informationen und Materialien.

Der frühere Produktionsdirektor des VEB Waggonbau Dessau, Siegfried Möbius, gab mir seine Einschätzung der Zusammenarbeit mit China in den 1980er Jahren.

Dem Verleger Frank Schumann danke ich für die vertrauensvolle Zusammenarbeit und seine klugen Vorschläge.

Meine liebe Frau hat diese Untersuchung von Anfang an moralisch und mit zahlreichen Diskussionen unterstützt und ist mit mir viele Male zu den verschiedenen Archiven gefahren.

Konrad Herrmann,
im Frühjahr 2023

Bildnachweis

Robert Allertz S. 15, 23, 36, 94, 130, 164;
Lutz Frauenstein S. 153; Dieter Hantke S. 214;
Konrad Herrmann S. 216; Carmen Marx S. 48, 147;
Bundesbildarchiv Mittelstädt S. 105;
Richard Oberländer S. 99; Bundesbildarchiv Erwin
Schneider S. 70; Helga Schwab S. 111, 133, 135, 141,
156, 157, 158, 159, 160, 161, 162, 163, 183, 185;
Bundesbildarchiv Gabriele Senft S. 177;
Bundesbildarchiv Jürgen Zimmermann S. 253;
Rolf Sukowski S. 80, 106, 107, 114, 167, 169, 207;
Werner Wallborn S. 126, 293, 308, 309;
Zhao Kegong S. 213, 220

ISBN 978-3-89793-361-3

Satz: edition ost
Umschlaggestaltung: Unter Verwendung eines Fotos von Robert Allertz –
Innenansicht im Ausstellungszentrum der Zehn-Millionen-Stadt Ningbo,
entworfen von einem deutschen Architekturbüro
Druck und Bindung: Sowa Druk, Polen

25,00 Euro

Die Bücher des verlags am park und der edition ost
werden von der Eulenspiegel Verlagsgruppe vertrieben

www.eulenspiegel.com